WAVE 4

Richard Poe

WAVE 4

Network Marketing im 21sten Jahrhundert

Amerikanischer Originaltitel: Wave 4 – Network Marketing in the 21st Century
Deutsche Zweitauflage 10/2003

MOM Media Medien- und VerlagsGmbH
Robert Pauly - Marketingcoach für Networker
Friedrich List Str. 1
D-70736 Fellbach
Tel./Fax: 0700-MLMCOACH
0700-65 62 62 24
E-Mail: info@MLM-Coach.de
Internet: www.MLM-Coach.de

ISBN 3-936013-00-4

Für meine Frau Marie

INHALTSVERZEICHNIS

VORWORT DES DEUTSCHEN HERAUSGEBERS

Schon die alten Griechen sagten:

"Der größte Wunsch des Menschen ist der Wunsch nach Freiheit."

Dieser Satz, damals wohl eher auf Gold und Silber wechselnde Zinswucherer, herrschsüchtige Gebieter, vielleicht sogar Sklaventreiber gemünzt oder sich auf den Wunsch nach einem Bauernhof oder einem eigenen Pferd beziehend, hat heutzutage nichts von seiner Gültigkeit verloren.

Natürlich haben die Objekte einen anderen Namen erhalten: Der herrschsüchtige Gebieter heisst heute Abteilungsleiter, der Geldwechsler kleidet sich in Nadelstreifen und nennt sich auf neudeutsch Banker, der Wunsch nach einem Bauernhof ist dem Häuschen im Grünen gewichen und es sollte schon eine deutlich dreistellige Anzahl an Pferdestärken sein, die unter der polierten Haube einer schicken Limousine ihre Arbeit verrichtet.

Aber auch all diesen Wünschen liegt nur ein Gedanke zugrunde: Freiheit

Die Freiheit, zu entscheiden, ob man des Morgens aufstehen oder sich im Bett nochmals umdrehen möchte. Sich zu entscheiden, ob man Montags zur Arbeit gehen oder lieber einen Ausflug mit der Familie unternehmen will. Die Freiheit, den neuen Anzug oder das schicke Kostüm aufgrund der eleganten Form und nicht des Preises wegen auszuwählen. Sich auszusuchen, wo man lebt und wie man lebt. Auf welche Schule man seine Kinder schickt, um ihnen den bestmöglichen Start ins Leben zu ermöglichen. Sich jederzeit entscheiden zu können, das zu tun, was man will - wo man es will und wann man es will.

Network Marketing kann Ihnen, liebe Leserin, lieber Leser, diese Freiheit ermöglichen. Allerdings nur, wenn Sie wissen, wie Sie sich damit Ihre Zukunft aufbauen. Damit Sie Ihre Chancen in dieser Branche beurteilen und das Bestmögliche für sich aus dieser Geschäftsgelegenheit herausziehen können, wurde dieses Buch geschrieben.

Wenn es Ihnen den Weg zu Ihrer persönlichen Freiheit ebnet, dann hat es seinen Zweck erfüllt.

Ich wünsche Ihnen dabei alles Gute.

Robert Pauly, Herausgeber

EINFÜHRUNG

Calvin Coolidge sagte einmal: "Hartnäckigkeit macht alles möglich."
Als Autor und Redakteur zum Thema "Freies Unternehmertum" habe ich diese Behauptung sich immer wieder bewahrheiten sehen. Mein Freund und Kollege Richard Poe ist wahrscheinlich der hartnäckigste Mensch, den ich kenne. Ich lernte ihn kennen, als er der Belegschaft des "Success"-Magazins beitrat. Einer seiner ersten Vorschläge war, dass wir eine Story über eine Geschäftsform herausbringen sollten, die gar nicht existierte - zumindest nicht in den Augen der allgemeinen Wirtschaftspresse. Diese Geschäftsform hieß Network Marketing. Viele unserer Kollegen lehnten diese Idee erregt ab, aber Richard gelang es, mich zu überzeugen. Er schrieb und ich redigierte eine Story mit dem Namen "Network Marketing - der wirkungsvollste Weg, den Konsumenten der 90er Jahre zu erreichen. Kaum war diese Ausgabe erschienen, reagierte die Network-Szene mit einem Donnern. Während der folgenden Jahre ließ man unsere Telefon- und Faxgeräte nicht stillstehen und gab unserem Postboten jeden Tag pfundweise Briefe zu schleppen. Aber selbst danach weigerten sich einige Skeptiker in unserem Team, die Wichtigkeit von MLM anzuerkennen. Richard jedoch hielt daran fest, das Thema Monat für Monat anzusprechen, bis ihre Einwände erschöpft waren. Er begann, Bestseller zum Thema MLM zu schreiben. Und während sein Bekanntheitsgrad (und seine Einkünfte) stiegen, erlebte die Branche, die er vertrat, den gleichen Aufstieg.

Als Journalist fiel es mir früher schwer, über diese Branche zu schreiben, weil es ähnlich schwer war, Networker für ein Interview zu finden, wie die Mitglieder einer Geheimgesellschaft aufzuspüren. Heute hingegen treffe ich sie, wo immer ich hingehe - vom Kopierladen bis hin zu den elitären Treffen in eleganten Clubs.

Wie es Richards Buch zeigt, hob Network Marketing in den 80ern ab wie eine Rakete. Ich würde behaupten, dass es kein Zufall war, dass es gerade in diesem Jahr geschah. Die 80er Jahre waren der Start des Zeitalters für Unternehmertum. In diesen Jahren begann die Entwicklung, dass die beschämende Wirkung des Wortes "Unternehmer" in der Wirtschaftspresse immer mehr verblasste.

Unternehmertum hat wenig damit zu tun, das man lediglich Besitzer eines Kleinunternehmens ist. Als ich in den 50ern und 60ern aufwuchs, war es normal, eine Tankstelle, ein Friseurgeschäft oder eine Schnellreinigung zu besitzen. Es gab auch selbständige Künstler, Autoren und andere Verrückte. Ganz besonders in meiner Familie.

Aber es verstand sich, dass das Führen eines Geschäfts dem gleichen Zweck diente, wie eine Anstellung: Seinen Lebensunterhalt zu verdienen. Nur weitsichtige Träumer oder Immobilienhaie dachten daran, ein Geschäft zu führen, um dadurch ihr Leben zu ändern. Dies war die Grundlage vieler Witze, wie beispielsweise über den verrückten Onkel, der ein Vermögen verlor, als er in eine Wolpertingerzucht investierte. Wer ein Unternehmer sein wollte, hatte in den Augen der meisten Menschen im normalen Leben versagt und suchte nach einem Weg, das Spiel wieder von vorn zu beginnen - gewöhnlich, in dem er andere Menschen betrog.

Aber in den 80ern entstand eine Revolution für neue Geschäftsideen, die durch Innovationen wie gebührenfreie Rufnummern, Computer, Direktmailings und Kunststoffe vorangetrieben wurde. Normale Menschen machten an der Börse ein Vermögen durch Pensionsfonds und eigene Geldanlagen oder durch den Verkauf ihrer Häuser, deren Wert sich verfünffacht hatte. Auf einmal wurde es fast normal, ein Unternehmer zu sein, der darauf hoffte, das fünf-, zehn- oder hundertfache seiner Investition zurückzuerhalten.

Network Marketing war ein Teil dieser Revolution. In welchem anderen Geschäft können gewöhnliche Menschen 10.000 Euro pro Monat verdienen - mit einer Erstinvestition, die aus einem Starterset für 80 Euro, 200 Euro monatlicher

Telefonrechnungen, 2.000 Euro pro Jahr an Fahrtkosten, 300 Euro an Computerabschreibung und 1.000 Euro an Porto und Büroausstattung besteht? Mit der Hilfe solch neuer Methoden wie Network Marketing bewies das Zeitalter des Unternehmertums, dass die Wahl der richtigen Arbeit wirklich lebenverändernd sein kann. Es zeigte den Menschen, dass man nicht andere ärmer machen muss, um selbst reicher zu werden. Es zeigte, dass die menschliche Kreativität Reichtum aus dem Nichts hervorbringen kann, so wie der Silikonchip Sand - die (vom Meerwasser abgesehen) gewöhnlichste Substanz der Welt - in eine Multi-Milliarden-Dollar schwere industrielle Revolution verwandelte.

In den 80er Jahren erzeugte das Wort "Unternehmer" zum ersten Mal seit Jahrhunderten Respekt statt Verachtung. Dementsprechend stieg auch die Zahl der Networker um mehrere hundert Prozent.

Nun kommt ein neuer Trend auf uns zu, den Richard als die 4. Welle bezeichnet. Wie er in diesem Buch erläutert, ist MLM zu einer der dynamischsten Kräfte geworden, welche die Wirtschaft des Informationszeitalters vorantreiben.

Grosskonzerne wie IBM oder die Citigroup nutzen MLM, um Wettbewerbsvorteile zu erringen. Immer mehr der Erfolgsstories, die Sie in grossen Magazinen lesen, handeln von Firmen wie Amway, Herbalife, Forever Living Products und Life Plus

Noch immer liegt ein langer Weg vor uns. Selbst heute liegen die Medien noch weit hinter dem wahren wirtschaftlichen Einfluss durch MLM.

Um es frei heraus zu sagen: Für die meisten Journalisten ist der Gedanke beängstigend, dass gewöhnliche Menschen - viele von ihnen ohne abgeschlossenes Studium - Verdienste im Millionenbereich vereinnahmen. Aber heutzutage sind die Menschen nicht mehr in dem Maß von den offiziellen Berichten abhängig, wie sie es einst waren.

Immer öfter finden die Neuigkeiten einen anderen Weg, wenn die grossen Medien den Zug verpassen. Wenn Sie sich heutzutage über die Skandale in Washington oder über den Krieg auf dem Balkan informieren wollen, vergessen Sie CNN und die New York Times.

Millionen von Menschen erhalten ihre Neuigkeiten unzensiert über Internetseiten wie beispielsweise WorldNetDaily, NewsMax, Free Republic, und den Drudge Report. Im selben Sinne des Do-it-yourself Journalismus hat Richard Poe die großen Medien umgangen und hat die Neuigkeiten über Network Marketing zu Millionen von Menschen gebracht.

Wir haben den auffallenden Beweis für das öffentliche Interesse an MLM in meiner eigenen Zeitschrift, Network Marketing Lifestyles, erfahren. Bis wir im März des Jahres 1999 an die Verkaufsstände gingen, gab es in den USA kein national vertriebenes Hochglanzmagazin für Networker. Der Titel unserer ersten Ausgabe stellte Stephen R.Covey dar, Autor des 10-Millionen-Bestsellers "Die sieben Wege zur Effektivität". In diesem Interview empfiehlt Stephen Network Marketing als Geschäftsgelegenheit und gleichzeitig auch als Lebensstil. Warum er das zu uns und nicht zu den zahllosen Menschen, die ihn in den letzten Jahren interviewt haben, gesagt hat? Weil ihn keiner der klassischen Reporter jemals nach seiner Meinung zu diesem Thema gefragt hat.

Dieses Magazin zu starten, war ähnlich, wie in ein Fussballstadion zu marschieren, und festzustellen, dass das Spiel schon angefangen hat, aber dass Ihr Team das einzige anwesende ist. Ein grosser Teil dieser Ehre gebührt Richard, der uns schon vor vielen Jahren den Weg gewiesen hat, als er damals die erste Kolumne über Network Marketing schrieb.

In Wave 4 betritt Richard Neuland und zeigt uns, warum Network Marketing einzigartig dazu geeignet ist, von der erst noch bevorstehenden Ära des neuen Geschäftslebens zu profitieren - in der unternehmerisch denkende Menschen und Firmen die Trends bestimmen. Lesen Sie weiter. Jetzt sind Sie an der Reihe, sich den Erfolgreichen anzuschließen.

Duncan Maxwell Anderson
Direktor von Network Marketing Lifestyles

TEIL 1

WAVE 4

DIE NEUE GRENZE

KAPITEL 1

Die neuen Pioniere

Lisa Wilber war von den Tränen überwältigt, die ihr plötzlich in die Augen schossen. Warum zum Teufel, fragte sie sich, warum fange ich jetzt auch noch an zu heulen? Niemals zuvor war ihr bewusst geworden, wie schlimm ihre Situation eigentlich war.

Der Tag hatte genauso begonnen wie unzählige andere auch. Über zwei Stunden hatte Lisa auf den Mann von der Stromgesellschaft gewartet. Seit mehr als vier Monaten war sie mit den Zahlungen im Rückstand und das Elektrizitätswerk wollte heute einen Mitarbeiter schicken, um den Strom abzuschalten. Die ganze Zeit aus dem Fenster starrend, wartete Lisa auf ihn und ihre Hand umklammerten genau 46 Dollar – die Summe, die es ihr ermöglichen würde, einen weiteren Monat an das Stromnetz angeschlossen zu bleiben. Sie war froh darüber, dass sie das Geld aufgebracht hatte. Warum also weinen? Vielleicht, weil sie die abwertenden Blicke des Beauftragten der Stromgesellschaft nicht ertragen konnte, als sie, in ihrem Trainingsanzug bekleidet, mit dem Geld wedelnd aus ihrem Wohnwagen gerannt kam. Als Lisa in diesem Zustand durch den Schnee stapfte, mit offenen Schnürsenkeln und wilden ungepflegten Haaren, wurde ihr plötzlich bewusst, wie schäbig sie eigentlich aussah. Der ganze Wohnwagenpark, in dem sie ihr Leben fristete, war ein einziges Chaos. Zugeschneite Wege, bellende Hunde, kaputte Kühlschränke und rostige, aufgebockte Autos.

Lisa erinnert sich daran: "Wie er damals seine Augen verdrehte, kam es mir vor, als ob er auf mich herabblickte und die Nase rümpfte. Für ihn war ich wahrscheinlich einfach jemand, der in einem dieser Wohnwagenparks haust – jemand, der dies schon immer getan hat und auch bis an sein Lebensende tun wird."

Zu diesem Zeitpunkt lebte Lisa erst seit zwei Jahren dort. Aber der Weg nach draußen schien die ganze Zeit über immer schwieriger statt einfacher zu werden. Jeder ihrer Versuche schlug fehl. Vor einigen Monaten hatte Lisa ihre Kündigung als Sekretärin eines Softwareunternehmens erhalten. Es gab – mitten in der Rezession – im ländlichen New Hampshire wenig Arbeit. Ihr Mann arbeitete in einer Sägemühle und verdiente dort gerade einmal ein paar hundert Dollar.

Sie ernährten sich von Makkaroni und Käse. Mehrmals wöchentlich gab ihr klappriges Auto den Geist auf. Wenn sich der Tankinhalt zum Ende neigte, klopften sie Couch und Sofakissen ab, um nachzusehen, ob sich vielleicht irgendwo noch ein bisschen Kleingeld finden ließe. Lisas Welt beschränkte sich auf einen vier Meter breiten und zwanzig Meter langen Wohnwagen, der nur mit einem Holzofen beheizt wurde. Im Winter hatten sie Plastikfolien vor den Fenstern, um die kalte Luft abzuhalten. Der Fernseher lief den ganzen Tag. Manchmal war Lisa danach, einfach nur laut zu schreien. Der Tag, an dem der Mann vom Elektrizitätswerk kam, war sicherlich einer dieser Tage. Nachdem er gegangen war, ging sie zurück in den Wohnwagen, setzte sich auf die Couch und weinte – so lange, bis ihre letzte Träne geflossen war.

Blockhausmentalität

Wenn Sie Lisa Wilber damals gesagt hätten, was ihr die Zukunft bringen würde, sie hätte es Ihnen sicherlich nicht abgenommen. Innerhalb weniger Jahre sollte Lisa ein sechsstelliges Einkommen aus ihrer eigenen Vertriebsorganisation mit insgesamt mehreren Millionen Dollar Umsatz beziehen. Eine Kündigung würde es für sie nicht mehr geben, denn Lisa würde ihr eigener Chef sein. Sie würde zu den wenigen Unternehmern gehören, die vorausschauend geplant hatten. Sie würde das einundzwanzigste Jahrhundert mit Zuversicht beginnen, mit der Sicherheit, dass ihr Geschäft gegen alle Stürme und Erschütterungen der Weltwirtschaft gefeit sein würde.

Kurz gesagt, Lisa gehörte zu den Pionieren. Ihr zugiger Wohnwagen war im Informationszeitalter das Gegenstück zu einem in der Einöde der Prärie stehenden Blockhaus in den Rocky Mountains. Lisa hatte keine Chance, eine Anstellung in einem Unternehmen zu finden. Sie musste sich komplett neu orientieren. Sie musste sich den Gedanken an wöchentliche Bezahlung durch den Arbeitgeber, Zuwendungen für die Gesundheitsvorsorge, bezahlten Urlaub und Altersruhegeld abgewöhnen. Sie musste ihren Blick nach innen wenden und ihre eigenen Stärken erkennen, um überleben zu können.

Seltsamerweise war es genau diese neue Art zu denken, die ihre Rettung darstellte – obwohl ihr diese letztendlich gegen ihren Willen aufgedrängt wurde. Andere klammerten sich verzweifelt an ihren Job und hatten Angst vor jeglicher Veränderung. Lisa wurde gezwungen, einfach loszulassen. Auf diese Weise wurde sie sozusagen zu einem „modernen Siedler". Viele Generationen von Amerikanern hatten vor ihr diesen einsamen Weg beschritten. Und genau wie diese, würde sich auch Lisa in ihrem erbärmlichen und bemitleidenswerten Umfeld durchschlagen. Wie jene alten Siedler, würde auch Lisa der täglichen Entmutigung standhalten müssen. Aber genau wie sie, würde auch Lisa ihre Ängste überwinden und für sich und ihre Familie ein neues Leben schaffen.

DIE RICHTIGEN WERKZEUGE

Die Pioniere der Vergangenheit statteten sich mit Werkzeugen aus, wie beispielsweise Gewehren von Winchester oder dem 45er Revolver von Colt, dem „Peacemaker". Mit diesen Waffen konnten sie den Wilden Westen bezwingen. Die Grenzgänger des Informationszeitalters haben ihre eigenen Waffen – Geschäftsstrategien, die es dem Durchschnittsbürger ermöglichen, in der Cyberspace-Wirtschaft erfolgreich zu werden. In ihrem Bestreben nach Selbstständigkeit bewaffnete sich Lisa mit einer der erfolgversprechendsten Waffen überhaupt, die viele Namen trägt. Teilweise ist sie unter dem Begriff Network-Marketing bekannt, dann wieder ist es Multilevel-Marketing, manche sagen auch nur MLM. Entstanden ist diese Konzeption vor weitaus mehr als fünfzig Jahren. Umwälzende technologische Entwicklungen innerhalb der letzten zehn Jahre haben deutlich gemacht, welche unternehmerischen Chancen in Wirklichkeit damit

> **Was genau ist Network-Marketing? Eine Strategie zum Vertrieb von Produkten und Dienstleistungen, die es unabhängigen Verkäufern erlaubt, weitere Verkäufer zu gewinnen, aus deren Umsätze Ihnen dann Provisionen zufließen.**

verbunden sind. Das Ausmaß übertraf alles bisher Dagewesene um Längen.

Was genau versteht man nun unter Network Marketing? Es ist eine Strategie, bei der es um den Verkauf von Produkten geht, die von unabhängigen Vertriebspartnern umgesetzt werden, die wiederum ihrerseits die Möglichkeit haben, neue Vertriebspartner zu gewinnen, an deren Umsätzen sie teilhaben. In einer MLM-Organisation werden neue Vertriebspartner gewonnen, die ihrerseits wiederum neue Vertriebspartner einschreiben usw., usw.. Ganz normale Vertriebsrepräsentanten ohne besondere Vorbildung haben hier die Möglichkeit, sich eine einträgliche Vertriebsorganisation aufzubauen, die mehrere Ebenen tief sein kann. Eine solche Organisation kann schnell aus hunderten oder tausenden von Partnern bestehen.

EIN 80 MILLIARDEN DOLLAR-GESCHÄFT

In den vergangenen Jahren wurde Network Marketing von vielen Menschen als ein System angeprangert, das angeblich schnellen Reichtum verspreche , so wie man es von Kettenbriefen und Pyramidensystemen kennt. Aber diese Zeiten gehören nun endlich der Vergangenheit an. Die Fortune 500, die Unternehmen, die zu den 500 erfolgreichsten Firmen der USA gehören, drängen darauf, den Vertriebsweg Network Marketing einzusetzen und Börsenanalysten der Wall Street preisen die Vertriebsmethoden von Multilevel-Unternehmen in den höchsten Tönen.

Network Marketing erweist sich in der Tat als eine der treibenden Kräfte im Wirtschaftsleben des einundzwanzigsten Jahrhunderts. Es ist nicht ganz einfach, auf zuverlässige statistische Zahlen zurückzugreifen, da das weltweite MLM-Wachstum nirgendwo zentral erfasst wird. Viele Unternehmen geben über ihren Umsatz und ihre Mitgliederzahlen keine Auskunft. Der Herausgeber des Branchenmagazins Network Marketing Lifestyles, Duncan Maxwell, beziffert – ausgehend von zuverlässigen Daten, die ihm von der in Washington ansässigen Direct Selling Association (DSA), sowie weiteren branchenspezifischen Quellen zur Verfügung gestellt wurden – den Jahresumsatz aller US-amerikanischen MLM-Unternehmen auf 20 Milliarden US-Dollar und weltweit sogar auf 90 Milliarden US$. Laut konservativen Schätzungen der DSA sind alleine in den USA ungefähr 8 Millionen Menschen in dieser Branche aktiv.

Warum sie es sind? Weil MLM die Antwort auf die Frage gibt, die die meisten Menschen im Informationszeitalter bewegt: Wie kann man seinen Lebensunterhalt in einer Welt verdienen, in der es keine Arbeitsplätze mehr gibt?

DO IT YOURSELF

In jedem Zeitalter haben Probleme auch zahlreiche Chancen offenbart. Was sie jedoch nicht zur Verfügung stellten, waren Arbeitsplätze. Als die ersten Siedler die Great Plains erreichten, waren sie völlig auf sich selbst gestellt. Sie mussten Häuser bauen und Brunnen graben, Felder bestellen und Vieh züchten. Andernfalls hätten sie nicht überlebt.

Das Leben an der Grenze zum Cyberspace-Zeitalter wird diesem Leben nicht unähnlich sein. Uns allen ist klar, dass es die Arbeitsplätze, die wir heute kennen, in Zukunft nicht mehr geben wird. Millionen von Menschen wurden bereits in den letzten zwanzig Jahren arbeitslos. Manche von ihnen haben vergeblich versucht, wieder eine Stelle mit ähnlicher Bezahlung, vergleichbaren Zulagen und äquivalenter Sicherheit zu finden. Früher war es so, dass der Unternehmer mit dem Aussprechen der Kündigung über eine Möglichkeit verfügte, vorübergehend Kosten zu sparen. Man griff in schlechten Zeiten auf diese Maßnahme zurück und stellte dann, wenn es dem Unternehmen besser ging, wieder neue Mitarbeiter ein. Heute haben sich die Zeiten jedoch geändert.

> **Während die klassischen Arbeitsplätze verschwinden, steigt die Zahl der Zeitarbeiter — der Menschen, die auf der Basis von Kurzzeitverträgen arbeiten—mit immer schneller werdender Geschwindigkeit.**

Verringert ein Unternehmen heute seine Belegschaft, dann hat das andere Ursachen. Anlagen werden geschlossen, weil die Fertigung ins Ausland verlegt wird oder Automation die menschliche Arbeitskraft überflüssig macht. „Durch den technologischen Fortschritt werden die Unternehmen heute immer leistungsfähiger, wobei jedoch weniger Arbeitskräfte benötigt werden", stellt der Autor Paul Zane Pilzer fest, der Verfasser von Büchern wie *Unlimited Wealth, Other People's Money* und *God Wants You to Be Rich.* „Die Unternehmen mit den größten Gewinnen reduzieren ihre Belegschaft am stärksten. Und dieser Prozess wird sich noch in steigendem Maß fortsetzen."

Die Anzahl der Mitarbeiter wird heute in guten wie in schlechten Zeiten reduziert. Die meisten Arbeitsplätze, die auf diese Weise gestrichen werden, entfallen für immer. Und die Mitarbeiter, die weiterhin beschäftigt werden, müssen oftmals ihren Status ändern, indem sie vom angestellten Mitarbeiter zum freiberuflichen Mitarbeiter werden. Den Unternehmen sind Freiberufler lieber, da sie auf diese Weise die Möglichkeit haben, die Arbeitszeiten flexibel zu bestimmen und von Sozialleistungen befreit werden. In dem Maß, in dem die traditionelle Belegschaft zurückgeht, steigt die Zahl der bei Bedarf zur Verfügung stehenden Arbeitskräfte rapide an. Hier haben wir es mit Mitarbeitern zu tun, die stundenweise oder halbtags im Rahmen einer Vertragspartnerschaft arbeiten.

DAS ENDE DER KLASSISCHEN ARBEITSPLÄTZE

Die Wirtschaftsanalysten James Dale Davidson und Lord William Rees-Mogg stellen in *The Sovereign Individual* die These auf, dass das einundzwanzigste Jahrhundert das Ende einer Vielzahl heute bekannter Arbeitsplätze darstellen werde. Sie weisen darauf hin, dass erst in den letzten Jahren mit dem Wort Arbeitsplatz gedanklich eine lebenslange Anstellung verknüpft worden sei. Frühere Generationen hatten mit diesem Begriff verbunden, dass eine einmalige Tätigkeit verrichtet und entsprechend entlohnt werde. Ein Schmied wurde beispielsweise dafür bezahlt, dass er ein Pferd beschlug. Eine Näherin wurde dafür bezahlt, dass sie ein Kleid nähte. Und niemand ging davon aus, dass eine Arbeit eine lebenslang dauernde Tätigkeit sein würde. Keiner erwartete Beiträge zur Krankenversicherung, Pensionen oder goldene Uhren. „Vor dem industriellen Zeitalter", so schreiben sie weiter, „war die permanente Anstellung unbekannt."

Rees-Mogg und Davidson sagen voraus, dass der Arbeitsplatz im Informationszeitalter wieder seine ursprüngliche Bedeutung annehmen werde. Dazu zählen spezifische Aufgaben und solche, die zeitlich beschränkt sind. „Große Unternehmen, wie zum Beispiel AT&T, sind bereits von Dauerarbeitsverhältnissen abgekommen", stellen sie fest. „Zu besetzende Positionen haben eher temporären Charakter." Der frühere Arbeitsminister Robert Reich schätzt, dass heute bereits 20% aller amerikanischen Arbeitnehmer auf der Basis tätig sind. Falls Rees-Moog und

Davidson recht behalten, wird diese Zahl in den kommenden Jahren auf 100% ansteigen.

RUHESTAND ADE

Zu früheren Zeiten gab es nur eine Möglichkeit, es zu einem sicheren und bequemen Lebensabend zu bringen: man musste sich ein Geschäft aufbauen – in der Regel war das der eigene Bauernhof – und damit Geld verdienen. Dieses musste so lange fließen, bis man ins Grab stieg. Die Pioniere des Informationszeitalters stehen wahrscheinlich vor der gleichen Herausforderung. Da sie weder auf die Unterstützung eines Unternehmens noch des Staates bauen können, müssen sie sich ihr Nest selbst bauen, indem sie sich eine sichere und dauerhafte Existenz schaffen.

Unabhängige Subunternehmer haben keinen Anspruch auf eine vom Unternehmen zu zahlende Pension. Im einundzwanzigsten Jahrhundert können sie genau so wenig mit einer staatlichen Unterstützung rechnen. Der altgedienten Rentenversicherung ist bereits die Luft ausgegangen. Die erforderlichen Beiträge sind nicht mehr finanzierbar. Ein Teil der Arbeitnehmer setzt auf private Rentenfonds auf der Basis von Aktien. Aber die Märkte sind nicht stabil, weshalb es durchaus sein kann, dass zum gegebenen Zeitpunkt der Aktienmarkt von einer Flaute beherrscht wird und der Rentner dann sozusagen mittellos dasteht.

Selbst wenn der Staat einfach nachgeben und es jedem freistellen würde, seinen Rentenanteil zurück zu halten und bei den Banken entsprechend anzulegen, wäre es den meisten jedoch nicht möglich, den Lebensabend einzig davon zu bestreiten. Bei der gegenwärtigen Inflationsrate und den heutigen Zinsen müsste ein Fünfundvierzigjähriger im Jahre 2000 mindestens drei Millionen US-Dollar anlegen, um in seinen besten Jahren einen schönen Lebensabend mit Mittelklassestandard genießen zu können. Und wie viele Familien des Mittelstandes sind in der Lage, drei Millionen Dollar anzusparen?

AN DER GRENZE ZUM ZEITALTER DES CYBERSPACE

Im neunzehnten Jahrhundert machten sich Millionen von Siedlern im Planwagen zur Grenze nach Westen auf. Heute kommt die Grenze zu uns. Jeder muss sich der Cyberspace-Wirtschaft stellen, ganz gleich, ob er sie mag oder nicht. Wie es uns in den kommenden Jahren ergehen wird, hängt unmittelbar davon ab, wie schnell wir das Unvermeidliche akzeptieren und wie energisch wir uns auf die Selbständigkeit vorbereiten. Das Leben an der Grenze zum Cyberspace-Zeitalter ist mit harter Arbeit verbunden und wird von scharfem Wettbewerb bestimmt. Risiko, Angst und Spannung lauten die Schlagwörter in diesem Bereich. Aber wir haben die gleichen Chancen, die auch die früheren Pioniere im Westen hatten, als sie den Grundstock für ihr Vermögen legten. Auch wir können gedeihen und wohlhabend werden, auf eine Art und Weise, die jedoch früher in der alten – von Unternehmen bestimmten Welt – nicht möglich gewesen wäre.

Fachleute sagen schon seit geraumer Zeit voraus, dass das einundzwanzigste Jahrhundert von Luxus bestimmt sein wird, dass das Internet ein Füllhorn mit maßgeschneidertem Kundenservice darstellen kann, in welchem auf jeden noch so speziellen Kundenwunsch eingegangen wird. Und genau so wird es auch sein. Wir müssen uns diesen Luxus jedoch im Schweiße unseres Angesichts verdienen. Wir müssen ihn uns dadurch verdienen, dass wir intelligente Entscheidungen treffen. Unser künftiger Lebensstandard wird weitgehend von den Entscheidungen bestimmt, die wir heute treffen – von den Strategien, auf denen wir unser Geschäft im Informationszeitalter aufbauen werden. Wer sich an dieser Stelle für Network-Marketing entscheidet, unternimmt den großen erforderlichen Schritt in die richtige Richtung.

KAPITEL 2

Das Prinzip der Hebelwirkung

"Geben Sie mir einen Angelpunkt," sagte Archimedes, "und ich werde die Welt bewegen." Der große griechische Mathematiker sprach natürlich vom Gesetz der Hebelwirkung. Er wollte damit ausdrücken, wenn er einen Hebel hätte, der lang genug wäre und einen Punkt, an dem er diese Vorrichtung ansetzen könnte, dass er dann in der Lage wäre, den Erdball aus den Angeln zu heben, so wie ein Bauer einen Fels aus seinem Acker hebelt.

Hebel und Angelpunkt gehören zu den einfachsten Werkzeugen, die der Menschheit bekannt sind. Trotzdem ermöglichen sie einem Arbeiter, ein Vielfaches seines eigenen Gewichtes zu bewegen. Im Geschäftsleben wird das Gesetz der Hebelwirkung mit noch verblüffenderer Wirkung eingesetzt. Geschäftsführer nützen Hebelwirkung, indem sie finanzielle Anleihen aufnehmen. Dadurch können sie ihre Geschäftstätigkeit ausweiten, den Preis der Aktien in die Höhe treiben und Gewinne weit über den Punkt hinaus erzielen, den sie ausschließlich mit ihrem Eigenkapital erreicht hätten. Ein Manager erzielt Hebelwirkung, indem er Aufgaben an Angestellte weiterleitet und dadurch ein Vielfaches seiner eigenen Arbeitskraft erzielt. "Ich hätte lieber ein Prozent der Leistung von einhundert Menschen," soll Ölmagnat und Milliardär J. Paul Getty gesagt haben, "als einhundert Prozent meiner eigenen Leistung."

Getty hatte recht. Kein Mensch hat die Zeit oder Energie, um alleine ein erfolgreiches Geschäft aufzubauen. Der Erfolg eines Unternehmers ist direkt vom Verhältnis der Hebelwirkung abhängig, die er entfalten kann. Und hier setzt auch Network-Marketing ein. Es ist ein

System, das dafür gestaltet wurde, gewöhnlichen Menschen den Zugang zu außergewöhnlicher Hebelwirkung zu gewähren.

Die ersten Amerikaner, die sich die Hebelwirkung im Verkauf zunutze machten, waren die Indianer. Sie setzten dieses Gesetz mit großer Wirkung zu ihrem Vorteil ein - untereinander und bei Geschäften mit den Weißen. Die Agenten der Hudson Bay Company in Kanada erkannten beispielweise, dass die Ureinwohner, von denen sie Biberpelze kauften, eine Art von Franchisesystem einsetzten. Statt jeden Einzelnen mit den Engländern verhandeln zu lassen, erschienen die Indianer einmal im Jahr mit einer großen Flotte von Kanus. Jede Flotte wurde von einem Handelshäuptling kommandiert, der aufgrund seiner besonderen Verhandlungsfähigkeiten ausgewählt wurde. Dieser Häuptling berechnete den anderen Indianern eine Art Franchisegebühr, um Teil der Flotte sein zu dürfen – gewöhnlich ein Biberpelz pro Kanu. Zu diesem Preis gewannen die indianischen Händler den Vorteil, Teil eines großen Handelskonglomerats zu sein und dadurch bessere Preise für ihre Waren zu erhalten.

> **Der Erfolg eines Unternehmers steht in direktem Zusammenhang mit der Hebelwirkung, die er entfalten kann.**

Die Macht großer Zahlen

Die Macht der indianischen Handelszusammenschlüsse lag offensichtlich in ihrer Fähigkeit, die Preise vom weißen Mann zu fordern und zu erhalten, die sie wollten. Der Preis eines Biberfells fiel beispielsweise auf dem Londoner Pelzmarkt in den Jahren 1785 bis 1793 von zwanzig auf zehn Schilling. Logischerweise hätten die weißen Händler in Nord-amerika ihre Verluste dadurch auffangen sollen, indem sie ihren eingeborenen Lieferanten geringere Preise bezahlten. Aber die Indianer verlangten weiterhin die gleichen Preise wie zuvor.

„Wenn sie glaubten, . . . dass drei Biberfelle den Gegenwert einer Axt darstellten, dann war das eben so," sagt Professor Abraham Rotstein von der Universität Toronto. Laut Rotstein blieben die Preise für 35 verschiedene Handelsgüter über einhundert Jahre nahezu gleich.

Egal, wie dramatisch sich die Preise auf dem Londoner Markt veränderten, die Indianer wollten Preissenkungen einfach nicht zustimmen. Und da sie durch „Franchisesysteme" ein gemeinsames Hebelwirkungsprinzip einsetzten, hatten sie die Macht, ihren Willen durchzusetzen.

AMERIKANISCHE VERKÄUFER

Jedoch auch die weißen Händler wussten das Prinzip der Hebelwirkung auszunutzen. Große Handelszusammenschlüsse wie die Hudson Bay Company und John Jacob Astor's Amerikanische Pelzgesellschaft kämpften sich immer weiter in den Norden Amerikas vor, indem sie sich auf ihre massive Größe verließen um die besten Abschlüsse zu erzielen. Je mehr Weiße ins Land zogen, um so mehr wurden die Indianer aus dem Geschäft gedrängt.

Während dieser Zeit erwuchs eine neue Wirtschaft, in welcher die Siedler ihre Ausrüstungsgegenstände von den sogenannten „Yankee peddlers" kauften – fahrenden Händlern, die zu Fuß oder per Planwagen durch die Lande zogen. Diese Händler erlebten lange Jahre eine fruchtbare Zeit. Aber sie nutzten nicht die Kraft der Hebelwirkung. Jeder sah nur nach sich selbst. Daher hatten diese Händler kaum Chancen zurückzuschlagen, als die Großhändler ihr eigenes Hebelwirkungssystem einsetzten. Ab dem Jahr 1840 nutzten sie die neuen Eisenbahn- und Kanalsysteme, um ihre Waren direkt zu den Ladeninhabern zu senden. Dieses neue System umging die Zwischenhändler vollständig und sie verschwanden fast völlig von der Bildfläche des aufstrebenden Amerikas.

DIE DIREKTVERTRIEBSREVOLUTION

Nur durch Ausnutzung der Hebelwirkung zu ihrem eigenen Zweck gelang es den Händlern, sich ihren Weg wieder freizukämpfen. Eine neue Gattung des Verkäufers entstand zu Ende des 19ten und Beginn des 20sten Jahrhunderts. Wie der fahrende Händler der früheren Zeit, arbeitete er ausschließlich für sich selbst. Aber anders als dieser, verkaufte er ein landesweit bekanntes Markenprodukt. Avon Products, die Fuller Brush Company und Electrolux gehörten zu den legendären Firmen, die ihren Aufstieg während dieser Zeit hatten. Sie verkauften Bürsten, Parfüm und Staubsauger von Tür zu Tür. Sie wurden Direktvertriebsfirmen genannt, weil sie statt über Läden und Warenhäuser direkt an den Konsumenten verkauften.

Für den Hersteller bot der Direktvertrieb die Gelegenheit, dem Kunden das Produkt direkt vor die Nase zu halten, statt es unter hunderten von anderen Produkten im Ladenregal verloren zu sehen. Dem Verkäufer boten diese Netzwerke Großhandelsrabatte, Gebietsschutz und das Prestige eines großen Markennamens. Wenn die Avon Beraterin oder der Mann von Fuller Brush, einem Bürstenhersteller, zu Besuch kam, waren die Kunden sicher, dass man sich auf die Produkte verlassen konnte.

Der Direktverkäufer, wie bereits die indianischen Händler vor ihm, gewannen durch ein Netzwerk Hebelwirkung. Dieser neue Weg des Verkaufs wuchs wie ein Flächenbrand. „Im Jahr 1920 gab es mindestens 200.000 Menschen, die von Tür zu Tür verkauften," schreibt die Managementprofessorin Nicole Woolsey Biggart in ihrem Buch *Charismatischer Kapitalismus*, „doppelt so viele wie noch im Jahr 1900."

Die Zeitfalle

Allerdings gab es Grenzen in der Hebelwirkung des Direktverkäufers. Er war in einer Zeitfalle gefangen. Eine Einzelperson konnte pro Tag nur eine begrenzte Zahl von Fuller-Bürsten oder Electrolux-Staubsaugern verkaufen. Sein Einkommen war durch die Zahl an Arbeitsstunden begrenzt. Solange er persönlichen Einsatz brachte, an Türen klopfte und seine Lippen bewegte, verdiente er Geld. Aber in dem Moment, in dem er aufhörte, zu arbeiten, – ob der Grund sein Nachtschlaf, ein Sonntag mit der Familie oder das Auskurieren einer Grippe war – ging sein Einkommen auf Null zurück. Und gnade Gott dem Menschen, der verkrüppelte oder an schwacher Gesundheit litt. Sein Einkommen schrumpfte mit dem Grad seiner Behinderung.

Um es abzukürzen, die Direktverkäufer der früheren Tage verdienten ein lineares Einkommen, indem sie ihre Zeit gegen Geld eintauschten. Ein perfekter Weg, um sich einen Lebensunterhalt zu verdienen. Ärzte, Rechtsanwälte und Steuerberater können mit dieser Art von Einkommen sicherlich gut leben. Aber dieses Einkommen unterliegt keinerlei Hebelwirkung. Egal wie hoch das lineare Einkommen ist, das sie beziehen, sie müssen immer anwesend sein, um es zu erhalten.

Passives Einkommen

Die einzige Form eines Einkommens, das echter Hebelwirkung unterliegt, ist ein passives Einkommen. Das ist das Geld, das Sie auch weiterhin beziehen, wenn Sie Ihre Arbeit schon vor langer Zeit geleistet haben. Es ist beispielsweise die Art von Einkommen, das Bestsellerautoren und Spitzenkomponisten in Form von Tantiemen erhalten. Das Geld, das Investoren und Firmeninhaber als Aktiendividende beziehen. Wenn Sie einmal einen solchen passiven Einkommensstrom erzeugt haben, fließt dieser weiter, selbst wenn Sie sich entscheiden, ein Jahr lang Urlaub zu machen und nur am Strand zu liegen.

Nur durch ein passives Einkommen entstehen große Vermögen

Leider war der Direktverkauf in seinen ersten Jahren nicht in der Lage, diesen Vorteil zu bieten. Tausende von Glücksrittern zogen in den 20er und 30er Jahren in Amerika von Tür zu Tür. Aber nur diejenigen, die den Direktverkauf aufgaben und ihr eigenes Unternehmen gründeten, erreichten tatsächlich finanzielle Freiheit. Der Wunsch nach einer neuen Form von Arbeit, die den Zugang des Direktverkaufs mit der Möglichkeit verband, ein eigenes Geschäft zu gründen, war groß. Doch dieser Wunsch sollte schon bald in einer bemerkenswert innovativen Weise erfüllt werden.

KAPITEL 3

Multilevel Marketing

Die meisten Fachleute sind sich einig, dass Carl Rehnborg der erste war, der ein neues Network-Marketing-Programm mit Erfolg einsetzte. Andere Unternehmen hatten bereits früher mit diesen Methoden geliebäugelt. Schon im Jahre 1920 gab es Unternehmen, die ihren Geschäftpartnern Einmalzahlungen dafür zukommen ließen, wenn diese einen neuen Geschäftspartner für das Unternehmen gewannen. Andere zahlten ihren bereits bestehenden Geschäftspartnern für eine bestimmte Dauer – sagen wir innerhalb der ersten sechzig Tage – einen bestimmten Prozentsatz der Bruttoumsätze des neuen Vertriebspartners aus. Allem Anschein nach war es jedoch Rehnborg, der seinen Vertriebspartnern zum ersten Mal eine kontinuierliche Provision auszahlte. Dadurch kamen diese in den Genuss eines Einkommens, das über die gesamte Lebensdauer des Geschäfts ausbezahlt wurde.

Die Geschichte nahm 1920 ihren Anfang. Zu diesem Zeitpunkt war Rehnborg als Vertreter eines Produktionsbetriebes in China tätig. Der Bürgerkrieg brach aus und Rehnborg wurde ein Jahr lang in Shanghai gefangen gehalten. Da die einzige Nahrung aus Reis und Wasser bestand, ergänzte Rehnborg diese mit einer Suppe, die aus Pflanzen, Gras und rostigen Nägeln (des Eisens wegen) bestand.

Diese Erfahrungen erweiterten Rehnborgs Wissen über Ernährung in großem Maße. Als er wieder Zuhause in den USA war, nutzte er sein professionelles Wissen als Chemiker dazu, Nahrungsergänzungsprodukte zu entwickeln, die aus Luzerne, Petersilie, Spinat, Wasserkresse, Karotten und verschiedenen Mineralien und Vitaminen bestanden. 1934 begann er den Vertrieb dieser Produkte mit seinem eigenen Unternehmen. Der ursprüngliche Name *California Vitamin Company* wurde später in *Nutrilite Products Inc.* umgeändert und ging in die Annalen des freien Unternehmertums ein.

MEHRSTUFIGE PROVISIONEN

Nutrilite wurde zuerst als Direktverkaufsunternehmen geführt und expandierte über Jahre hinweg. 1945 wählte Rehnborg einen anderen Weg. Er stellte seinen Vertriebspartnern einen neuen Vergütungsplan vor. Einigen Berichten zufolge soll dieser Plan das geistige Eigentum von Rehnborg gewesen sein. Andere Zungen behaupten, dass er den Köpfen von Lee Mytinger und William Casselberry, beide Nutrilite-Vertriebspartner, entsprungen sei. Ganz gleich, wer ihn erfunden hat, dieser Vergütungsplan weist alle Besonderheiten auf, die heute im Network Marketing wichtig sind.

Jeder Nutrilite-Berater mit 25 Einzelhandelskunden durfte neue Vertriebspartner gewinnen, wobei ihm eine Provision von drei Prozent auf deren Umsätze gezahlt wurde. Hier haben wir es also nicht mit einer Einmalzahlung, sondern mit einer ständigen Einkommensquelle zu tun, und zwar floss diese so lange, wie der neue Vertriebspartner dem Unternehmen Nutrilite angehörte. Somit hatte jeder Direktverkäufer zum ersten Mal die Möglichkeit, aus seiner Vertriebsgruppe ein passives Einkommen zu beziehen. Jeder Nutrilite-Berater konnte – genau so wie Bestseller-Autoren, Ölmagnate oder Wall Street Investoren – von den Anstrengungen Anderer profitieren. Auf diese Weise wurden beachtliche Resultate erzielt.

MULTIPLIKATION

Rehnborg verhalf somit einer Idee zum Durchbruch, die es den Nutrilite-Beratern nicht nur ermöglichte, an den Umsätzen ihrer Vertriebspartner zu partizipieren, sondern auch an den Beratern ihrer Vertriebspartner, usw. Diese Beteiligung über mehrere Ebenen hinweg, war mit einem ungeheuerlichen Wachstumspotential verknüpft. Man konnte jetzt neue Partner in das Geschäft bringen, die ihrerseits neue Partner brachten, d.h. die also ebenso neue Mitarbeiter gewannen und nicht ausschließlich Produkte verkauften. Jeder neue Vertriebspartner (oder "Berater“), den sie in das Geschäft brachten, verdoppelte jeweils die Aussicht auf neue Vertriebspartner. Das Potential der Duplikation lässt sich mit Hilfe einfacher arithmetischer Berechnungen nachweisen. Wird eine Zahl, ganz gleich wie oft, mit der gleichen Zahl multipliziert, so spricht man von geometrischer oder progressiver Steigerung. Die Macht der geometrischen Progression bietet allen Führungskräften im Multilevel-Geschäft ein atemberaubendes Wachstum.

PROGRESSIVES WACHSTUM

Wie würden Sie darauf reagieren, wenn Ihnen jemand wahlweise 100.000 US$ in bar oder aber einen Cent anböte, der sich einen Monat lang jeden Tag verdoppeln würde? Wer rechnen kann, für den ist die Antwort keine Frage. Er würde sich für den Cent entscheiden – wohl wissend, dass sich der Cent bei einer täglichen Verdoppelung (die am ersten Tag einsetzt) auf über 21 Millionen US Dollar dupliziert. Das ist echtes progressives Wachstum. Wenn Sie Ihr Geschäft mit Multilevel-Marketing aufbauen, dann verfügen Sie durch Ihren Geschäftsaufbau über das gleiche mathematische Potenzial.

Nehmen wir ein hypothetisches Beispiel. Nehmen wir einmal an, Sie gewinnen im ersten Monat fünf Partner. In Ihrem zweiten Monat bringt jeder Ihrer neuen Geschäftspartner wiederum selbst fünf neue Leute ins Geschäft. Falls sich dieser Prozess sechs Monate lang kontinuierlich – wirklich ohne Unterbrechung – fortsetzt, haben Sie 19.530 Berater in Ihrer Downline. (Hiermit bezeichnet man im MLM die Anzahl der Menschen, die auf Ihre Initiative hin geschäftlich aktiv werden.) Gehen Sie jetzt davon aus, dass jedes neue Mitglied in Ihrer Organisation monatlich für 100 $ Waren einkauft. Falls Sie aus jeder Bestellung eine Provision von 10% erhalten, würde sich Ihre Gesamtprovision im sechsten Monat auf US $ 195.300,00 betragen. Und diese Provision würde dann noch Monat um Monat steigen.

GRENZENLOSES POTENZIAL

Dies ist natürlich ein stark vereinfachtes und idealisiertes Beispiel. Kein Geschäftsaufbau läuft wie ein Uhrwerk ab. Viele Menschen, die im MLM starten, hören bald danach wieder auf. Die meisten Networker müssen viele Erfahrungen und Enttäuschungen hinnehmen, bis sie jene fünf ernsthaften Mitglieder gefunden haben, die ihrerseits wiederum weitere fünf Personen in das Geschäft bringen. Dies ist genau der Grund, warum die meisten Networker auch nur bescheidene Einkommen beziehen. Was bleibt, ist eine kleine Anzahl Menschen, die über viel Energie verfügen, die Visionen haben und unermüdlich und beharrlich jedes sich ihnen in den Weg stellende Hindernis überwinden. Ihnen bietet das Multilevel-Provisionsgefüge eine einzigartige Möglichkeit des Vertriebsaufbaus, des Aufbaus einer Organisation, die – Jahr um Jahr – geometrisch ansteigt. Und genau das gelingt wiederum auch vielen.

Seit der Zeit, in der indianische Trapper die Zugehörigkeit zu einer Handelsgesellschaft mit einem Biberfell pro Kanu erwarben, ist viel passiert. Multilevel-Marketing machte das Hebelprinzip sozusagen fast zu einer Wissenschaft. Unternehmen, die sich für MLM entscheiden, erzielen Wachstumsraten, von denen konventionell arbeitende Unternehmen nur träumen können.

„Wirtschaftsjournalisten geraten ins Schwärmen, wenn sie über Unternehmen berichten, deren Umsätze im vergangenen Jahr um 20% stiegen", schreibt Duncan Anderson, Chefredakteur des Magazins Network Marketing Lifestyles. „Im Network-Marketing hingegen sind jährliche Wachstumsraten von 100% in der frühen, expansiven Phase eines Unternehmens durchaus keine Seltenheit."

> **Es gibt nur wenige, die über ausreichende Energien verfügen, die richtig große Visionen haben und denen wirklich kein Hindernis den Weg versperrt. Sie haben die einmalige Gelegenheit mit den Multilevel-Vergütungsplänen eine riesige Organisation aufzubauen, die sich progressiv ausdehnt und somit Jahr um Jahr größer und einträglicher wird.**

DIE NAHENDE WELLE

Kurzum, die Chancen waren zu keinem Zeitpunkt günstiger. Jeder, der sich heute für Network Marketing entscheidet, kommt in den Genuss eines weiteren Vorteils. Sie schließen sich dieser Branche zu einem Zeitpunkt an, in der diese in eine neue, außergewöhnliche, von der Evolution bestimmte Phase übergeht. Ich werde in den folgenden Kapiteln näher erläutern, warum ich diese Phase als die vierte Welle bezeichne. Sie ist das Zeichen dafür, dass Network-Marketing endgültig den Kinderschuhen entwachsen ist. MLM wird nicht mehr als die unausgereifte Geschäftsmöglichkeit angesehen, die von betrügerischen

Genossen betrieben wird, welche uns vorgaukeln, wie man im Schnellverfahren reich werden kann.

Heute vertreiben auch Unternehmen mit Blue-Chip-Status wie etwa IBM, Citigroup und MCI ihre Waren und Dienstleistungen über MLM. Diese wirkungsvolle Geschäftsstrategie hat sich zu einer stabilen Stütze des Wirtschaftssystems des einundzwanzigsten Jahrhunderts gemausert.

Mit Hilfe dieses Buches werden Sie erfahren, warum viele Unternehmen diese neue Strategie begeistert aufgenommen haben. Sie werden erkennen, warum Network Marketing wirklich ideal zu den Anforderungen der im Entstehen begriffenen Informationsgesellschaft passt. Und was für Sie persönlich natürlich am interessantesten ist, Sie werden herausfinden, wie Sie und Ihre Familie Ihren Platz in dieser vierten Welle finden können, wie Sie eines Tages durch dieses Wirtschaftskonzept ihre finanzielle Unabhängigkeit realisieren können und welche besonderen Schritte Sie auf Ihrem Weg zum Erfolg im Rahmen der vierten Welle beachten müssen.

TEIL ZWEI

WAVE 4

Die Revolution der 4. Welle

KAPITEL 4

Felder voller Diamanten

Vor vielen hundert Jahren hörte ein Bauer im alten Persien gebannt zu, als der Geschichtenerzähler eine seiner Sagen zum Besten gab. Das Märchen handelte von einem Gegenstand, einem sogenannten "Diamanten". Nach dem Bericht des Geschichtenerzählers handelte es sich bei dem Diamanten um "geronnenes Sonnenlicht", einen Edelstein, der so wertvoll war, dass jeder Mann, der eine solche Mine entdeckte, reicher wäre als jeder König. Der Bauer hatte nie zuvor von Diamanten gehört. Aber nun, da er davon erfuhr, brannte er vor Verlangen, seine Hand auf einen solchen Schatz zu legen.

Nun begab es sich, dass der Bauer viele Felder und Plantagen besaß. Er war ein reicher Mann. Doch in dem Moment, als er von den Diamanten erfuhr, fühlte er sich wie ein Bettler. Diese eine Sache, die er haben wollte, konnte er nicht besitzen. Der Gedanke an all die Diamanten, die irgendwo auf der Welt unentdeckt verborgen waren, quälte ihn bis in den Schlaf hinein. So verkaufte er eines Tages seine Ländereien und begab sich auf die Reise. Auf der Suche nach Diamanten zog der Bauer durch Afrika, Palästina und Europa. Schließlich kam er als gebrochener Mann, nur noch in Lumpen gekleidet, in Spanien an. Von der Verzweiflung überwältigt, warf er sich ins Meer und ertrank. Auf all seinen Reisen hatte er nicht einen Diamanten erblickt.

In der Zwischenzeit machte ein Mann in Persien eine überraschende Entdeckung: Der Käufer der Ländereien fand, eingehüllt in schwarzem

Gestein, einen Diamanten. Bei weiterem Suchen stellte sich heraus, dass sich, verborgen unter seinem Grund, buchstäblich eine ganze Diamantmine befand. Schon bald wurde die ehemals bescheidene Farm unter dem Namen "Golconda-Mine" berühmt, der ergiebigsten Diamantmine, die je entdeckt wurde. Wenn der Bauer einfach nur damit zufrieden gewesen wäre, zuhause zu bleiben. Der Reichtum, den er ersehnte, wäre zum Greifen nahe gewesen.

VERSTECKTE SCHÄTZE

Diese Geschichte wurde zum ersten Mal von Dr. Russell Herman Conwell, einem Minister, Ausbilder, Kriegshelden und einem der einflussreichsten Redner Amerikas veröffentlicht. Bis zu seinem Tod im Jahr 1925 reiste Conwell durch das Land, ermahnte das Publikum, seine Augen offenzuhalten und die vor sich befindlichen Chancen zu erkennen. Statt in die Großstadt zu ziehen, predigte Conwell, sollten die Menschen in ihren Heimatstädten das Beste aus dem machen, was sie bereits hatten. Conwell's Vortrag „Felder voller Diamanten“ – über sechstausendmal gehalten – ließ ihn zum beliebtesten und gefragtesten Sprecher seiner Zeit werden.

> „. . . Es kommt nicht so sehr darauf an, wo Sie sind, als vielmehr wer Sie sind . . . Wenn Sie es in Philadelphia nicht schaffen, dann können Sie auch in New York nicht reich werden.“

„Ich sage Ihnen, dass Sie in Philadelphia, hier wo Sie leben, Felder voller Diamanten besitzen. . . .“ erzählte Conwell eines Tages den Einwohnern dieser Stadt. „Von den 107 Millionären, die über 10 Millionen Dollar besitzen [1889], erzielten 67 ihren Reichtum in Städten unter 3.500 Einwohnern . . . Es kommt nicht so sehr darauf an, wo Sie sind, als vielmehr wer Sie sind . . . Wenn Sie es in Philadelphia nicht schaffen, dann können Sie auch in New York nicht reich werden.“

Conwell glaubte, dass die Fähigkeit zum Erfolg in uns selbst und nicht in unserer Umgebung oder unseren Umständen begründet läge.

Fünfundsiebzig Jahre nach seinem Tod hat Conwell's Botschaft für unsere wachsende Informationsgesellschaft eine besondere Gültigkeit erhalten. Mehr als je zuvor, können die besten Gelegenheiten in unseren eigenen Hinterhöfen, Heimbüros oder auf unseren privaten Computern entdeckt werden. Aber aufgrund ihrer Einstellung würden die meisten Menschen niemals darauf kommen. Zuviele von uns zermartern sich mit immer größer werdender Angst den Kopf über den allgemeinen Stellenabbau. Wir sehen die Zukunft als hochtechnisierte Wüste, in der nur eine hochspezialisierte Elite Arbeit finden wird. Jedoch das genaue Gegenteil ist der Fall. Denjenigen, die Conwell's Lektion verstehen, bietet die Revolution der vierten Welle sprichwörtlich Felder voller Diamanten verborgen – vor unserer eigenen Nase.

ARMUTSDENKEN

Lisa Wilber lernte Conwell's Lektion auf die harte Weise. Als wir das letzte Mal von ihr hörten, trauerte Lisa gerade in ihrem Wohnwagen um ihre 46 Dollar, die sie an den Mann von der Stromgesellschaft bezahlt hatte. Selbstmitleid war ihr dauerhafter Begleiter. Wie auch der Bauer in Conwell's Erzählung, sah sich Lisa als armen Menschen und hatte dies fast ihr ganzes Leben lang getan. Ihr Vater war Hausmeister, ihre Mutter Sekretärin. Es waren hart arbeitende Menschen, denen es immer gelungen war, Essen auf den Tisch zu stellen und ihren Kindern ein Dach über dem Kopf zu bieten. Aber das Leben und den Glamour, den Lisa sich immer ersehnt hatte, konnte sie dort nicht antreffen.

Fernsehen und Hochglanzmagazine schürten Lisa's Appetit umsomehr. Sie klebte gebannt vor dem Fernseher, wenn sie die Intrigen und die Machtspiele sah, die jede Woche in *Dallas* und *Denver Clan* zu sehen waren. Lisa verbrachte Stunden über den Bildbänden ihrer Eltern, die die Kennedy-Familie porträtierten: Die Herrenhäuser, Autos, Yachten, die strahlenden Gesichter, die glücklichen Kinder, die zwanglosen Abende in Hyannisport. Wie weit dies alles von ihrer tristen Existenz im ländlichen Massachusetts entfernt zu sein schien!

Irgendwo dort draußen gibt es eine andere Welt, sagte Lisa zu sich selbst, eine Welt des Geldes und der Chancen. Sie schwor sich, dass sie eines Tages Teil dieser Welt sein würde. Aber derzeit bestand das Leben lediglich aus Hausarbeiten und Hausaufgaben. Die einzige Unterbrechung schien in dem Moment aufzutauchen, wenn die Türklingel für Lisa's Mutter läutete und eine vertraute Stimme hören ließ, dass die Avon-Beraterin gekommen war.

DER TRAUM VOM REICHTUM

„Seit ich ein kleines Mädchen war," erinnert sich Lisa, „wollte ich so sein wie die Avon-Beraterin."

Wie auch die Personen, die Lisa in Dallas und Denver Clan bewunderte, schien die Avon-Beraterin in der Welt des Geldes und der Geschäfte zuhause zu sein. Gekleidet in ein elegantes Kostüm, würde sie ihren Musterkoffer öffnen und gleich auf den Punkt kommen. „Sie war nicht auf ein Schwätzchen gekommen," erinnert sich Lisa. „Sie kam, um ihre Arbeit zu tun. Sie war eine Geschäftsfrau. Sehr professionell. Deshalb sah ich zu ihr auf."

Lisa wünschte sich, mit derselben Leichtigkeit und Selbstsicherheit in die Geschäftswelt einzutreten. Für sie repräsentierte Avon die gute Fee des Geschäftslebens, eine mysteriöse Kraft, die dazu in der Lage wäre, sie in eine bessere Welt zu transportieren. Lisa liebte die Produkte von Avon. Ihr erster Lippenstift stammte aus dem Avon-Katalog. Sie wusste auch, dass Avon ein Milliardenunternehmen mit einer Geschichte bis zurück ins Jahr 1886 war. Der solide Ruf drückte Geld, Macht und Status aus - die drei Dinge, die Lisa am meisten begehrte. Wenn Sie nur eine Avon-Beraterin werden könnte, dachte Lisa, dann würde sie sich vielleicht selbst einige dieser Eigenschaften aneignen können.

DIE GEISTIGE HÜRDE

Mit ihrem Geschäftssinn lag Lisa nicht so falsch. Avon spiegelte tatsächlich die Zukunft wieder, ungeachtet dessen, dass es sich um eine der ältesten amerikanischen Firmen handelte. Die Direktvertriebsbewegung, die im Jahr 1886 unter anderem durch Avon ins Leben gerufen wurde, war erst noch im Begriff, ihr volles Potenzial zu entwickeln. Eine wirtschaftliche Revolution lag in der Luft. Und Lisa war dazu bestimmt, eine wichtige Rolle in dieser entstehenden Umwälzung zu spielen. Aber zuerst musste sie eine mentale Hürde überschreiten. Lisa musste die Lektion der versteckten Diamanten lernen. Wie auch der gierige Bauer in Conwell's Erzählung, war Lisa nie mit den vorhandenen Chancen zufrieden. Ihr rastloser Geist ließ sie dauernd auf der Suche nach etwas Leichterem, Schnellerem und Besserem sein. Folglich war sie schlecht vorbereitet, um ihr Avon-Geschäft mit Erfolg aufzubauen.

Mit nur achtzehn Jahren schloss Lisa sich Avon an. Wie bei den meisten Dingen, die sie ausprobierte, verblasste der Glanz des Neuen schnell. Der Verkauf der Avon-Produkte schien einfach nicht das Geld einzubringen, das Lisa sich wünschte. Sie arbeitete Jahr für Jahr auf Teilzeitbasis für ihr Geschäft. Aber Lisa setzte nie ihre vollständige Konzentration darauf und verdiente folglich nie mehr als ein paar hundert Dollar im Monat. Der größte Teil ihrer Zeit und Energie flossen in die Suche nach anderen Methoden des Überlebens.

Ausgetretene Pfade

Lisa's Suche nach dem sprichwörtlichen Topf voller Gold führte sie auf viele ausgetretene, aber nutzlose Pfade. Aufgrund ihrer Meinung, dass sie technisches Wissen bräuchte, um zu überleben, ging Lisa zurück zur Schule und erlangte zwei Abschlüsse in Management und Datenverarbeitung. Davon überzeugt, dass ein Stundenlohn die sicherste Form eines Einkommens sei, verdiente sich Lisa ihren Lebensunterhalt mit allen möglichen verrückten Arbeiten, vom Putzen bis hin zum Kellnern. Als die Umstände härter wurden, flüchtete sich Lisa ins ständige Umherreisen. Sie trieb sich in der ganzen Welt herum, von Mississippi und Süd-Carolina bis hin zur Insel Guam.

Durch all diese Wechsel brach Lisa's Avon-Geschäft zusammen. Ihr zermürbender Zeitplan ließ nur wenig Zeit für den Verkauf. Und ihr dauerndes Umherreisen machte es schwer, ihre Kunden zu halten. An Ehrgeiz mangelte es Lisa nie. Sie schreckte nicht vor Herausforderungen zurück. Aber ihre Energie war in ein Dutzend verschiedener Richtungen verstreut. Wie der törichte Bauer aus der Erzählung, traf auch Lisa nur auf Not und Elend, wo immer sie hinkam.

Finanziell am Ende

Als sie in Massachusetts aufwuchs, fühlte sich Lisa oft arm. Ihr Armutsempfinden belief sich jedoch lediglich darauf, billigere Kleidung zu tragen als die anderen Kinder im Ferienlager. Nur wenn sie ihr Zuhause verließ, lernte Lisa echte Armut kennen. In Charleston, Süd-Carolina, musste sie drei Monate ohne Strom und Wasser auskommen, nachdem sie die Rechnungen nicht bezahlt hatte. Lisa war die ganze Zeit über ausgebrannt. Ihre Arbeit, Fortbildungskurse und ihr Avon-Geschäft hielten sie ständig auf Trab. Eines Nachts, während der Arbeit im Supermarkt, schlief Lisa an der Registrierkasse ein. Da die Gegend so heruntergekommen war, umstellte die Polizei das Gebäude, weil man dachte, Lisa sei erschossen worden.

„Es gab kaum einen Tag, an dem ich mir nicht sagte, dass ich es nicht mehr schaffe," erinnert sich Lisa. „Ich war aber noch glücklich genug, dass ich meine Prinzipien nicht kompromittieren musste. Auch wenn ich einigen unangenehmen Arbeiten nachging, war ich doch nie gezwungen, etwas Illegales zu tun."

Die Tretmühle

Lisa war unterbeschäftigt. Egal wie schwer sie arbeitete, sie konnte nie genug Geld verdienen. Wenn das Sterben der Arbeitsplätze einmal in Schwung gerät, breitet sich Unterbeschäftigung in unserer Gesellschaft wie eine Epidemie aus. Mehr und mehr Menschen versuchen ihr verlorenes Einkommen durch mehrere Teilzeitstellen wettzumachen. Aber sie finden sich dann schnell in einer Tretmühle wieder. Ihre Rund-um-die-Uhr-Arbeitsplätze verschleißen ihre Zeit und ihre Energie, geben jedoch nichts zurück. Da sie für einen linearen Lohn arbeiten, bieten ihnen ihre Anstrengungen keine Möglichkeit zum Wachstum. Die meisten unterbeschäftigten Menschen träumen lediglich davon, einen festen Arbeitsplatz mit normalen Arbeitszeiten, ordentlicher Bezahlung und guten Sozialleistungen zu finden.

Leider werden feste Arbeitsplätze mit dem Fortschreiten des 21sten Jahrhunderts immer schwerer zu finden sein. Die Suche nach einer festen Anstellung wird in den kommenden Jahren so unrealistisch scheinen, wie ein Goldfund für Russell Conwell's Generation. Conwell spornte seine Zeitgenossen dazu an, den Gewinn des Jackpots zu vergessen und sich stattdessen sinnvolleren Beschäftigungen hinzugeben. Schon bald wird eine neue Generation von Conwells entstehen, die Arbeitssuchenden im Informationszeitalter den gleichen Rat erteilt. Diese weitsichtigen Menschen werden uns dazu raten, unsere romantischen und verwegenen Vorstellungen einer festen Anstellung zu vergessen, damit aufzuhören, unsere Zeit mit Bewerbungen und Vorstellungsgesprächen zu vertrödeln und uns mit der realistischen Aufgabe zu beschäftigen, ein von selbst fließendes, passives Einkommen aufzubauen.

Die Sackgasse

Wie die meisten unterbeschäftigten Menschen, träumte auch Lisa nur davon, einen ordentlichen Arbeitsplatz zu finden. Und mit der Zeit gelang ihr das auch. Als sie nach Neu-England zurückkehrte, fand Lisa eine Anstellung als Sekretärin in einer Computerfirma von New Hampshire, nur ein paar Stunden von dem Ort entfernt, in dem sie aufgewachsen war. Man bezahlte ihr über 20.000 Dollar, was sie als ein unglaubliches Gehalt empfand. Zwei Jahre später war sie verheiratet. Schließlich schien sich Lisa's Leben doch zum Besseren zu ändern.

Aber ihr neugewonnenes Glück war auf Sand gebaut. Was Lisa nicht erkannte, war, dass das Sterben der Arbeitsplätze bereits um sich griff. Zwei Wochen nach ihrer Hochzeit schlug das Schicksal ohne Vorwarnung zu. Als sie des morgens anfangen wollte zu arbeiten, musste sie erfahren, dass sie und ihre gesamte Abteilung entlassen waren.

„Während der Fahrt nach Hause habe ich nur geweint," erinnert sich Lisa. „Jeder aus meiner Abteilung weinte. Ich hatte diese Arbeit geliebt. Sämtliche Heilkosten wurden übernommen. Ich hatte keine Ahnung, was ich jetzt tun sollte."

Lisa's Mann sägte Brennholz, um seinen Lebensunterhalt zu verdienen – kaum genug, um zu überleben. In den späten 80ern waren Arbeitsplätze in Neu-England rar. Zeitungs- und Fernsehberichte handelten von Rezession und schweren Zeiten. Nach all den Jahren des Darbens konnte Lisa nicht glauben, dass sie schon wieder mittellos sein sollte. Als sie nach Hause kam, brach sie vor ihrem völlig konfusen Ehemann zusammen und wälzte sich jammernd auf dem Boden ihres Wohnwagens. „Ich ließ meinen Gefühlen freien Lauf,“ gibt Lisa zu. „Ich bin nicht stolz darauf, aber so war es.“

Ein verhüllter Segen

Wie üblich, sah Lisa ein halbleeres, kein halbvolles Glas. Was sie sah, waren Armut, Rezession, unbezahlte Rechnungen, ein schmuddeliger Wohnwagenpark und ein unterbeschäftigter Ehemann. Lisa blickte wie der gierige Bauer im Märchen auf ihre Reisen zurück, und schloss, dass alles vergebens war. Sie war ans Ende der Welt und zurück gegangen. Sie hatte jeden ihr nur möglichen Pfad beschritten. Aber Gott selber schien ihr jedes Fortkommen zu verweigern. Kein Wunder, dass sich Lisa an diesem Tag auf dem Boden wälzte, mit den Fäusten trommelte und den Füßen trat. Kein Wunder, dass sie weinte, als ob das Leben zu Ende wäre. Aber tatsächlich sollte das Leben für Lisa erst beginnen. Sie erkannte es derzeit noch nicht, aber „Felder voller Diamanten“ lagen zum Greifen nahe. Alles was sie tun musste war, ihre Augen zu öffnen, um sie zu sehen.

KAPITEL 5

Die vier Wellen

Im Westen trafen die amerikanischen Pioniere damals auf hervorragende Voraussetzungen. Man konnte große Ländereien äußerst günstig erwerben. Heute - an der Grenze zum Cyberspace gibt es eine andere Ressource, die nicht weniger wertvoll ist und ein grenzenloses passives Einkommen ermöglicht. Und genau diese Ressource wartete auch darauf, von Lisa Wilber entdeckt zu werden.

Das Schicksal hatte es mit Lisa gleich doppelt gut gemeint. Erstens war sie bei einer außergewöhnlichen Geschäftsmöglichkeit eingestiegen – Avon Products – einem Unternehmen, das im Rahmen der vierten Welle eine führende Position einnehmen sollte. Und zweitens hatte sie gerade zu dem Zeitpunkt, als die große Umwälzung einsetzte, ihren Arbeitsplatz verloren. Zu dem Zeitpunkt, als Lisa auf Network Marketing aufmerksam wurde, existierte die Branche bereits seit fünfzig Jahren. Aber genau zu diesem Zeitpunkt erreichte sie einen Höhepunkt. Die vier Wellen des Network Marketing lassen sich wie folgt eingrenzen:

1. Welle /1945-1979) – die Untergrund-Phase
2. Welle (1980-1989) – die Phase der Profilierung
3. Welle (1990-1999) – die Massenmarkt-Phase
4. Welle (2000 – Zukunft) – die universelle Phase

Mitläufer und Visionäre

Die erste Welle setzte 1945 ein, und zwar zu dem Zeitpunkt, als Nutrilite seinen ersten Vergütungsplan vorstellte. Das war sozusagen die

Zeit des Wilden Westens im Network Marketing. Damals gab es weder Recht noch Ordnung. Neben den sprichwörtlichen Visionären wurden auch Mitläufer erfolgreich. Die Unternehmen entwickelten sich überdurchschnittlich gut, die meisten auf ehrliche, wenige auf nicht ganz so ehrliche Weise. Staatliche Stellen nahmen die MLM-Unternehmen rücksichtslos ins Visier und stellten parallel zu deren Entwicklung Regeln auf. 1979 fand das Chaos der ersten Welle ein Ende. Nach langen und mit großer Akribie geführten Untersuchungen entschied die Federal Trade Commission, dass die Amway Corporation – und infolgedessen auch Network Marketing im Allgemeinen – legitim, bzw. eine legitime Unternehmensform und kein Pyramidensystem sei.

Dieser Beschluss verbesserte ganz eindeutig das damalige Klima, wodurch die Branche – meiner Definitionsweise folgend – in die zweite Welle eintauchte. Die in der Computertechnologie erzielten Durchbrüche ermöglichten den Start von Unternehmern, die ihr Network-Marketing-Geschäft vom Schreibtisch aus führen konnten. In den achtziger Jahren erlebte diese Branche einen Zuwachs, den niemand zuvor für möglich gehalten hatte.

Nicht ohne Probleme

Obwohl sich die Network-Marketing-Branche in den achtziger Jahren gut entwickelte, gab es immer noch Probleme. MLMler lockten ihre neuen Interessenten mit großen Versprechen. Aber nur wenige Menschen hatten ausreichend Zeit, Geld oder Energie, um das Geschäft richtig ins Laufen zu bringen. Der durchschnittliche Networker, der sein Geschäft in Teilzeit startete, gab meist frustriert auf, nachdem er sein Geld in Waren angelegt hatte, die er nicht verkaufen konnte, weil er nicht wusste, wie er es tun sollte. All diejenigen, die mit MLM ein Vermögen verdienten, waren allem Anschein nach Starverkäufer, hochbegabte Unternehmer oder hochmotivierte und begeisternde Persönlichkeiten.

Don Held hatte früher als Verkäufer bei IBM gearbeitet. Er hatte die Härten der ersten und zweiten Welle am eigenen Leib erlebt. 1969 startete er mit Amway. Er baute seine Organisation unter den härtesten Voraussetzungen auf. Er musste seine Downline selbst ausbilden und auch deren Schecks jeden Monat per Hand ausstellen. Er bewohnte mit seiner achtköpfigen Familie ein riesiges Haus, das eigentlich einem Warenlager glich. Jede Bestellung, die aus seiner Downline einging, musste manuell bearbeitet, verpackt und versandt werden. Hatten die

Kinder Sommerferien, dann packte Don seine Familie in ein Wohnmobil und zog mit ihr durch die Lande, um sein Geschäft aufzubauen. "Damals glich das Vehikel Network-Marketing eher einer Draisine, als einem modernen Transporter", erinnert sich Don. "Heute wären sicher nur wenige dazu bereit, das zu tun, was wir damals getan haben."

Bei Don hat es funktioniert. Tief in seinem Innern fühlte er dieses brennende Verlangen. Er hatte genug Ausdauer, um alle Hindernisse, die sich ihm in den Weg stellten, zu meistern. Nach zwei Jahren Teilzeitarbeit verdiente er mit Amway jährlich US $ 60.000, was dem Doppelten seines Einkommens bei IBM entsprach. Er konnte es sich leisten, diesen Arbeitsplatz aufzugeben. Innerhalb von fünf Jahren wurde Don zum Millionär.

Heute kann Don sein Leben etwas geruhsamer angehen. Er arbeitet deutlich weniger und hat viel mehr Freizeit. Falls er nicht gerade mit seinem eigenen Boot in Florida seinem Hobby, dem Sportfischen, nachgeht, jagt er hoch oben in den Wäldern Kanadas Elche oder er besucht seine Kinder und Enkelkinder. Er pendelt zwischen seinen vier Häusern hin und her. Wenn erst sein Blockhaus in den Rocky Mountains fertig sein wird, werden es insgesamt fünf sein. Don hat dreißig Jahre lang gearbeitet. Heute genießt er die Früchte dieser Arbeit. Jährlich fließen ihm durch seine Amway Organisation mehrere hunderttausend Dollar in Form eines passiven Einkommens zu. Don fragt sich jedoch des Öfteren, wie schnell er heute dieses Ziel erreichen könnte, da es heutzutage – seiner Meinung nach – "für die Leute sehr viel einfacher ist".

Die automatisierte Downline

Amway revolutionierte das Konzept – wie viele andere Multilevel-Unternehmen – in den neunziger Jahren. Ab einem bestimmten Zeitpunkt bestellten die Kunden über eine kostenfreie Telefonnummer und wurden dann direkt vom Unternehmen beliefert. Jeder Berater bekommt seitdem jeden Monat einen Provisionsscheck, der von der Rechenzentrale des Unternehmens ausgestellt wird. Neue Geschäftspartner werden über Videos, Audiokassetten, Telefonkonferenzen und Satelliten-Fernsehen rekrutiert. Die Kommunikation mit der Downline erfolgt über eigens dafür konzipierte Voice-Mail-Systeme. Das Beantworten von oft gestellten Fragen über ein Faxabruf-System entlastet die Upline. Neueingeschriebene Mitglieder können ihre Interessenten über eine Dreierkonferenz von erfahrenen Upline-Mitgliedern informieren lassen.

Aber auch die Vergütungspläne wurden attraktiver, denn heute fließen – mit weniger Arbeit – höhere Provisionen.

"Dadurch, dass höhere Provisionen ausbezahlt werden, ist die Arbeit der heutigen Geschäftspartner sehr viel mehr wert", betont Don. Und er erinnert in diesem Zusammenhang an Joe und Doris Shaw, die innerhalb von zwölf Monaten die Diamantstufe, eine der höchsten Stufen im Vergütungsplan von Amway, erreicht haben. "Ich habe heute in meiner Organisation Geschäftspartner, die in ihrem zweiten Jahr so viel verdienen, wie ich im zehnten", so die Worte von Don Held.

Die Ära der dritten Welle hatte begonnen.

MLM ALS MARKT FÜR DIE MASSEN

Die mit der dritten Welle verbundenen Innovationen machten diesen Markt erstmals der breiten Masse zugänglich. Sowohl der zeitliche als auch der finanzielle Aufwand wurden geringer. Natürlich schlossen sich deshalb immer mehr Menschen dieser Vertriebsform an. Menschen, die früher keinen Gedanken daran verschwendet hätten. Natürlich gab es auch in der dritten Welle keine Garantie dafür, dass jeder Geschäftspartner zum Millionär wurde. Das ist in keiner Branche möglich. Aber den meisten MLMlern war es auf diese Weise möglich, monatlich die paar hundert Dollar zu verdienen, die sie zusätzlich brauchten. Und aus diesem Grund bleiben die meisten Menschen auch dabei.

DAS JAHRZEHNT DES WACHSTUMS

In der Zukunft wird man die neunziger Jahre als das Jahrzehnt bezeichnen, in dem sich Network Marketing zu einer ernsthaften Branche mauserte. In der Ausgabe vom 23. Juni 1995 des Wall Street Journals wurde festgestellt, dass die Zahl aller in den Vereinigten Staaten tätigen Networker allein zwischen 1993 und 1994 um 34% angestiegen ist.

In den neunziger Jahren schwappte die Network-Marketing-Welle sozusagen von den USA aus in weitere Länder und Kontinente über. Viele MLM-Unternehmen wiesen in China, Korea und Japan höhere Zuwachsraten auf, als in den Vereinigten Staaten selbst. Die Zuwachsraten der Branche erreichten in der Mitte des Jahrzehnts in Übersee fast astronomische Höhen und lagen somit höher als der gesamte Rest der amerikanischen Wirtschaft. Alle offiziell gehandelten MLM-Aktien werden in einem speziellen Index, dem sogenannten Upline-Index, erfasst.

Dieser lag 1995 um nahezu 80% höher als der Dow Jones Industrial Average und der S&P 500.

DIE NÄCHSTE WELLE

Diese Entwicklung blieb der amerikanischen Wirtschaft natürlich nicht verborgen. Sie beobachtete diese Entwicklung in den neunziger Jahren sehr genau. Mit der ihnen eigenen Vorsicht zögerten die meisten der renommierten US-Unternehmen, sich auf diesem Gebiet zu engagieren. Trotz der Milliardenumsätze, die die Network-Marketing Branche mittlerweile erzielte, wurde sie von der restlichen Unternehmenswelt weiterhin wie ein Aussätziger behandelt.

Dies änderte sich jedoch schlagartig mit dem Übergang zum Jahr 2000. Gegen Ende der neunziger Jahre sollte sich die Art und Weise dramatisch verändern, in der Network-Marketing generell wahrgenommen wurde. Ganz plötzlich öffneten sich große Unternehmen und wählten diesen Vertriebsweg. Die Wall Street Analysten erwähnten MLM in ihren Berichten voll des Lobes. Renommierte Unternehmen gründeten Tochtergesellschaften und bildeten strategische Allianzen mit bereits existierenden MLM-Unternehmen. Das Rennen um den Einstieg in den Vertrieb von Produkten durch Multilevel-Marketing war eröffnet.

> Zukünftig wird man sich der neunziger Jahre als der Zeit erinnern, in der sich die Network Marketing Industrie zu einer ernstzunehmenden Branche mauserte.

Wodurch kam es zu dieser phänomenalen Erscheinung? Ebenso wie alle tiefgreifenden Innovationen, griffen amerikanische Unternehmen auch diese Idee nicht freiwillig auf. Die Vorstandsvorsitzenden der unter der Bezeichnung Fortune 500 aufgelisteten Unternehmen leisteten so lange Widerstand, wie sie nur konnten. Die Zeit arbeitete jedoch gegen sie. Die konventionellen Werbekampagnen und Marketingstrategien verloren allmählich an Wirksamkeit. Die Marktanteile gingen aufgrund der aggressiven interaktiven Medien und der Anzahl pro aktiver Kunden

– sowie des globalen Wettbewerbs – immer weiter zurück. Die Vorstandsvorsitzenden der Unternehmen experimentierten ebenso mit MLM, wie dies Millionen von Beratern vor ihnen auch getan hatten. Ausschlaggebend war die reine Verzweiflung und nicht die freie Entscheidung. Doch nachdem sie erst einmal Blut geleckt hatten, kamen sie wieder. Und somit wurde die vierte und durchgreifendste Phase in der Entwicklungsgeschichte von Network Marketing eingeläutet – die Eroberung der amerikanischen Unternehmenswelt.

KAPITEL 6

Das Ende des Einkaufsbummels

Im Frühjahr 1999 tauchte im Internet eine Firma namens AllAdvantage.com auf. Dabei handelt es sich um eine ungewöhnliche MLM-Gelegenheit. Sie müssen nichts verkaufen. Sie müssen lediglich zulassen, dass in Ihrem Browser (der Sichtoberfläche Ihres Internetzuganges) ein zusätzliches Sichtfenster, eine sogenannte „Viewbar" installiert wird. Immer, wenn Sie im Internet surfen, zeigt diese Viewbar im unteren Teil Ihres Bildschirms die Werbung von unterschiedlichen Auftraggebern. AllAdvantage bezahlt Ihnen pro Stunde 50 Cents, wenn Sie im Web surfen und die Viewbar installiert ist – und etwas weniger für jede Person, die Sie anwerben und die daraufhin ihrerseits die Viewbar installieren lässt. Und das fünf Ebenen tief.

„Kassieren Sie, wenn Sie im Web surfen" heißt es auf der Homepage der Firma. Natürlich werden Sie nicht fürs Surfen bezahlt. AllAdvantage bezahlt Sie für das Recht, Ihnen Werbefläche auf Ihrem Bildschirm zu verkaufen. Das ist ungefähr so, als wenn Sie vom Fernsehsender 50 Pfennig pro Stunde bekämen, wenn Sie „Die Lindenstraße" ansehen – als Entschädigung dafür, dass der Sender das Programm immer wieder mit einigen Werbespots unterbrechen darf.

Das waren noch goldene Zeiten, als die Werbefachleute das Sagen hatten. Die Zuschauer saßen hilflos vor ihrem Fernseher und die Werbetreibenden berieselten die Konsumenten nach Lust und Laune. Jedoch steuert heute der Konsument den Informationsfluss und die Werbetreibenden bemühen sich immer verzweifelter um seine Aufmerksamkeit. Der Durchschnittsbürger ist heute pro Tag mit durchschnittlich

145 Werbenachrichten konfrontiert, 36 Prozent mehr als 1960. Aber die Chancen des einzelnen Werbetreibenden, einen nachhaltigen Eindruck zu hinterlassen, sind gesunken. Mit Hilfe der Fernbedienung zappen sich die Leute von einem Sender zum nächsten und umgehen die Werbeeinblendungen. Und je größer das Angebot via Kabel, Satellit und Internet wird, desto leichter gehen die Werbebotschaften im immer größeren Datenstrom unter.

EINE FESTUNGS-MENTALITÄT

Zappen ist nur eine von vielen Möglichkeiten, sich vor Werbung zu schützen. Die Werbetreibenden sind alarmiert, weil sich immer mehr Menschen eine Festungs-Mentalität gegen psychologische Eindringlinge aller Art zulegen. Sie zahlen Aufpreise für werbefreie Fernsehkanäle und verzichten auf das Ausfüllen von Garantiekarten, um nicht auf einer Mailing-Liste zu landen. Bei geliehenen Videos überspringen sie die Werbung im Schnelldurchgang. Werbe-E-mails werden ungelesen gelöscht. Das gleiche geschieht mit unerwünschten Anrufen, die auf dem Anrufbeantworter gelandet sind. Oder man lässt sich gar nicht erst ins Telefonbuch eintragen – in den USA schon jeder siebte Haushalt.

Das alles ist Teil einer Abschirmungs-Tendenz, die die Marketing-Beraterin Faith Popcorn schon vor mehr als zehn Jahren vorausgesagt hat. Die Menschen ziehen sich in ihr Schneckenhaus, den sogenannten Cocoon zurück, sagt Popcorn, weil sie vom Tempo und dem sozialen Chaos des Informationszeitalters überwältigt sind. Sie suchen ein ruhiges, privates Rückzugsgebiet, in dem sie nichts sehen, hören, fühlen oder tun müssen, wofür sie sich nicht selbst entschieden haben. „Es geht um Schutz und Abschirmung“ schreibt sie in ihrem Popcorn-Report. „Um Frieden und Schutz, um Gemütlichkeit und Kontrolle – eine Art von intensivem Nestbau“.

ROSEN UND GEWEHRE

Aus Angst vor Einbrechern, Terroristen, Sittlichkeitsverbrechern, Killer-Viren, Umweltverschmutzung, Verkehr und Medienflut suchen diese Menschen Ruhe auf unterschiedliche Art und Weise. Manche setzen auf physischen Schutz von Heim und Herd. „Denken Sie an die Zuwachsraten in den ‚Paranoia-Branchen‘“ erklärt Popcorn. „Alarmanlagen, Wanzensuchgeräte, Überwachungssysteme mit Verbindung zu Sicherheits- und Rettungsdiensten“. Popcorn verweist auch auf den – in den USA – zunehmenden Verkauf von Waffen an Frauen als einen für die Abschirmung typischen Trend. In ihrem letzten Bestseller „Clicking", den sie zusammen mit Lys Marigold schrieb, berichtet Popcorn: „Fast 4 Millionen Amerikaner leben jetzt in umzäunten Wohnanlagen – und die Zäune werden jede Woche höher, die Mauern dicker."

Die Cocooner entwickeln immer feinere Methoden, um ihre Umgebung zu verbessern und unter Kontrolle zu halten. Manche rüsten ihre Häuser mit „intelligenter" Technik aus, die es ihnen erlaubt, per Programm oder Fernsteuerung Türen zu öffnen, Thermostate einzustellen, Licht oder Haushaltsgeräte ein- und auszuschalten. Andere machen aus ihren Badezimmern eine kleine Oase mit Sauna, Whirlpool und beheizten Handtuchhaltern. Wieder andere stürzen sich auf Handarbeiten, aufs Gärtnern oder andere traditionelle Methoden der Heimverschönerung. „Alte Textilien, die uns an die gute alte Zeit erinnern, sind im Wert nach oben geschossen," berichten Popcorn und Marygold in „Clicking". „Wir geben kleine Vermögen – insgesamt 25 Milliarden Dollar jährlich in den USA – für Lebkuchenhäuschen, Glyzinien-Bäume, Bewässerungsanlagen für immer grüneren Rasen und anderen Gartenkram aus."

EINKAUFS-PHOBIEN

Je mehr Mühe die Cocooner in ihr sicheres und komfortables Nest investieren, desto weniger Lust verspüren sie verständlicherweise, es zu verlassen. Im Zweifelsfall nehmen sie nach Schneckenart das Gehäuse mit. Oder einen Ersatz. Autos werden mit Haltern für Kaffeebecher, mit Faxgerät, Telefon, Shiatsu-Kissen und 12fach-CD-Playern ausgestattet. Büros bekommen Speiseräume und Sofas und werden mit gregorianischen Gesängen beschallt. Die großen Buchhandlungen ermöglichen den Besuchern, Cappuccino zu trinken, sich in Sitzgruppen zu räkeln und nach Belieben in den sie interessanten Büchern zu schmökern. Trotz all dieser Annehmlichkeiten weiß die richtige Schnecke, dass es nichts besseres gibt als das eigene Gehäuse. Und das ist für den Einzelhandel gar nicht gut. „Das ist das Ende des Einkaufsbummels," bemerkt Popcorn. „Es ist mühsam, mit Kindern zum Einkaufen zu gehen. Es ist eine solch kalte Umgebung." Je nachdem, wo man lebt, kann der Gang zum Einkaufen sogar gefährlich sein. „Eine neuere Untersuchung zeigt, dass ein Drittel der Verbraucher seine Einkaufsgewohnheiten aus Angst geändert hat." schreiben Popcorn und Marigold. „43 Prozent von ihnen gehen nach Einbruch der Dunkelheit nicht mehr zum Einkaufen."

„DER LADEN WIRD ZU UNS KOMMEN"

Das 21. Jahrhundert werde grundlegende Änderungen der Einkaufsgewohnheiten bringen, prognostiziert Popcorn: „Statt in einen Laden zu gehen, wird der Laden zu uns kommen." Die Verbraucher haben schon drastische Schritte in diese Richtung unternommen: Milliarden von Dollar sind schon von den klassischen Einzelhandelsgeschäften weg zu Versendern und an die Online-Shops des Internet geflossen. Das Multi-Level-Marketing spielt bei dieser Einkaufsrevolution eine immer wichtigere Rolle.

„In Zukunft werden wir Multi-Level-Marketing genauso betrachten wie heute das übliche Marketing" meint Popcorn. „Es wird eine völlig respektable Sache werden". Popcorn hat diesen Trend in ihrer New Yorker Unternehmensberatung „Brain Reserve" beobachtet, die für Großunternehmen wie IBM, Campbell Soup, American Express und Kodak arbeitet. Vor einigen Jahren, so berichtet Popcorn, hätten ihre Kunden regelmäßig ihre Mahnung missachtet, sich rechtzeitig auf das Informationszeitalter vorzubereiten – in welchem die Konkurrenz von Internet und Multi-Level-Marketing eine Schlüsselrolle spielen würden. „Ach wir machen uns keine Sorgen wegen des Internet. Und wir machen uns keine Sorgen wegen Multi-Level-Marketing," sei, so erinnert sich Popcorn, die typische Antwort gewesen.

Dann verdoppelten sich die über das Internet abgeschlossenen Verkäufe an Endverbraucher innerhalb von zwei Jahren von über 3 auf 7 Milliarden Dollar und Popcorns Kunden wachten plötzlich auf. „Wenn wir jetzt unsere Prognosen präsentieren und den Kunden zeigen, wer in zehn Jahren ihre wichtigsten Konkurrenten sein werden, dann sind das oft die Multi-Level-Marketing-Firmen" erklärt Popcorn. Ihre Kunden sind jetzt viel eher geneigt, ihre Warnungen ernst zu nehmen. Popcorn sieht, dass sich die Unternehmen zunehmend der Bedeutung und der Möglichkeiten des Multi-Level-Marketing bewusst werden: „Wir werden uns diesen großen kommenden Markt doch besser einmal ansehen," sei jetzt eine typische Antwort.

> **Networker spielen eine immer größere Rolle in der Revolution des neuen Einkaufens.**

Der Zauberstab

AT&T war einer der ersten großen Konzerne, die sich beim Wettbewerb mit Multi-Level-Marketing-Organisationen eine blutige Nase holten. Ab 1987 verlor AT&T, die damals größte Telefongesellschaft, innerhalb von fünf Jahren 15 Prozent ihrer Ferngesprächsumsätze an die Konkurrenten MCI und Sprint. Sie würden das nie aus den üblichen Wirtschaftsmagazinen erfahren, aber die beiden Newcomer hatten einen geheimen Vorteil, eine Art Zauberstab, der es ihnen ermöglichte, schneller zu wachsen und die Märkte besser zu durchdringen als der Platzhirsch. Das Geheimnis hieß Multi-Level-Marketing.

MCI verkaufte seinen Ferngesprächs-Service durch Amway. „Wir haben gleich im ersten Jahr für 25 Prozent des MCI-Geschäfts gesorgt," erinnert sich der Amway-Repräsentant Don Held. Sprint arbeitete mit einer MLM-Organisation namens Network 2000 zusammen und war ähnlich erfolgreich. „Ab März 1988 haben wir innerhalb von dreieinhalb Jahren mehr als 4 Millionen Kunden für Sprint akquiriert" erzählt der ehemalige Vertriebsvorstand von Network 2000, Jim Adams. „Das bedeutete 500 Millionen Dollar Umsatz im Jahr. Die unabhängigen Berater von Network 2000 waren zehnmal effektiver bei der Akquisition von Kunden als die Telefonmarketing-Gruppen von Sprint."

MCI verkauft bis heute über Amway. Bei Sprint führten Meinungsverschiedenheiten über Abrechnung und Provisionen zum Bruch mit der MLM-Organisation – und zu einer 91-Millionen-Dollar-Abfindung für Network 2000. Es besteht aber kein Zweifel, dass die Zusammenarbeit entscheidend für den Erfolg von Sprint war. Bei einem Zeitungsinterview im Jahr 1990 äußerte sich William Plikaitis, Manager in Sprint's Consumer Services Group und zuständig für das MLM-Programm, überschwenglich über Network 2000 und Multi-Level-Marketing im allgemeinen: „Es gibt heute keinen besseren Weg, um ein Produkt direkt an den Endverbraucher zu bringen."

Mundpropaganda

AT&T lernte auf die harte Tour, dass man Multi-Level-Marketing als Wettbewerber fürchten muss. Jedoch bietet es innovativen Unternehmern auch Chancen. MLM bietet eine Lösung für eines der dringendsten Probleme, dem Unternehmen in der westlichen Welt gegenüberstehen. „Wenn die Vertriebsleute dringend etwas lernen müssen, dann müssen sie lernen, wie man den superabgeschirmten Verbraucher auf neuen Wegen erreicht," warnt Popcorn. „Erwarten Sie nicht, dass die Kunden weiterhin zu Ihnen kommen. Sie müssen Sie in ihrem Kokon erreichen."

Keine Marketing-Methode kann das besser als Multilevel-Marketing. Selbst der bestabgeschottetste Konsument wird einem Bekannten, Verwandten oder Kollegen zuhören, der eine spezielle Nahrungsergänzung, einen Vermögensbildungsplan oder einen Internet-Provider empfehlen kann. Korrekt geführt, wird das Verkaufsgespräch kein Stirnrunzeln und keine Gegenreaktion hervorrufen. Marketing durch Mundpropaganda durchdringt die stärksten psychologischen Barrieren mit der Effizienz einer Panzerfaust.

„Niemand geht mehr gern in die Läden und Multi-Level-Marketing ist die Alternative," folgert Popcorn. „Die Berater gehen direkt in den Kokon. Sie wissen, wie sie hineinkommen, ohne als Eindringling angesehen zu werden."

KAPITEL 7

Mund-zu-Mund-Propaganda

Für den Amerikaner Paul Zane Pilzer ist der Begriff Cocooning mit weitaus mehr verbunden als lediglich ein Konzept, das in einem Buch erwähnt wird. Er weiß um die äußerst zerstörerische Kraft, die davon ausgeht und die sein Unternehmen beinahe auszulöschen drohte. Wie viele andere Unternehmer und leitende Angestellte rettete Paul sein Geschäft nur dadurch, dass er auf Network Marketing umschwenkte. Und indem er dies tat, rettete er sein Unternehmen nicht nur vor dem Untergang, sondern er initiierte dadurch gleichzeitig ein ungeahntes Wachstum.

Paul ist mit Sicherheit kein durchschnittlicher Unternehmer. Er ist ein allseits geachteter und brillanter Kenner der amerikanischen Wirtschaft. Im Alter von dreiundzwanzig Jahren wurde er Vizepräsident der Citibank, eine Position, die in diesem Alter noch niemand vor ihm erreicht hatte. Paul war Wirtschaftsberater der Präsidenten Reagan und Bush. Lange bevor man jeweils offiziell in Washington davon Kenntnis nahm, warnte er die amerikanische Regierung vor Krisen, die dann tatsächlich eintraten. Paul selbst ist Professor der Wirtschaftswissenschaften, dennoch verabscheut er tief in seinem Innern alle akademischen Denkansätze. Er testet seine Theorien mittels praktischer Methoden direkt auf dem Markt. Durch seine Immobiliengeschäfte schuf er ein Vermögen von mehreren Millionen US-Dollar. Er ist der Autor von Bestsellern wie *Unlimited Wealth, Other People's Money und God Wants You To Be Rich.*

DIE NEUE GENERATION

Zumindest oberflächlich betrachtet, hätte niemand damit gerechnet, dass Paul auf Network Marketing umschwenken würde. Die allgemeine Meinung, die man lange Zeit über diese Branche hegte, war die, dass hier Leute im blauen Anton oder Junkies und Straßenhändler im Jogginganzug dem schnellen Geld hinterherlaufen würden. Diese stereotypen Klischees gehörten jedoch zu dem Zeitpunkt, als sich Paul dieser Branche öffnete, bereits der Vergangenheit an. Die neue Networker-Generation setzte sich aus Menschen zusammen, die eine hervorragende Ausbildung genossen haben und die gleichwohl über ein hohes geistiges Niveau und Professionalität verfügten. Und sie suchten eine erfolgversprechende, profitable Nische an der Grenze zum Cyberspace.

> **Die neue Networker-Generation setzte sich aus Menschen zusammen, die eine hervorragende Ausbildung genossen haben und die gleichwohl über ein hohes geistiges Niveau und Professionalität verfügten.**

Die lange und kurvenreiche Straße, die Paul zu seinem Erfolg im MLM-Geschäft bringen sollte, begann 1989 mit seiner ersten, in Eigenproduktion entstandenen CD-ROM. Sie entstand auf der Grundlage eines Videos, in dem Paul mit dem populären Motivationstrainer Anthony Robbins wirtschaftliche Konzeptionen erläuterte. Durch den Erfolg dieser CD kam Paul auf die Idee, dieses neue Medium auch bei der Ausbildung von Kindern einzusetzen. Paul spürte, dass die ungeteilte Aufmerksamkeit, mit der Kinder Videospielen nachgehen, sich nutzen und umdirigieren lassen würde, und zwar so, dass mit aufregenden und interaktiven Graphiken versehen, zum Beispiel Algebrakenntnisse vermittelt werden könnten. Paul war mit dieser Vision seiner Zeit weit voraus. Das Marktpotenzial war wirklich enorm und vielversprechend. Aber in Pauls Schachzug fehlte die entscheidende Komponente, die ihn fast um seinen gesamten Erfolg gebracht hätte.

DAS PROBLEM

Paul hatte sich keine Gedanken darüber gemacht, wie er den Kokon durchbrechen könnte. Und ohne diese spezielle Strategie, war sein Anliegen von Anfang an zum Scheitern verurteilt. Paul sollte Jahre damit zubringen, dass er seine Schulungs-CDs über konventionelle Vertriebskanäle, wie zum Beispiel Versandhandel, Einzelhandelsgeschäfte und Schulen an den Mann bringen wollte. In Dallas führte er ein Unternehmen namens Zane Publishing, das fünfundzwanzig Millionen US-Dollar in den Vertrieb steckte. Jede Aktion fuhr jedoch ein Minus ein. Um Verkaufserfolge zu erreichen, musste Paul nicht nur eine, sondern gleich drei geistige Schranken durchbrechen. Die erste bestand darin, dass den meisten Eltern erst einmal klar gemacht werden musste, dass sie sich persönlich engagieren und sich an der schulischen Ausbildung ihrer Kinder beteiligen sollten. Sie waren der Meinung, dass dies alles die Aufgabe der Schulen sei. Zum Zweiten verstanden die Eltern nicht, warum sie ihr Geld für Experimente mit diesem neuen Medium verschwenden sollten. Und letztendlich konnten die Kunden in aller Kürze nicht erfassen, was gerade für diese CD und nicht für die der Konkurrenz sprach. Sie nahmen im Innern ihres Cocoons und ihrer etablierten Denkweisen keine Notiz von den von Paul verteilten Handzetteln und den in den Läden ausgestellten Artikeln. Die Cocooners betrachteten diese neuen Produkte lediglich als eine weitere psychologische Beeinflussung einer bereits von Werbemedien übersättigten Welt.

> Networker betrachteten Mund-zu-Mund-Propaganda sozusagen als Wissenschaft.

VON MENSCH ZU MENSCH

Die Lösung für dieses Problem war bereits vorhanden. Paul war sich ihrer nur noch nicht bewusst. Er war sich noch nicht klar darüber geworden, dass es hier, um das Produkt an den Mann zu bringen, vor allem auf persönliche Kontakte ankam. Paul brauchte Verkäufer, die zu den Kunden vordringen, ihre Aufmerksamkeit gewinnen und ihnen in aller Ausführlichkeit die Vorteile seiner neuen Technik erläutern konnten. Kurzum, es kam hier ausschließlich auf eine optimale Mund-zu-Mund-Propaganda an.

In der normalen Geschäftswelt gab es keine Strategie, um persönliche Erfahrungsberichte zum Endkunden zu bringen. Konventionelle Vertriebsleute sahen in der Mund-zu-Mund-Propaganda das Resultat erfolgreicher Werbekampagnen und nicht die Möglichkeit, Produkte zu bewerben. Sie gingen davon aus, dass ein guter Werbefeldzug einen Ansturm auslösen würde und dass ein solcher Ansturm ebenso schwer vorhersehbar sei, wie das Wetter von morgen.

Die Networker hingegen betrachten die Mund-zu-Mund-Propaganda sozusagen als Wissenschaft. Sie wussten, dass sich durch harte Arbeit und den Einsatz gewisser Prinzipien, die sich als erfolgreich erwiesen haben, unwahrscheinliche Resultate erzielen lassen. Und dies immer und immer wieder und auch überaus gewinnbringend. Die Networker verdienten damit ihren Lebensunterhalt. Es dauerte zwar noch einige Jahre, bis Paul sich der Vorteile des Network Marketings bewusst werden sollte. Aber als dies dann endlich eintrat, wurde er zu einem der stärksten Verfechter dieses Systems.

DER ÜBERGANG ZU BESSEREN VERTRIEBSMÖGLICHKEITEN

Paul lernte dieses Wirtschaftskonzept durch einen glücklichen Zufall kennen. Im Jahr 1991 hörte ein Amway-Geschäftspartner namens Don Held eine Audiokassette von Paul Zane Pilzer. Auf dieser Kassette erklärte Paul seinem Interviewpartner Anthony Robbins, dass das große Geld in den neunziger Jahren nicht damit verdient werden würde, indem man bessere Produkte entwickelt, sondern damit, dass man diese Produkte wirkungsvoller vertreiben würde.

Auf dieser Kassette illustrierte Paul diesen Punkt mit Hilfe eines denkwürdigen Beispiels. Er nahm Bezug auf den bekannten Film *Die Reifeprüfung* mit Dustin Hoffman. In diesem Film berät ein angesehener Geschäftsmann den jungen Ben, gespielt von Dustin Hoffmann, hinsichtlich seiner Karriere. Er sagt nur ein einziges Wort, nämlich: "Plastik". In den sechziger Jahren war das ein guter Tipp. Damals konnte man das meiste Geld damit verdienen, wenn man Möglichkeiten aufzeigte, die Produktionskosten zu senken. Eine Möglichkeit, dies zu realisieren, bestand im Einsatz von Plastik anstatt Metall. 1991 stellte dies jedoch keine ernstzunehmende Möglichkeit mehr dar.

Fortschreitende Technologien, so Paul, hatten den Herstellungspreis eines Produktes auf weniger als zwanzig Prozent des Verkaufspreises sinken lassen. Von daher gab es kaum noch Wege, die Herstellungskosten weiter zu senken. Die Vermarktung des Produktes verschlang hingegen achtzig Prozent der Endkosten. Also bot es sich an, an dieser Stelle Kosten zu sparen.

Aus diesem Grund, so Paul weiter, musste man Wege finden, die Vertriebskosten der Produkte zu senken.

Die Verbindung zu MLM

Damals war es Paul noch nicht bewusst, dass der Vertrieb über MLM eine optimale Möglichkeit darstellt, um Vertriebskosten zu senken. Die MLM-Berater erhalten, abgesehen von ihrer Provision, keine weitere Vergütung. Sie unterscheiden sich hiermit elementar von anderen Vertriebsschienen. Die Bewerbung von Produkten durch Mund-zu-Mund-Propaganda ist weitaus effektiver als konventionelle, kostenträchtige Werbefeldzüge, die Millionen verschlingen, wohingegen für die Herstellung nur geringe Kosten anfallen.

Obwohl Paul als Autor, präsidialer Berater, Wirtschaftsprofessor und Unternehmer einen hervorragenden Ruf genoss, wusste er dennoch nichts von diesen elementaren Fakten. Er hatte bisher nichts von Network Marketing gehört. Als Don Held die Kassette hörte, wurde ihm unmittelbar klar, welche Chance darin verborgen lag.

„Er machte klar, dass heute das große Geld im Vertrieb liegt", erinnert sich Don. „Als ich das hörte, sagte ich zu mir selbst: „Ach du lieber Gott, das trifft ja genau auf uns zu!" Don stellte den Kontakt zu dem berühmten Wirtschaftswissenschaftler her und gewann ihn dafür, im Rahmen einer Amway-Veranstaltung zu sprechen.

Der amerikanische Lebensstil

Paul Zane Pilzer hatte natürlich noch nie in seinem Leben von Amway gehört. Genau dieses Unternehmen hatte jedoch seit 1959 – sozusagen hinter den Kulissen – die amerikanische Wirtschaft revolutioniert. In diesem Jahr spalteten sich zwei Sandkastenfreunde aus Grand Rapids in Michigan – Rich DeVos und Jay Van Andel – von der Nutrilite Products Incorporation ab. Die beiden hatten durch den Vertrieb von Vitaminen und Mineralstoffen für das erste wirkliche MLM-Unternehmen von Carl Rehnborg ein Vermögen verdient. Aber DeVos und Van Andel waren überzeugt, dass sie auf eigenen Beinen noch weitaus mehr verdienen könnten. Sie bauten auf dem Vergütungsplan von Rehnborg auf, verbesserten ihn und gründeten ein neues Unternehmen, die Amway Corporation.

De Vos und Van Andel waren im zweiten Weltkrieg bei der amerikanischen Luftwaffe gewesen und aus diesem Grund sehr patriotisch eingestellt. Die überzeugten Christen waren Mitglieder der protestantischen Kirche. Sie gehörten einer Glaubensrichtung an, die von ihren aus Holland immigrierten Ahnen mitgebracht worden war. Die beiden Partner verstanden Amway von Anfang an als die Verkörperung der althergebrachten Tugenden Amerikas. Diese Verbundenheit drückt sich auch im Namen aus. Amway ist die Abkürzung für „American Way“. Bis zum heutigen Tag werden Amway-Veranstaltungen mit dem Singen von Liedern wie *God Bless America* und *The Star Spangled Banner* eröffnet und beendet, wobei *Old Glory* auf einer riesigen Filmleinwand per Video eingespielt wird. Die Vertriebspartner sind zum größten Teil eifrige Kirchgänger. In der von Amway geschaffenen Welt trifft man auf eine überaus glückliche Synthese von Gott, Vaterland und Multilevel-Marketing.

Die Reise ins Unbekannte

Die Amway-Formel hat sich als bemerkenswert erfolgreich herausgestellt. Aus dem kleinen Unternehmen, das einen biologisch abbaubaren Allzweckreiniger namens Frisk herstellte, wurde ein international tätiges Unternehmen mit einem Umsatz von 5,7 Milliarden Dollar und weltweit drei Millionen unabhängigen Vertriebspartnern. Die Produktpalette umfasst mehr als 6.500 unterschiedliche Produkte und Dienstleistungen. Und auch im Internet führt Amway eine der größten Einzelhandels-Websites. Kein anderes Unternehmen verfügt über so viele Internetdarstellungen. Allein die Forschungs- und Entwicklungsabteilung von Amway erstreckt sich über achtzig Gebäude. Und immer wieder tauchen DeVos und Van Andel in Magazinen wie Fortune und Forbes in der jährlichen Liste der reichsten Persönlichkeiten auf.

Von all dem wusste Paul zu dem Zeitpunkt, als er zusagte auf einer Amway-Veranstaltung zu sprechen, nicht das Geringste. Für ihn war es ein Zusammentreffen wie viele andere auch. Ahnungslos hatte Paul jedoch mit dieser Zusage einen ersten Schritt unternommen und somit eine Reise angetreten, die ihn eines Tages im einundzwanzigsten Jahrhundert an die innovative Spitze katapultieren sollte. Keiner seiner erfolgreichen Kollegen aus der Wirtschaft hatte diesen Weg vor ihm beschritten. Seine alten Professoren von der Wharton Business School hätten sicherlich die Stirn gerunzelt, wenn sie von seinem Ansinnen gehört hätten und zweifelsohne hätten sie Ablehnung signalisiert. Sie wären jedoch auch total erstaunt gewesen, wenn sie gewusst hätten, welch phantastische Möglichkeit sich hier für Paul bot.

KAPITEL 8

Die Schnellstraße im Vertrieb

Als Paul Zane Pilzer im Kongresszentrum von St. Louis ankam, um bei seiner ersten Amway-Rally einen Vortrag zu halten, schreckte er erst einmal zurück: Eine Masse von 3500 Leuten war wie elektrisiert. Schmissige Reden, Testimonials und der Auftritt des Country-und-Western-Stars Crystal Gale hatten sie in Schwung gebracht. „Ich war ein bisschen eingeschüchtert“, gibt Paul zu. Wie würden diese Leute reagieren, wenn ihre samstägliche Party durch die langweilige Vorlesung eines Wirtschafts-Professors unterbrochen würde? Würden sie ihn mit Tomaten bewerfen und ausbuhen, als ob sie in einer Schmierenkomödie wären?

Ausgelassen wie sie waren, schien das nicht unwahrscheinlich. Kaum war er aufs Podium gestiegen, da merkte Paul, dass seine Befürchtung unbegründet war. Die Anwesenden zeigten sich überraschend aufmerksam. „Als ich auf die Bühne kam, wurde die Beleuchtung etwas heller gestellt, jeder nahm Zettel und Stift und begann, sich Notizen zu machen“ erinnert er sich. „Sie nahmen die Sache ernst. Ich hatte das Gefühl, als ob ich Studenten auf eine Prüfung vorbereitete“.

Hinter den Kulissen des „Tamtam”

Paul hatte seine erste Lektion über die Kultur des Network-Marketing bekommen. Hinter all dem Tamtam steckt eine ernsthafte Truppe hungrig auf neue Ideen und todernst, wenn es ums Geldverdienen ging. Nach dem Vortrag setzte sich Paul mit einer Gruppe von 20 Führungskräften zusammen und diskutierte bis zur Morgendämmerung

Wirtschaftsfragen. „Ich war von ihren Engagement und von ihrer Bereitschaft zu lernen überwältigt" berichtet Paul.

Paul selbst lernte auch. Vor dem Kongress hatte er sich wochenlang mit Amway beschäftigt und sich über die Vielfalt an Produkten, die schnelle weltweite Expansion und die Strategie der Mund-zu-Mund-Propaganda gewundert. Warum hatte er von diesem Unternehmen vorher noch nie gehört? Und warum war ihm diese ganze Branche bislang nicht aufgefallen? „Wenn ich ein neues Unternehmen konzipieren müsste, bei dem alle Theorien und neuen Trends genutzt werden, die in meinem Buch „Unbegrenzter Reichtum" beschrieben sind – dann wäre es eine Network-Marketing-Firma" erklärt Paul. Er entschloss sich, der Untersuchung des Multilevel-Marketing in den nächsten Jahren eine Top-Priorität einzuräumen.

> **Hinter all dem Tam-Tam steckt eine ernsthafte Truppe, hungrig auf neue Ideen und todernst, wenn es ums Geldverdienen geht.**

DER WIDERSTAND DES KUNDEN

Trotz all seiner Begeisterung sollte es noch viele Jahre dauern, bis Paul wirklich begriff, welches Potential in MLM für sein eigenes, gerade begonnenes CD-ROM-Geschäft steckte. Acht Jahre lang probierte er eine konventionelle Vertriebsmethode nach der anderen aus, um seine CDs zu verkaufen. „Ich wünschte, dass ich Amway von Anfang an als Chance erkannt hätte" berichtet Paul. „Aber nein. Ich dachte, es müsste über den Einzelhandel gehen – ein Irrtum, der uns ein Vermögen und beinahe die ganze Firma gekostet hätte".

Paul versuchte jeden Trick, den er kannte, um seine CD-ROM zu verkaufen. Er verschickte Unmengen von Werbebriefen. Er besuchte Schulleiter, um Sammelbestellungen zu erhalten. Er überredete einen Videovertrieb, ihm in fünfzig Läden Regalflächen zu überlassen, damit er unterschiedliche Kombinationen von Produkten und Displays ausprobieren konnte. Drei Mal hintereinander ging das Experiment schief.

„Es war frustrierend," erinnert sich Paul. „Wir schafften es nicht, feste Beziehungen zu den Kunden aufzubauen". Ohne Verkäufer vor Ort war Paul im Nachteil. Es war schon schwierig genug, Kunden zum ersten Kauf einer Lern-CD zu veranlassen. Aber selbst diese Kunden hatten meist Probleme, die Produkte der verschiedenen Anbieter auseinanderzuhalten, wenn sie das nächste Mal in den Laden kamen. „Dass sie beim nächsten Mal das – oft schlechtere – Produkt eines Wettbewerbers kaufen würden, war genauso wahrscheinlich, wie der Kauf eines unserer Produkte“, ärgerte sich Paul.

Im Kokon

Paul musste in den Kokon eindringen. Er musste das Vertrauen der Kunden gewinnen und ihre Aufmerksamkeit lange genug fesseln, um seine Story an den Mann zu bringen. Nur langsam dämmerte es Paul, dass Network-Marketing die Lösung bieten könnte. Nach seinem Vortrag 1991 in St. Louis war Paul zu einer Berühmtheit im MLM geworden. Er sprach bei weiteren Amway-Veranstaltungen und anderen MLM-Kongressen. Hin und wieder erzählte er den Führungskräften bei solchen Gelegenheiten von seiner CD-ROM. Viele von ihnen baten um Muster, um sie mit ihren eigenen Kindern auszuprobieren.

„Ich fing damit an, den 'Diamanten', den 50 Top-Führungskräften von Amway, meine CD zu schenken.“ erzählt Paul. „Es dauerte nicht lange, da wurde sie von den Kindern und Enkelkindern all dieser Führungskräfte benutzt. Diese gingen dann zur Unternehmensleitung und machten den Vorschlag, dass Amway den Vertrieb übernehmen sollte“.

Die intelligente Downline

Beim konventionellen Vertrieb werden die Entscheidungen an der Unternehmensspitze getroffen und dann nach unten an die Verkäufer weitergegeben. Die MLM-Downline hat jedoch ihren eigenen Willen. Da sie aus unabhängigen, selbständigen Geschäftsleuten besteht, die sich freiwillig einer Organisation angeschlossen haben, übernimmt die Downline oft die Initiative und erkennt Geschäftsgelegenheiten früher als die Zentrale. „Es ist eine Stärke des Network-Marketing, dass die Berater Produkte oder Dienstleistungen, von denen sie überzeugt sind, in die Organisation hereinholen können,“ betont Paul.

So ging es mit Paul's CD-ROM. Er begann 1996, sie über Amway zu vertreiben. Der Verkauf zog sofort an. Mit jedem Jahr sanken Pauls anderweitige Umsätze – aber die Verkäufe über Amway stiegen und stiegen, bis sie schließlich auch noch den letzten Cent des 8-Millionen-Dollar-Umsatzes ausmachten. Paul beugte sich dem Unvermeidlichen, reorganisierte seine Firma und übertrug Amway den Exklusiv-Vertrieb. „Wir sind im Einzelhandel gescheitert“ gibt Paul zu. „Und wir sind im Versandhandel gescheitert. Aber wir waren mit dem Vertrieb durch Amway über alle Erwartungen hinaus erfolgreich.“

DIE 4. WELLE DES VERTRIEBS

Paul Zane Pilzer hatte einen Schimmer der Zukunft gesehen. In einer Welt ohne Einkaufsbummel müssen mehr und mehr Unternehmen den Kontakt zu Firmen wie Amway suchen, um mit ihren Produkten den Kokon des Konsumenten zu durchbrechen. Zahlreiche Marken-Hersteller haben diesen Schritt schon getan. Produkte und Dienstleistungen einer Vielzahl von Unternehmen erreichen inzwischen den Endabnehmer über Multilevel-Vertriebsorganisationen, die unabhängige Unternehmen oder Tochter eines Herstellers sein können.

IBM verkauft beispielsweise seine Internet-Trainingsprogramme jetzt durch Big Planet, einer Abteilung von NuSkin International. Dupont und Conagra haben 1988 ein Biotech-Joint-venture namens DCV gegründet. Nachdem DCV 1997 unabhängig geworden war, gründete das Unternehmen eine MLM-Tochtergesellschaft namens Legacy USA, um Nahrungsergänzungsmittel zu vermarkten. Im Mai 1999 kaufte NBTY, ein Lebensmittelkonzern mit 572 Millionen Dollar Umsatz, die MLM-Firma Dynamic Essentials Incorporated (DEI), um sie als Marketingorganisation zu nutzen.

„Wir haben gesehen, welches geradezu explosive Potenzial im Network-Marketing steckt“ erklärt der NBTY-Vorstand Scott Rudolph. „Wir sehen mit Hilfe des DEI-Teams Chancen für starkes Wachstum.“ Nachdem man sich jahrelang angesehen hatte, dass Wettbewerber wie Rexall Sundown nahezu blitzartig den Markt durchdrangen, entschied NBTY, es sei jetzt an der Zeit, auf der vierten Welle der Distribution mitzuschwimmen.

EIN MODELL FÜR DIE ZUKUNFT

Wahrscheinlich verdeutlicht keine MLM-Firma das Vertriebsmodell der vierten Welle besser als Amway. Das Unternehmen vertreibt Autos für General Motors, Ford und Chrysler, Haushaltsgeräte für Hotpoint und Whirlpool ebenso wie den Ferngesprächs-Dienst von MCI. „Unser Katalog sieht heute aus wie eine Kleinausgabe des Otto-Katalogs“ erklärt Don Held.

Mit seinem virtuellen Einkaufszentrum im Internet und einem Katalog, der 6500 Produkte und Dienstleistungen umfasst zeigt Amway wo es in Zukunft langgeht. In den Anfangszeiten des Multilevel-Marketing haben Unternehmer neuartige Produkte erfunden und sie mit Hilfe des Network-Marketing unter die Leute gebracht. MLM-Unternehmen der Zukunft werden mehr und mehr dem Konzept von Amway ähneln. Ihr Hauptgeschäft wird darin bestehen, die Produkte anderer Firmen zu vermarkten. Die Networker der vierten Welle werden die Vertriebs-Schnellstraße bilden, über die dann Tausende von Partnerunternehmen ihre Waren in Richtung Kunde transportieren.

Networker der 4. Welle werden eine Schnellstraße des Vertriebs aufbauen, durch die tausende von angeschlossenen Firmen ihre Waren vermarkten können.

DER TROLL AN DER BRÜCKE

Mit seiner vierzigjährigen Firmengeschichte verkörpert Amway den Weg des Network-Marketing von Welle 1 bis hin zu Welle 4. Die Gründer, Jay Van Andel und Rich DeVos, begannen im althergebrachten Unternehmer-Stil mit Entwicklung und Vertrieb einer Produktinnovation – einem biologisch abbaubaren Reinigungsmittel namens Frisk. Aber ihr Unternehmen hat sich zu einem Hightech-Kanal entwickelt, über den dem Verbraucher alles – von Kellogg's Cornflakes bis zu Whirlpool-Trocknern – direkt ins Haus geliefert wird – ohne den Umweg über Einzelhandelsgeschäfte.

So wie Paul Zane Pilzer sein Unternehmen durch die strategische Allianz mit Amway gerettet hat, werden schließlich alle großen US-Unternehmen gezwungen sein, mit Network-Marketing-Spezialisten über den Zugang zur Vertriebs-Schnellstraße zu verhandeln. Wie der Troll an der Brücke in dem alten skandinavischen Märchen, bewacht die MLM-Branche nun einen der im 21. Jahrhundert meistgefragten Vertriebskanäle für Waren und Dienstleistungen. Und – wie der Troll – wird sie ihren Preis für den Zugang verlangen.

„Als Wirtschaftsfachmann behaupte ich, dass in der Vergangenheit die meisten erfolgreichen Produkte durch puren Zufall entdeckt wurden“ erklärt Paul. „Aber das neue Network-Marketing hängt nicht vom

Glück ab. Es kommt darauf an, die besten Produkte zu finden und zu vertreiben – egal, wer sie herstellt. Dieses System wird in Zukunft nicht nur zuverlässig, sondern immer besser funktionieren".

KAPITEL 9

Die Wachstumslücke

„Ohne mich", sagte Lisa Wilber. "Mich bekommen Sie nicht dazu, so zu arbeiten.“ Lisa unterhielt sich mit der für sie zuständigen Avon-Gebietsleiterin. Sie hatte Lisa und weitere Führungskräfte zu einer Sonderkonferenz einbestellt. Es ging darum, dass Avon einen neuen Vergütungsplan eingeführt hatte – genauer gesagt, einen MLM-Plan – und sie wollte, dass Lisa und die anderen nach diesem Plan arbeiten. Aber Lisa sträubte sich mit aller Kraft dagegen.

Man schrieb damals das Jahr 1992. Vier Jahre waren vergangen seit jenem Koller, den Lisa damals, auf dem Boden Ihres Wohnwagens liegend, erlitten hatte. Es waren harte, jedoch gute Jahre für Lisa gewesen. Dank ihres Avon-Geschäftes und ihres großen Fleißes war es Lisa schließlich gelungen, wieder auf die Beine zu kommen. Sie hatte jedoch jeden Tag Angst davor, dass ihr das alles wieder weggenommen werden könnte. Wie eine Löwin hatte sie um all das gekämpft, was sie heute besaß. Lisa war fest entschlossen, nicht eine einzige Kleinigkeit wieder aus ihrer Hand zu geben. Und mit keinem Wort würde die Gebietsleiterin sie dazu bringen, ihr Geschäft durch einen absolut verrückten MLM-Plan zu gefährden.

Der Wendepunkt

Lisa spürte noch ganz genau, wie es damals war, als man ihr mitteilte, dass sie gekündigt sei – dass man sie als Sekretärin nicht mehr brauche. Sie konnte sich noch sehr gut daran erinnern, wie sie auf dem Nachhauseweg nur geheult und sich dann voller Verzweiflung auf den

Boden geworfen hatte. „Aber Schatz, das ist doch nur eine Arbeitsstelle", hatte ihr Mann damals gesagt. „Warum lässt du dir das so zu Herzen gehen?"

Für Lisa war es mehr als ein Arbeitsplatz gewesen. Sie hatte ihre ganzen Hoffnungen auf diesen Job gesetzt, der ihr jährlich $ 20.000 einbrachte. Sie wusste, dass das bescheidene Einkommen ihres Mannes niemals ausreichen würde, um die Hypothek und das Auto zu bezahlen. Falls er nichts Besseres finden würde, würden Sie sich immer am Rande des Existenzminimums bewegen. In diesem Moment fühlte sich Lisa wie jene frühen Siedler in der Prärie. Auch diese standen vor dem Nichts. Es erschien Lisa, als ob die einzige Hand, die ihr Hilfe bringen konnte, ihre eigene sei.

„Wie wäre es denn, wenn du dein Avon-Geschäft ausbauen würdest?" schlug ihr Mann vor. „Warum versuchst du es nicht damit?" Da sie voller Selbstmitleid war, war Lisa damals nicht in der Lage, die einmalige Chance, die hinter diesem Vorschlag steckte, zu erkennen. Immerhin arbeitete sie seit sieben Jahren erfolglos für ihr Avon-Geschäft. Warum sollte dies plötzlich anders werden? Irgend etwas stimmte Lisa damals jedoch nachdenklich. Die Verzweiflung machte sie offen und ließ sie ihren ansonsten unbändigen Stolz vergessen. Als Lisa ihre Tränen trocknete, dämmerte ihr, dass ihr Mann recht haben könnte. Sie hatte Avon niemals eine richtige Chance gegeben. Sie hatte sich zuvor niemals entschließen können, in diesem Geschäft richtig zu arbeiten, von früh bis spät, tagein; tagaus, in Vollzeit mit ihrer ganzen Kraft. Was würde passieren, wenn sie es täte?

Ein verborgener Schatz

In diesem Moment erinnerte sich Lisa an eine ihrer Lieblingskassetten: „Lead the Field" von Earl Nightingale. Es ging dabei um den uns inzwischen bekannten Bauern, dessen Acker viele Diamanten barg. Um dieses Beispiel zu verdeutlichen, erzählte Nightingale eine Geschichte, die tatsächlich passiert war. Es ging darin um den Besitzer einer Tankstelle, der auf einer sprichwörtlichen Diamantenmine saß. Und diese war – so unwahrscheinlich dies klingt – seine eigene Tankstelle.

In dieser Geschichte wird berichtet, dass der Tankstellenbesitzer einem Kunden zusah, wie dieser tankte. Es war ein völlig gewohnter Anblick. Aber just an diesem Tag machte es bei ihm plötzlich Klick. Plötzlich fiel es ihm wie Schuppen von den Augen, dass dieser Mann, der da so müßig stand und zusah, wie das Benzin in seinen Tank floss, sowohl Geld in der Tasche als auch Zeit hatte, dieses auszugeben. Der Tankstellenbesitzer entschloss sich, künftig Snacks und viele andere Dinge anzubieten und eröffnete somit den Verkauf von verschiedenen Artikeln in Tankstellen.

Lisa erkannte, dass ihre Position sich durchaus mit diesem Mann vergleichen ließ. Seit ihrem siebzehnten Lebensjahr hatte Lisa in Teilzeit als Avon-Beraterin gearbeitet. Diese Tätigkeit war ihr genauso vertraut, wie es dem Tankstellenbesitzer vertraut war, Benzin zu zapfen. Und genau wie er, war es Lisa auch nicht gelungen, alle mit dem Geschäft verbundenen Möglichkeiten zu erkennen. Zumindest nicht bis zu jenem Tag. Als sie damals als Sekretärin entlassen worden war, machte es bei Lisa endgültig Klick und sie begann, Avon mit anderen Augen zu sehen. „Plötzlich ging mir auf, dass meine Diamantenmine vielleicht mit Avon verbunden war, mit einer Sache, die ich bereits kannte", erinnert sich Lisa. Und auf der Stelle beschloss sie, dieses Geschäft künftig mit voller Kraft zu betreiben.

Zwei Einkommensmöglichkeiten

Avon war damals ein konventioneller Direktvertrieb ohne Multilevel-Marketingplan. Man befand sich jedoch in einer Erprobungsphase. Bei diesem Experiment wurde es den Verkäufern erlaubt, sich eine einstufige Vertriebsorganisation aufzubauen. 1984 wurde die Möglichkeit des Sponserns offiziell eingeführt. Der jeweilige Sponsor erhielt auf alle Käufe der von ihm direkt gesponserten Leute eine Provision in Höhe von fünf Prozent. Lisa gründete ihr Geschäft auf einem Plan, der ihr gleichzeitig zwei Einkommensmöglichkeiten bescherte: zum einen ein lineares Einkommen aus den direkten Verkäufen und zum anderen ein passives Einkommen aus ihrer ersten Ebene, also den Leuten, die sie direkt ins Geschäft gebracht hatte.

> Lisas Vergütungsplan erlaubte ihr, zwei Einkommensquellen gleichzeitig zu erschließen: Ein lineares Einkommen aus ihren Direktverkäufen und ein passives Einkommen durch das Einbringen neuer Partner in das Geschäft.

Um ihre Sponsor-Fähigkeiten zu trainieren, bat Lisa ihre Gebietsleiterin darum, bei deren Sponsorgesprächen dabei sein zu dürfen. Lisa achtete bei den von ihr geschalteten Inseraten stets darauf, dass sie sowohl auf die Produkte, als auch auf die Geschäftsmöglichkeit aufmerksam machte. Auf diese Weise hatte jeder die freie Wahl. Und Lisa malte den Slogan „Kaufen oder verkaufen Sie Avon-Produkte“ und eine gebührenfreie Telefonnummer auf ihr Auto.

Marketing Total

Avon-Berater bewarben ihr Geschäft in der Regel nicht mit derart auffälligen Mitteln. Die Unternehmenskultur sah eine etwas unauffälligere Vorgehensweise vor. Aber Lisa sah nicht ein, warum sie nicht alle Marketingtaktiken einsetzen sollte. „Ich wollte einfach das tun, was andere Branchen auch tun“, erinnert sich Lisa. „Wenn Sie heute einen Elektriker brauchen, würden Sie dann nicht ebenso erwarten, dass er mit einem Auto mit Firmenaufschrift zu Ihnen kommt?“

Lisa griff auf genehmigte Anzeigentexte zurück und ging damit auf die Straße. Auf jedem Flohmarkt in ihrer Nähe hatte sie einen Stand. Sie druckte Visitenkarten und Aufkleber und nahm sich vor, ganz gleich, wo sie war, täglich zehn Exemplare zu verteilen. Manche hängte sie an schwarze Bretter, an denen die Mitteilungen der Gemeinde bekannt gegeben wurden. Andere hingen in öffentlichen Toiletten oder landeten, wenn sie in einem Restaurant war, zusammen mit dem Trinkgeld auf dem entsprechenden Teller. „Ich ließ alle meine Blusen mit dem Namen Avon besticken und versah auch mein Notizbuch damit“, erläutert Lisa. „Später ließ ich dann ein Avon-Zeichen auf dem Dach meines Autos und an meinem Haus anbringen. Mein Briefkasten hat die Form eines Lippenstiftes.“

Lisas Fleiß zahlte sich aus. Ihr Einkommen stieg langsam, aber sicher. Obwohl es noch Jahre dauerte, bis Lisas Einkommen dem ihrer Sekretärinnenstelle gleichkam, so verdiente sie doch recht schnell so viel Geld, dass sie Rechnungen bezahlen und ihre Schulden begleichen konnte. Auf diese Weise wurde für sie ein Traum wahr. Vielleicht hatte Earl Nightingale wirklich recht gehabt, dachte Lisa. Vielleicht war die Diamantmine wirklich näher gewesen, als sie dies angenommen hatte. Kaum hatte Lisa sich an den neuen Erfolg gewöhnt, so wurde sie mit einer unvorhersehbaren Gefahr konfrontiert.

Exponentionelles Wachstum

Das von Avon eingeführte Sponsor-Programm war hoffnungslos veraltet, da es den Avon-Beratern lediglich Provisionen auf deren erster

Ebene auszahlte. Die Avon-Berater mussten auf das von den Multilevel-Organisationen gebotene exponentielle Wachstum verzichten.

Auf diese Weise entstand eine Kluft zwischen den Einkommensmöglichkeiten bei Avon und denen der Mitbewerber. Mit der Zeit war dies für die Avon-Führungsebene mit steigenden Schwierigkeiten verbunden. Avon stieg immer mehr zu einer zweitklassigen Geschäftsmöglichkeit ab. Man zog die bessere Provisionsregelung anderer, schnellwachsender MLM-Unternehmen vor. Das große, altbekannte Kosmetikunternehmen hatte sich selbst aus dem Network-Marketing-Goldrausch der achtziger Jahre hinauskatapultiert. Die Auswirkungen wurden deutlich, als die größten Talente zur Konkurrenz überwechselten.

„Falls Du sie nicht schlagen kannst, musst Du es ihnen gleichtun."

Im Direktvertrieb kam es zu einer Revolution. Zu dem Zeitpunkt, als Lisa 1992 an jener Konferenz teilnahm, hatten bereits viele ältere Unternehmen dem Druck des MLM nachgegeben. Wiederum andere hatten aufgegeben. Andere hatten sich zu der Übernahme des Plans entschlossen. Die Statistik gibt in vollem Umfang Auskunft. 1990 haben fünfundsiebzig Prozent aller Direktverkaufsfirmen ausschließlich direkte Verkaufsprovisionen gezahlt. Zum Ende dieses Jahrzehnts ist die Zahl dieser Unternehmen auf unter dreiundzwanzig Prozent gesunken. Heute haben mehr als siebenundsiebzig Prozent aller in der DSA registrierten Unternehmen einen MLM-Vergütungsplan.

Sozusagen mitten in dieser Transformation wurde Lisa zu einer ganz besonderen Vertriebsbesprechung gebeten. „Wir haben ein neues Programm, das unter der Bezeichnung 'Leadership' läuft", kündigte die Gebietsleiterin an. Sie erläuterte, dass dieses Programm dem Sponsor-Programm sehr ähnlich sei, mit dem einen Unterschied, dass man auch für die Personen, die von der eigenen ersten Linie ins Geschäft gebracht werden, Provisionszahlungen erhält. Lisa verfolgte das Gespräch regungslos. Obwohl die Gebietsleiterin sorgfältig den Ausdruck „Multilevel-Marketing" vermied, wusste Lisa ganz genau, worum es hier ging. Nach 106 Jahren konventionellen Marketings beschritt Avon nun neue Wege und startete im MLM.

Das Imageproblem

Lisa war schlichtweg entrüstet. „Ich habe ihnen lang und breit erklärt, dass ich so nicht arbeiten würde", erinnert sie sich heute. Im Verlauf der Jahre waren viele MLMler an Lisa herangetreten. Sie lehnte deren Verkaufstaktiken ab und schaute auf deren Programme, die den Reichtum über Nacht versprachen, verächtlich herab. Seit Jahren hatte Lisa in den Medien verfolgt, wie MLM-Unternehmen als Pyramidensysteme angeprangert wurden. Sie hatte es immer als Segen angesehen, einem Unternehmen anzugehören, das sehr angesehen war und dessen jahrhundertealter Ruf und konservative Strategien einen Schutz vor negativer Presse bildeten.

„Was, wenn der gute Ruf von Avon dadurch geschädigt wird?" fragte sich Lisa. Was, wenn 106 ertragreiche Jahre durch Skandale in Vergessenheit geraten? Lisa kam zu dem Schluss, dass die Unternehmensleitung das nicht richtig durchdacht habe. „Ich dachte, dass sie einfach nur mit der Konkurrenz Schritt halten wollten", verdeutlicht sie. „Es schien eine schlechte Idee zu sein."

Wertlose Mine

Lisa verließ die Besprechung damals schweren Herzens. Die Diamantmine, die sie in Avon gefunden zu haben glaubte, stellte sich plötzlich als wertlos heraus. Zumindest sah sie das so. Aber Lisa hätte sich nicht stärker täuschen können. Sie konnte damals nicht erkennen, dass der Ruf des Network-Marketing sich genau zu diesem Zeitpunkt entscheidend veränderte. Die Zeiten, in der man diese Branche in der Presse immer wieder als Sündenbock dargestellt hatte, neigte sich dem Ende zu. Der Tag, an dem Network Marketing seinen ultimativen Triumph erleben sollte, stand kurz bevor. Und in diesem Zusammenhang sollte Lisa eine nicht unmaßgebliche Rolle spielen. Ihr Einfluss auf die sogenannte Vierte Welle sollte erheblich sein. Aber aufgrund ihrer beständigen Neigung, sich selbst zu bemitleiden, sollte es noch Jahre dauern, bis sie endlich begriff, wie reich sie gesegnet worden war.

KAPITEL 10

Eine Nasenlänge voraus

Die erste Avon-Beraterin der Welt war Mrs. P. F. E. Albee aus Winchester, New Hampshire. Sie wurde 1886 von einem Mann namens David H. McConnell angestellt, um eine neue Serie von Düften und Kosmetika zu verkaufen. In seiner Zeit als Tür-zu-Tür-Vertreter hatte McConnell entdeckt, dass die Kundinnen seine kostenlosen Parfumfläschchen, die er als "Türöffner" benützte, weitaus mehr schätzten, als die Bücher, die er verkaufte. Also gründeten McConnell und seine Frau Lucy eine neue Firma, um diesem Bedarf gerecht zu werden. Der Firmensitz war in New York City, aber sie nannten das Unternehmen die California Perfume Company, um an die duftenden Blüten zu erinnern, die für diesen Staat charakteristisch waren.

Einen Großteil ihres Erfolges verdankte McConnell's Firma den Anstrengungen von Mrs. Albee. Sie herrschte über ein riesiges Verkaufsgebiet, das den größten Teil der nordöstlichen Vereinigten Staaten umfasste. Mit dem Verkauf von Produkten und dem Anwerben neuer Vertriebspartnerinnen pflanzte Mrs. Albee die Saat dessen, was einmal eine der größten Vertriebsgruppen der Welt werden sollte. Als der Name von McConnell's Firma 1950 in Avon Products geändert wurde, wurden dort bereits über 25 Millionen Dollar umgesetzt. Heutzutage sind schon über 2,6 Millionen unabhängige Vertriebspartner in Mrs. Albee's Fußstapfen getreten, die in 135 Ländern Avon-Produkte im Wert von über 5 Milliarden Dollar verkaufen.

EINEN UNTERSCHIED MACHEN

Avon's früher Erfolg zeigt einen großen Vorteil einer Direktvertriebsmannschaft – die Freiheit, die auch die Vertriebspartner der unteren Stufen haben, um für einen Unterschied zu sorgen. Unabhängige Vertreter haben bessere Chancen, ihr Potenzial zu verwirklichen, als Angestellte mit einem Festgehalt. Sie haben die Freiheit und die Motivation, ihr eigenes Geschäft durch innovative Methoden aufzubauen. In manchen Fällen, wie etwa bei Mrs. Albee, kann ein einzelner Durchstarter das Schicksal eines milliardenschweren Unternehmens beeinflussen.

> Avon's früher Erfolg zeigt eine der Stärken des Direktvertriebs – die Freiheit, die auch für die kleinen Vertriebspartner entsteht, um für einen Unterschied zu sorgen.

Eine noch größere Hebelwirkung kann in mehrstufigen Vertriebsgruppen für einzelne Innovatoren genutzt werden – wie Lisa Wilber bald erfahren sollte. Seit ihrer Kindheit hatte Lisa Mrs. Albee vergöttert. „Ich wusste, dass sie aus Winchester, New Hampshire war – nicht weit entfernt von dem Ort, an dem ich aufwuchs," erinnert sich Lisa. „Ich bewunderte sie dafür, dass sie eine Geschäftsfrau war. Und ich fühlte mich zu Avon hingezogen, weil es eine Firma war, die aus Frauen bestand, die ihr eigenes Geschäft führten." Lisa konnte kaum vermutet haben, dass sie in der Entwicklung Avons eines Tages eine ähnliche Rolle spielen sollte, die der legendären Mrs. Albee nicht unähnlich war.

DIE VERKAUFSBARRIERE

Dickköpfigkeit war eine Eigenschaft, die Lisa im Überfluss hatte. Monat für Monat kämpfte sie sich durch ihre üblichen Verkaufsrunden und weigerte sich, etwas mit Avon's neuem MLM-Programm zu tun zu haben. Mit der Zeit begann ihr Widerstand jedoch zu schwinden. Es dämmerte Lisa, dass sie bereits seit eineinhalb Jahren ganztägig für Avon tätig war, jedoch nie mehr als 15.000 Dollar pro Jahr verdient hatte. Dafür plagte sie sich jede Woche achtzig Stunden ab und verbrachte einen Großteil ihres Lebens auf der Straße.

Lisa musste sich schließlich eingestehen, dass Avon's konventionelles Verkaufssystem nicht für sie funktionierte. „Selbst in der höchsten Stufe von 50 Prozent," sagt sie, „muss man, um 100.000 Dollar zu verdienen, Produkte im Wert von 200.000 Dollar verkaufen. Das sind eine Menge Lippenstifte." Schließlich willigte Lisa ein. Sie schrieb sich 1993 für das Führungskräfteprogramm ein.

Die Skunktruppe

Ohne es zu merken, hatte sich Lisa einer „Skunktruppe" angeschlossen. Dabei handelt es sich um eine Gruppe von Vorreitern, die sich innerhalb eines Unternehmens zusammenschließen, um ein besonderes Projekt außerhalb der Masse durchzuführen. Umwerfende Neuerungen entstehen oftmals durch Skunktruppen. Der Macintosh-Computer wurde beispielsweise von einer Gruppe erleuchteter Innovatoren entwickelt, die still und leise innerhalb des Unternehmens Apple vor sich hin arbeiteten. Aber die Skunktruppen bezahlen einen Preis für diese Freiheit. Oftmals werden sie von zugeknöpfteren Kollegen als Spinner, Rebellen und komische Käuze abgetan. Die Skunktruppen werden von den anderen getrennt, damit ihr schädlicher Geruch im Ernstfall nicht den Rest der Firma vergiftet.

Eine ähnliche Dynamik entstand bei Avon. Kurz nachdem das Führungskräfteprogramm gestartet wurde, übernahm ein neuer Präsident das Kommando, dem es an Begeisterung für das Experiment mangelte. Das Führungskräfteprogramm durfte fortgeführt werden, allerdings nur unauffällig und im Stillen, im Rahmen einer Skunktruppe. „Zu diesen Zeiten wurde Multi-Level-Marketing noch als Schneeballsystem betrachtet," erinnert sich Walter Bracero, Kopf von Avon's Network Marketing-Programm. Bracero gibt zu, dass das armselige Image, welches MLM in der Öffentlichkeit genoss, für die halblebige Unterstützung innerhalb der Firma verantwortlich war. „Wir gingen es nur mit halber Kraft an und waren nicht besonders engagiert."

Geburt einer Führungskraft

Im Mittelpunkt einer milliardenschweren Verkaufsgruppe fand sich Lisa unerwartet isoliert und allein wieder. „Sie boten uns keinerlei Training an," sagt Lisa. „Sie gaben uns keine Verkaufsprospekte. Man hatte auch keinerlei Belohnungen für die Teilnehmer des Führungskräfteprogrammes angeboten. Es wurde praktisch ignoriert."

Lisa befand sich am Scheideweg. Wenn sie ihr MLM-Geschäft zum Laufen bringen wollte, dann würde sie es auf eigene Faust tun müssen. Und das bedeutete, eine Führungskraft werden zu müssen. In ihrem bisherigen Avon-Geschäft war Lisa nur für sich selbst verantwortlich gewesen. Aber nun musste sie sicherstellen, dass es auch bei allen von ihr gewonnenen Vertriebspartnern gut lief, denn sonst würde ihre Downline nicht wachsen. Lisa's Schicksal war von ihrer Fähigkeit abhängig, andere zu trainieren und zu motivieren. „Im Multi-Level-Marketing ist dein eigener Ruhm nicht wichtig," sagt Lisa. „Es geht um den Ruhm, den du für deine Downline-Partner erlangst. Wenn du sie erfolgreich machst, wird dein eigener Verdienst von selbst entstehen."

UNTERSTÜTZUNG, UNTERSTÜTZUNG, UNTERSTÜTZUNG

Viele Vertriebspartner aus dem Führungskräftesystem beschwerten sich über Avon's Vernachlässigung des Programmes. Aber Lisa war es leid, sich zu beschweren. Selbstmitleid hatte ihr in der Vergangenheit nichts als Armut gebracht. Sie war entschlossen, ihr Schicksal selbst zu bestimmen. Lisa erkannte, dass ihr Avon's Teilnahmslosigkeit am Führungskräfteprogramm sogar einen Vorteil verschaffte. „Ich konnte mir mit Avon meinen eigenen Weg bahnen," sagt sie „Ich konnte mein Geschäft so aufbauen, wie ich es wollte und feststellen, ob es sich auszahlte oder nicht. Ich hatte niemanden über mir stehen, der von mir verlangte, dass ich der erprobten Formel folgen sollte."

Mangels einer firmeneigenen Struktur auf die sie zurückgreifen konnte, entschied sich Lisa, ihre eigene aufzubauen. Sie entwickelte einen Newsletter voller Tipps und inspirierender Geschichten für ihre Downline. Sie schickte ihren Partnern zum Geburtstag Schokolade und Postkarten, um sie an wichtige Veranstaltungen zu erinnern. Sie gründete einen Club der „Tausendäre", dessen Mitglieder innerhalb von zwei Wochen mehr als 1.000 Dollar umgesetzt hatten und sie lobte Zertifikate für die Spitzenleister aus. Lisa besuchte regelmäßig ihre Downline-Führungskräfte in anderen Staaten und bot Trainingsseminare an. „Ich erfuhr, was die drei wichtigsten Eigenschaften einer Führungskraft sind – Unterstützung, Unterstützung, Unterstützung," sagt Lisa. „In diesem Geschäft geht es darum, deine Downline zu unterstützen."

DIE MACHT DER HARTNÄCKIGKEIT

Trotz all dieser Aktivitäten, stellte sich der Erfolg nicht unmittelbar ein. Lisa musste in ihren ersten MLM-Jahren eine unermüdliche Hartnäckigkeit an den Tag legen. Während ihres ersten Jahres im Führungskräfteprogramm verdiente sie nur 12.000 Dollar und reinvestierte den größten Teil davon wieder in ihr Geschäft. „Ich machte mir Sorgen, dass ich mein Geld in ein totgeborenes Kind investierte," erinnert sich Lisa.

Aber im zweiten Jahr begann sich das progressive Wachstum einzuschalten. Lisa's Einkommen stieg auf mehr als das Doppelte, auf 32.000 Dollar. Jahr um Jahr wuchs es auf 58.000, dann 89.000, dann 137.000, und schließlich auf 174.000 Dollar.

Heute sind Lisa's finanzielle Sorgen längst Vergangenheit. In der Zwischenzeit hat ihr Mann ein erfolgreiches Bauunternehmen gegründet und das gemeinsame Einkommen der Wilbers hat ihnen eine Freiheit ermöglicht, die sie sich nie zuvor hätten vorstellen können. „Hätte vor sechs Jahren jemand gesagt, 'Lass uns Essen gehen,' hätte ich mir Sorgen machen müssen, ob ich es mir leisten konnte oder nicht," sagt Lisa. „Heutzutage kann mein Mann zu mir sagen 'Lass uns nach Paris fliegen,' und wir können es tun, ohne an die Kosten zu denken." Nach einer langen Reise hat Lisa schließlich ihre Diamantmine gefunden.

UNKRAUTARTIGER WILDWUCHS

Durch die Änderung ihres eigenen Lebens, verhalf Lisa ebenso der Firma Avon Products zu einem Wandel. Vorstandsmitgliedern der Firma fiel Lisa's Erfolg in ihrem vierten Jahr des Führungskräfteprogrammes auf. „Sie begannen mich anzurufen und baten mich, ihnen Ausgaben meines Newsletters und anderer Unterlagen zu schicken," sagt sie. Tatsächlich bereitete sich Avon auf eine bedeutende Verlagerung innerhalb der Firmenpolitik vor. Fünf Jahre lang hatte man dem Führungskräfteprogramm unkrautartigen Wildwuchs gestattet. Nun begann Avon Führungskräfte wie Lisa zu befragen, um zu erfahren, wie die Firmenleitung ihre erfolgreichen Strategien einsetzen konnte. Der Zeitpunkt für einen Wandel war im April des Jahres 1998.

„Wir setzten uns mit unseren führenden Vertriebspartnern zusammen," sagt Bracero, „und ließen sie wissen, dass wir eine direktere und herausfordernde Einstellung einnehmen würden, indem wir unsere Vertriebspartner unterstützen und die Geschäftsgelegenheit in der Öffentlichkeit bekanntmachen würden. Seither haben wir die Anzahl der Vertriebspartner im Führungskräfteprogramm verdoppelt."

KEINE SKUNKTRUPPEN MEHR

Avon veröffentlicht nicht, wie viele ihrer Vertriebspartner zur MLM-Abteilung gehören, aber man schätzt, dass etwa 10 Prozent der 500.000 amerikanischen Avon-Beraterinnen am Führungskräfteprogramm teilnehmen. Und dieser Prozentsatz wird in den kommenden Jahren vermutlich in die Höhe schießen. Bracero sagt, dass Avon sein Network-Marketing-Programm zu „einer unserer Prioritäten des Jahres“ macht. Die Skunktruppen sind nicht länger Skunktruppen. Wie auch die verrückten Macintosh-Techniker die Firma Apple Computer nach ihrem eigenen Bild gestalteten, so formten Avon's MLM-Pioniere diese Firma in den Prototyp eines Unternehmens der 4. Welle um. Avon's Markenimage und seine weltweite Infrastruktur sichern zu, dass das Unternehmen zu einem Kraftwerk des Network-Marketing im 21sten Jahrhundert werden wird.

> Avon's Markenimage und seine weltweite Infrastruktur sichern zu, dass das Unternehmen zu einem Kraftwerk des Network-Marketing im 21sten Jahrhundert werden wird.

EINE NEUE GLAUBWÜRDIGKEIT

Der Wandel von Avon ist nur ein Beispiel für die Bewegung der 4. Welle, die das Geschäftsleben der Welt verändert. Seit Jahren beobachten die Vorstände der größten Konzerne das MLM-Phänomen, aber trauen sich nicht heran. Jetzt, ermutigt durch die wachsende Gesellschaftsfähigkeit des Network Marketing, beginnen sie selbst damit, ihre Scheibe vom Kuchen abzuschneiden.

„Multi-Level-Marketing ist heutzutage glaubwürdiger geworden,“ sagt Bracero. „Unternehmer erkennen, dass sich durch Networking bemerkenswerte Einkommen erzielen lassen. Das Verdienstpotential hat tatsächlich keinerlei Grenzen. Das Führungskräfteprogramm gibt uns gegenüber unseren Direktvertriebskonkurrenten einen klaren Wettbewerbsvorteil. Damit sorgen wir für eine Basis, um Unternehmerpersönlichkeiten anzuziehen.“

KAPITEL 11

Der große Knall

Ich bin Inhaber eines Bücherladens. Aber ich arbeite nie dort. Ich muss keine Kasse machen, keinen Boden wischen, keine Inventur machen und mich mit keinem Vermieter streiten. Meine Kasse ist nur dann in Betrieb, wenn es um den vierteljährlichen Scheck geht, der per e-mail bei mir ankommt und den ich dann einlöse. Weltweit arbeiten viele tausend Menschen genau wie ich für Amazon.com. Jeder Kunde kann auf meiner Internetseite WWW.RICHARDPOE.COM per Mausklick ein Buch bestellen. Um den Rest kümmert sich dann Amazon.com. Dort werden die Bestellungen entgegen genommen, die Kreditkarten belastet und die Bücher versandt. Die Teilnahme ist für jedermann kostenlos. Jeweils zu Quartalsende zahlt mir Amazon.com eine kleine Provision auf die getätigten Einkäufe. Ich selbst muss überhaupt nichts tun.

Hier handelt es sich natürlich nicht um ein MLM-Geschäft. Aber das Beispiel Amazon.com macht deutlich, dass auch konventionelle Unternehmen in steigendem Maß auf MLM-ähnliche Strategien zurückgreifen. Die Grenze zwischen MLM und konventionellen Geschäften verschwimmt durch die Auswirkung der 4. Welle, das heißt durch deren revolutionäre Beeinflussung der konventionellen Unternehmenswelt. Ständig wächst die Zahl der Firmen, die ihren Kunden Empfehlungen entlocken oder die Kunden als Vertriebspartner gewinnen und die ihre Angestellten wie selbstständige Unternehmer behandeln.

Wenn dieser Trend sich weiter fortsetzt, wird die Bürokratie der Unternehmen in eine Galaxie selbstständiger kleiner Unternehmer zerschlagen, deren Bindeglied das Internet ist, wobei sie durch ein Netz unsichtbarer Lieferanten beliefert werden. Es wird immer leicht zu duplizierende Geschäftsmöglichkeiten wie Amazon.com geben. Die Menschen werden von zuhause aus arbeiten, mitten in ihrem Familienbereich. Multilevel-Marketing wird sich als die dominante Strategie erweisen, als die Möglichkeit, um Millionen neuer, unabhängiger Geschäftsbesitzer zu organisieren. Denn eines ist sicher: In den nächsten Jahren wird deren Zahl explosionsartig ansteigen. Sie sollten darauf achten. Ich bezeichne es ganz einfach als einen „großen Knall“.

AUFLÖSEN DER FIRMENSTRUKTUREN

Natürlich ist diese Theorie des „großen Knalls“ nichts Neues. Zukunftsforscher wie John Naisbitt und Alvin Toffler haben die massive Auflösung großer Unternehmen schon seit Jahren vorausgesagt. Die Experten haben jedoch erst vor kurzem begriffen, dass Network Marketing in diesem Prozess eine nicht unerhebliche Rolle spielen wird. Barry Carter, der das Buch *„Infinite Wealth“* geschrieben hat, war einer der ersten, dem dieser Zusammenhang auffiel. Carter sagte eine „Massenprivatisierung“ voraus. Darunter versteht er den umfassenden Transfer welcher die von Unternehmen und staatlichen Institutionen gehaltenen Aktivposten in die Hände von einfachen Arbeitern übergibt. Im einundzwanzigsten Jahrhundert werden sich Männer und Frauen nicht länger als Sklaven verdingen, um ihr Gehalt zu beziehen. Nein, sie werden das Einkommen erhalten, das ihren Bemühungen entspricht.

„Innerhalb dieser Massenprivatisierungswelle gibt es bereits erste Unternehmen, die sich beteiligen“, betont Carter. „Die Networker sind Besitzer ihres eigenen Geschäfts und erhalten einen Prozentsatz von allen Umsätzen, die sie tätigen. Network Marketing hat sich als eine Branche mit Standvermögen erwiesen, die als legitim anerkannt wurde. Ausgehend vom Modell der Massenprivatisierung ist es bisher ausschließlich der Network-Marketing-Branche gelungen, eine überlebensfähige geschäftliche Alternative zu bieten.

KOPFLOSE ROBOTER

Carter ist nicht im Network-Marketing aktiv. Der zweiundvierzig Jahre alte Manager arbeitet in einem Unternehmen, das der Gruppe „Fortune 100“ zugerechnet wird. Er war für Unternehmen wie IBM, Revlon und Hughes Aircraft als leitender Angestellter, Ingenieur und Berater tätig und kennt daher aus eigener Erfahrung das bürokratische Labyrinth solcher Unternehmen, was ihn sehr oft abgestoßen hat. „Im Verlauf meiner einzelnen Tätigkeiten musste ich zum Beispiel auch erkennen, dass die nicht sachgemäße Montage von Elektroteilen innerhalb der Produktion praktisch zum Tod des potentiellen Kunden führen kann", führt Carter aus. „Als ich die Arbeiter davon unterrichtete, waren sie schockiert. Sie waren sich ganz einfach der Tragweite ihrer Arbeit nicht richtig bewusst."

Die Mitarbeiter großer Unternehmen funktionieren wie Roboter, so der Schluss, den Carter zieht. Ohne nachzudenken, ohne Visionen und ohne Hoffnungen durchlaufen sie – Schlafwandlern ähnlich – ihre tägliche Routine. Ihrem Arbeitsleben fehlt die Verantwortung für die Dinge, die sie tun. Arbeiter und leitende Angestellte arbeiten für andere, nicht für sich selbst. Auch wenn sie bessere Arbeit verrichten, erhalten sie dafür selten einen besseren Lohn. Selbst zweihundert Jahre nach dem Erscheinen des Buches „Der Reichtum der Nationen" von Adam Smith, scheint es so, als ob freies Unternehmertum im Denken der meisten Menschen noch keinen Eingang gefunden hätte.

Carter stellt fest, dass es hinsichtlich unternehmerischem und kommunistischem Bürokratismus keinen großen Unterschied gibt. „In beiden Fällen wird jede Initiative im Keim erstickt." In den letzten beiden Jahrzehnten bemühten sich viele Managementgurus darum, Änderungen herbeizuführen. Der Erfolg blieb jedoch aus. „Ich habe innerhalb der letzten zwanzig Jahre alle Managementprogramme ausprobiert", so Carter. „Ich war in Qualitätsausschüssen, arbeitete aktiv in zielgerichtetem Management, in sich selbst leitenden Teams, horizontalen Organisationsformen und Arbeitergruppen mit mehr Verantwortung. Nichts von all dem hat wirklich funktioniert. Alles erschien wie ein kleines Pflaster auf einer großen klaffenden Wunde.

DIE NATÜRLICHE ERMUTIGUNG

Carter erkannte, dass das Problem bei den Unternehmen selbst zu finden war. Solange die Menschen einem gigantischen Bürokratismus dienten, waren sie nichts besseres als Leibeigene. Nur diejenigen, die ihr eigenes Geschäft besaßen und leiteten, fühlten sich wirklich frei. Aber wie sollten aus Abermillionen Mitarbeitern plötzlich selbstständige Geschäftsleute werden. Woher sollten sie das Kapital, die Kunden und das Know-how nehmen? War die Nachfrage vorhanden, die für die Existenzberechtigung so vieler Geschäfte erforderlich ist?

Das konventionelle Denken verneinte diese Tatsachen. Es drückte aus, dass die von Zuhause aus operierenden kleinen Unternehmen von den Mega-Unternehmen mit ihrem besseren Service und niedrigeren Preisen schlichtweg ausgelöscht werden würden. Aber Carter lehnte dieses Denken schlichtweg ab. Er erkannte, dass fundamentale wirtschaftliche Kräfte bereits angefangen hatten, die Riesenunternehmen wie Termiten zu zersetzen. Carter glaubte daran, dass die Angestellten ihre Freiheit bald zurückerhalten würden, und zwar ohne Intervention oder Unterstützung der Managementgurus. Der Wechsel würde sich ganz natürlich und spontan aus dem Zerfall des Big Business ergeben. Und dieses Vorgehen würde natürlich früher eintreffen, als man es allgemein für möglich hielt.

Auf der Suche nach Horatio Alger

Im Jahr 1931 reise ein junger britischer Wirtschaftsstudent namens Ronald Coase in die Vereinigten Staaten. Er setzte alle Hoffnung darauf, dort jenen Geist des freien Willens aufzuspüren, der ihm aus Horatio Algers klassischen Romanen, den „Tellerwäscher-zum-Millionär"-Stories, bekannt war. Aber weit gefehlt. Er lernte die Amerikaner als Menschen kennen, die wie Schafe ihren täglichen Jobs nachgingen und deren Denken nur auf sichere Arbeitsplätze ausgerichtet war. Wozu war der berühmte Geist des freien amerikanischen Unternehmertums verkommen? „Warum", so fragte sich Coase, „sollte sich ein im Geist der freien amerikanischen Wirtschaft lebender Arbeiter freiwillig den Direktiven eines Unternehmens unterwerfen und darauf verzichten, seine Arbeitskraft oder Dienstleistung am Markt dem Kunden direkt anzubieten?"

In seiner Schrift „The Nature of the Firm" geht Coase auf dieses Thema ein. Dies sollte ihm auch eines Tages den Nobelpreis einbringen. In diesem Papier kommt Coase zu dem Schluss, dass die Unternehmen deshalb feste Vollzeitmitarbeiter anstellen, weil die Transaktionskosten bei externen Zulieferern zu hoch sind. In anderen Worten, es war billiger, eine Sekretärin anzustellen, als für jeden einzelnen Brief eine externe Schreibkraft zu beauftragen. Die Möchtegern-Helden vom Schlage Horatio Algers hatten deshalb in der Unternehmenswelt keine Kunden, ihre Preise waren einfach zu hoch. Pures wirtschaftliches Denken ließ ihnen keine andere Wahl, als – den Kopf unter dem Arm – an die Tür des Personalchefs anzuklopfen und auf eine Festanstellung zu hoffen.

Kleiner ist besser

Heute trifft das genaue Gegenteil zu. Paul Zane Pilzer erläutert dies in seinem Buch „God Wants You To Be Rich" folgendermaßen: „Falls Coase diese Schrift heute schreiben würde, käme er vielleicht zum entgegengesetzten Schluss." Technologische Errungenschaften haben die

Transaktionskosten auf ein äußerst niedriges Maß reduziert, was die Fremdvergabe für die Unternehmen äußerst lukrativ macht. Niedrige Telefonkosten, kostenloser e-Mail-Versand, Über-Nacht-Zustellung und unmittelbare computergesteuerte Rechnungsstellung erleichtern die Zusammenarbeit, und zwar sogar dann, wenn zwischen den Beteiligten mehrere tausend Kilometer liegen. Pilzer ist der Meinung, dass nach der heutigen Wirtschaftslage die meisten großen Unternehmen weniger Mitarbeiter haben sollten und dass viele große Unternehmen heute in ihrer bestehenden Form keine Existenzberechtigung mehr haben.

> **Dank der heutigen Technologie sanken die Transaktionskosten so vehement, dass es für viele Firmen heute preiswerter und einfacher ist, Arbeiten an Dritte zu vergeben.**

In der Tat entspricht das tatsächlich der Realität. Große Unternehmen entlassen Mitarbeiter und kleine Unternehmen weisen höhere Umsätze auf. John Naisbitt belegt dies in „The Global Paradox“. Er schreibt: „50% des gesamten U.S.-Exports verteilt sich auf Firmen mit 19 Angestellten oder darunter. Zu den Fortune 500 Unternehmen zählen heute 10% der amerikanischen Wirtschaft, 1970 waren es noch 20%.“

ÄHNLICHKEIT MIT DEM VERHALTEN VON VOGELSCHWÄRMEN

Wissenschaftler haben das Verhalten von Vögeln, die in einem großen Schwarm fliegen, genau untersucht und dabei herausgefunden, dass diese Vögel sensibler auf minimale Richtungsänderungen des Schwarms reagieren, als auf Signale, die von ihrem Gehirn ausgesendet werden.

Trifft der Schwarm auf einen Feind, so dreht er innerhalb von 1/70 einer Sekunde ab, wobei der Richtungswechsel des jeweiligen Nachbarn als Vorgabe gilt. Die Reaktionszeit eines alleine fliegenden Vogels liegt wesentlich höher. Der Schwarm dreht ab, macht einen Sturzflug und weicht dem Feind auf elegante Weise aus. Die Reaktion wird nicht von der Intelligenz der Vögel gesteuert. Sie basiert ganz einfach auf dem Richtungswechsel des Nachbarn. Kevin Kelly analysiert diese Reaktion in seinem Buch „Out of Control" so, dass ein Schwarm leistungsfähiger ist als die Summe der einzelnen Vögel.

Das Auseinanderbrechen der Wirtschaft in kleine Einheiten entspricht nach der Meinung von Kelly der Organisationsform sich zusammenfindender und in Schwärmen fliegender Vögel. Ein sich aus Millionen kleiner Einheiten zusammensetzendes Netzwerk kann schneller und entschlossener auf Veränderungen am Markt reagieren, als dies der schwerfälligen Bürokratie vieler Unternehmen möglich ist. Mit Hilfe der Mathematik lässt sich aussagen, dass der Wert eines Netzwerks (die Summe) mit dem Quadrat der Mitgliederzahl wächst. So drückt es zumindest Kelly in seinem Werk *New Rules for the New Economy* aus. „Tausend Mitglieder können gemeinsam eine Million Freundschaften haben", verdeutlicht Kelly. Ganz gleich, ob es sich um Tiere oder Menschen handelt, der Wert orientiert sich ausschließlich daran, wie ihre zufällig existierenden, mit ihnen in Verbindung stehenden Genossen auf eine Sache reagieren. Die innerhalb eines Netzwerks mögliche Anzahl an Beziehungen hängt unmittelbar von der Zahl der existierenden Einheiten ab. Je größer die Zahl der existierenden Beziehungen, desto besser kann das Gesamtnetzwerk auf Veränderungen des Marktes reagieren.

ZENTRIFUGALKRAFT

Auch große Unternehmen treiben heutzutage auseinander und spalten sich in kleine Einheiten auf. Fast könnte man denken, dass zentrifugale Kräfte am Werk sind. Man könnte meinen, dass ein Wettbewerb ausgebrochen ist, welches Unternehmen sich am schnellsten in kleinste Einheiten aufgliedern kann, wobei deren Bürokratie der Vergangenheit angehört und sie ein Verhalten an den Tag legen, das dem der Vogelschwärme gleicht. Naisbitt schreibt in *The Global Paradox*, dass es vor allem darauf ankomme, dass sich selbst große Unternehmen wie IBM, Philips und GM aufspalten und zu kleinen autonomen Unternehmenseinheiten umformieren müssen, wenn sie überleben wollen.

In diesem Sinn hat sich Asea Brown Boveri in zwölfhundert einzelne Unternehmen umorganisiert, wobei jedes zirka zweihundert Mitarbeiter hat. AT&T hat sich in 20 Unterfirmen umorganisiert, die alle selbständig bilanzieren. Barry Carter ist jedoch der Meinung, dass dies nur Halbheiten seien. Nur die Unternehmen, die sich in Millionen von Einheiten umgestalten, werden die wahren Nutznießer dieses von der Wirtschaft diktierten Trends sein. Das mit einem Vogelschwarm vergleichbare Verhalten erhält dann größte Intensität, wenn jeder einzelne Arbeiter Autonomie erhält und sich am Markt so frei entfalten kann wie ein in einem Schwarm fliegender Vogel. Hierauf basiert die Kraft, die von der Massenprivatisierung ausgeht.

„Indem ein Unternehmen der Massenprivatisierung zum Opfer fällt, setzt sich dies dominoartig in weiteren Unternehmen fort. Sie werden entweder verschwinden oder der Privatisierung erliegen“, meint Carter.

DIE NÄCHSTE GRENZE

Der Vorsprung in der heutigen Wirtschaft gehört nicht den Firmen, die sich in Hunderte, sondern die sich in Millionen einzelner Abteilungen aufsplitten.

Carter verdeutlicht dies am Beispiel der Buchindustrie. Die Taktik von Amazon.de lautet, den Markt mit Hilfe eines Schwarmes unabhängiger Geschäftspartner bis in den letzten Winkel zu durchdringen. Buchhandlungsketten hatten keine andere Wahl, als diesem Beispiel zu folgen. In den USA so bekannte Verlagshäuser wie Barnes and Noble, Borders und weitere, entwarfen nicht nur konkurrierende Internetplattformen, sondern auch Partnerprogramme, die denen von Amazon.com ähneln. Innerhalb der letzten Monate gab es im Internet viele Nachahmer, auch außerhalb der Buchindustrie. Unter der Adresse WWW.ASSOCIATE-IT.COM können Möchtegern-Unternehmer unter einer großen Anzahl von Geschäftsmöglichkeiten wählen – angefangen bei Immobilienvertrieben, bis hin zu Blumengeschäften und Märkten für Kleinanzeigen. Dabei gibt es Programme, die auf einem MLM-Vergütungsplan aufbauen, der es den Partnern gestattet, neue Partner ins Geschäft zu bringen, auf deren Umsätze ihnen dann in der Folge Provisionen gezahlt werden. Laut Jupiter Communications, Inc. werden diese Partnerschaftsprogramme im Jahr 2002 im elektronischen Handel 24 Prozent des Umsatzes ausmachen.

Carter begrüßt das Partnermodell als Prototyp, das die Massenprivatisierung ermöglicht. Es selbst ist Partner von Amazon.com. Carter gesteht jedoch ein, dass dieses Online-Geschäft nicht ebenso viel Einkommen kreiert wie eine Arbeitnehmertätigkeit. Der mit der Massenprivatisierung einhergehende große Knall wird erst dann eintreten, wenn es Tausenden möglich sein wird, auf diese Weise ihren Lebensunterhalt bestreiten zu können. Carter macht deutlich, dass dies bisher nur MLM-Unternehmen gelungen sei.

„Nicht alles ist im Network Marketing möglich“, so Carter. „Und nicht nur im Vertrieb gibt es unternehmerische Freiheiten. Die meisten Menschen verkaufen nicht gerne.“ Trotzdem ist Carter der Meinung, dass MLM – als Vorreiter der Massenprivatisierung – beeindruckende Möglichkeiten biete. „Network Marketing läutet eine Revolution ein“, meint Carter. „Diese Revolution verändert nicht nur unsere tägliche Arbeit, sondern auch das Lernverhalten unserer Kinder, unsere familiären Strukturen und unsere gesellschaftliche Ordnung.“

KAPITEL 12

Die Macht des Schwarms

Ein Taumel erfasste die Börse am 16. April 1998 an der Wall Street. Zum ersten Mal in der Geschichte stieg der industrielle Dow Jones Index auf über 9000 Punkte. Die Finanzpresse strömte vor Begeisterung über. Allerdings übersahen die Betrachter die unscheinbare, aber wichtige Rolle, die Network Marketing im Anstieg zur nie dagewesenen Höhe des Dow Jones spielte.

Das Ganze begann mit der größten Fusion der Geschichte, die zuvor an diesem Tag bekannt gegeben worden war – ein 85-Milliarden-Dollar Geschäft zwischen der zweitgrößten Bank der Welt, Citicorp, und dem Versicherungsgiganten Travelers Group. Gemeinsam formten sie einen neuen Konzern mit Namen Citigroup, der unmittelbar zur größten Finanzdienstleistungsgesellschaft der Welt wurde. Citigroup wies nahezu 700 Milliarden Dollar an Vermögenswerten und 100 Millionen Kunden auf. Als Antwort auf dieses Geschäft schossen die Kurse der finanzmarktabhängigen Aktien in die Höhe. Fonds mit hohem Aktienanteil an diesem Zusammenschluss erreichten ungeahnte Höhen.

Der geheime Katalysator

Was aber hatte Network-Marketing mit allem zu tun? Tatsächlich war es ein Kernstück der Citigroup-Fusion. Einer der wertvollsten Aktivposten der Travelers Group war eine MLM-Abteilung namens Primerica. Sie diente als Vertriebskanal für eine weite Reihe von Unternehmen der Travelers Group. Primerica verkaufte sämtliche Finanzdienstleistungen, von Smith Barney Fonds bis hin zu Gewerbekrediten und Versicherungen. Und diese Produkte wurden mit außergewöhnlicher Energie auf den Markt gebracht.

Im Oppenheimer-Report vom Januar 1998 wurde Primerica als „Travelers Group's Hauptvehikel für Querverkäufe" bezeichnet. Das Wertpapierhaus Donaldson, Lufkin & Jenrette schwärmte in seinem Bericht vom März 1998, dass es Primerica gelungen sei, beinahe 50 Prozent aller außergewöhnlichen Gewerbekredite abzuschließen. „Tatsächlich ist es Primerica gelungen, 1996 von einer neuen Ausgabeserie an Smith Barney Fonds mehr Anteile zu verkaufen, als Smith Barney selbst," begeisterte sich der Atlanta Business Chronicle am 14. Februar 1997.

DIE TÜR-ZU-TÜR-BANKER

Kurz gesagt, die Travelers Group verfügte über Synergie. Ihre MLM-Vertriebsgruppe stellte das perfekte Vehikel zur Verfügung um Finanzdienstleistungen zu verkaufen. Und Travelers' zahlreiche Tochterunternehmen statteten Primerica mit vielerlei Angeboten für ihre Kunden aus. „Tatsächlich ist einer der Umstände, welcher die Fusion zwischen Citicorp und der Travelers Group vorantrieb," sagt Primericas Geschäftsführer Joseph Plumeri in der 1999er Aprilausgabe von *Network Marketing Lifestyles,* „die Möglichkeit, Finanzdienstleistungen von allen unseren potentiellen Schwesterunternehmen im Querverkauf zu vertreiben."

Nun, da Primerica mit der zweitgrößten Bank der Welt verbunden ist, nimmt Plumeri an, dass seine Agenten schon bald mit Girokonten von Citicorp hausieren gehen könnten. „Ihr persönlicher Finanzanalyst kann zu ihnen nach Hause kommen, ihre Schecks liefern, eine persönliche Finanzanalyse durchführen und ihnen helfen, ihre finanzielle Zukunft zu planen, was jetzt auch den Teil der Bankangelegenheiten abdeckt," erzählte er im Interview mit *American Banker* im November des Jahres 1998. „Und auf einmal haben sie Bankangestellte, die Hausbesuche durchführen."

Genau wie sie auch schon im *Popcorn Report* das Ende des Einzelhandels angekündigt hat, sagt Faith Popcorn in ihrem neuen Buch „*Clicking*" das Ende der Bankgeschäfte voraus, wie wir diese heute noch kennen. „Stellen sie sich eine Bank vor ... in der sie immer einen persönlichen Ansprechpartner haben, der ihren Namen und ihre Bonität kennt . . . ihr 'persönlicher Bankangestellter'" . . . schreibt sie wehmütig. Network-Marketing könnte diesen Traum schon bald auf unerwartete Weise erfüllen – durch Primerica.

EIN MEHRSTUFIGES SYSTEM VON PROVISIONEN

Schon lange vor der Fusion hatten die Analysten der Wall Street von der innovativen Vertriebsmannschaft von Primerica Notiz genommen. Allerdings waren sie mit Network-Marketing so wenig vertraut, dass sie nicht wussten, wie sie es bezeichnen sollten. Sie priesen Primerica's MLM-Pioniere in der technischen, aber fremden Terminologie eines Insektenkundlers an, der eine neue Art von Schmetterling entdeckt hat.

„Standard & Poor's sieht Primerica's Vertriebsgruppe von über 110.000 Partnern ... als seinen Hauptwettbewerbsvorteil," sagt ein typischer S&P Report aus dem Jahr 1997 aus. „Das System ist . . . wenig kostenintensiv . . . trotzdem arbeiten die Agenten unter einem in vielen Bereichen kontrollierten System. Die Vergütung der Agenten wird durch ein mehrstufiges System von Provisionen erweitert, das die Anwerbung von neuen Agenten belohnt und jedem Agenten ermöglicht, sich seine eigene Vertriebsorganisation aufzubauen."

Viele Experten schienen nicht bemerkt zu haben, dass MLM bereits seit Jahrzehnten von vielen verschiedenen Firmen eingesetzt wurde. Ein Beispiel: Als der Marktbeobachter A. M. Best die Bewertung von Primerica im Dezember 1996 von „A-" auf „A" anhob, lautete die Erklärung: „Der Hintergrund dieser Bewertung spiegelt den Fortschritt wieder, den die Firma aufgrund ihres einzigartigen Vertriebssystems verzeichnen konnte." Aber selbstverständlich war Primerica's System alles andere als einzigartig. Es war nur eines von tausenden von MLM-Netzwerken, das die Welt zu diesem Zeitpunkt umspannte.

PRIVATISIERUNG DER MASSEN

Mit Primerica war die Revolution der 4. Welle an die Wall Street gelangt. Oberflächlich betrachtet, sah die Megafusion von Travelers und Citicorp wie ein traditioneller Zusammenschluss unternehmerischer Macht aus – wie ein Schritt zur Größe denn zur Kleinheit. Aber tatsächlich rutschte Citigroup unvermeidlich hin zu einer Privatisierung der Massen. Die Belegschaft wurde 1998 um 6 % gekürzt, 10.400 Menschen wurden entlassen. Und während Citigroup's Lohn- und Gehaltsaufwendungen geringer wurden, wuchs gleichzeitig die Anzahl der

MLM-Partner und erreichte 1999 die stattliche Zahl von 139.000 Personen.

Wie Amerikas Firmen im Allgemeinen, kürzte Citigroup Arbeitsplätze, aber erweiterte das Angebot an unternehmerischen Chancen. Man machte sich selbst die Macht des Schwarmes zunutze. Primerica-Agenten strömten wie ein Schwarm von Vögeln auf den Markt und zielten auf kleine oder unerreichbare Marktnischen, die von klassischen Vermarktern übersehen worden wären. Tausende von Unternehmern, die im Gleichklang handelten, brachten fertig, was die größten Finanzgiganten der Welt niemals allein erreicht hätten.

> Primerica-Agenten strömten wie ein Schwarm von Vögeln auf den Markt und zielten auf kleine oder unerreichbare Marktnischen, die von klassischen Vermarktern übersehen worden wären.

EIN MANN MIT EINER MISSION

Tyrone Taylor ist Teil des Primerica-Schwarms. Für ihn ist die Privatisierung der Masse mehr als nur ein Konzept. Sie hat sein Leben geändert. Primerica ermöglichte Tyrone, vom Abteilungleiter bei Xerox und einem Jahresverdienst von 26.000 Dollar zu einem Unternehmer mit sechstelligem Einkommen zu werden. Heutzutage nutzt er Primerica, um einen Ein-Mann-Feldzug gegen die Armut zu führen. Aufgewachsen auf den erbärmlichen Straßen von Detroit, ist Tyrone's Lebensmission, Wohlstand unter seine schwarzen Mitmenschen zu bringen.

„Meine Downline besteht zu 98 Prozent aus Afroamerikanern," sagt Tyrone. „Das Einzige, was einen armen Menschen von einer reichen Person unterscheidet, ist Wissen. Meine Leidenschaft ist es, dafür zu sorgen, dass möglichst viele Menschen in meiner Gemeinde finanziell unabhängig werden." In der Zwischenzeit hat Tyrone für sich selbst einen ansehnlichen Grad finanzieller Unabhängigkeit aufgebaut. 1998 verdiente er durch seine Downline mehr als 425.000 Dollar.

Die Umstände waren für Tyrone nicht immer so angenehm gewesen. Er wuchs auf der Ostseite von Detroit als Sohn von Eltern der Arbeiterklasse auf. „Es war eine harte Umgebung," erinnert sich Tyrone. Sein Vater war Hausmeister, seine Mutter Hausfrau. Sie versuchten, ein ordentliches Einkommen für ihre Familie zu schaffen. Aber sie wollten, dass ihre zwölf Kinder mehr hatten. „Sie rieten uns immer, einen guten Studienabschluss zu erzielen und eine gute Arbeitsstelle zu finden," sagt Tyrone.

DER SCHMAROTZENDE ARBEITGEBER

Leider ging diese Formel für Tyrone nicht auf. Mit siebenundzwanzig stand er vor einer Sackgasse. Als Abteilungsleiter der Produktion bei Rank Xerox arbeitete Tyrone oft sechs bis sieben Tage pro Woche. Aber die Firmenstruktur bot ihm kaum Möglichkeiten zum Aufstieg. Er begann, sich nach Teilzeitgeschäftsgelegenheiten umzusehen.

Ein Studienkollege stellte Tyrone eine Lebensversicherungsgesellschaft, die A. L. Williams Corporation vor, die im Jahr 1977 vom ehemaligen Footballcoach Arthur L. Williams gegründet worden war. Es war ein Network-Marketing-Unternehmen. Begeistert von der Aussicht, ein passives Einkommen zu erzielen, begann Tyrone sofort, seine Downline aufzubauen. Aber sein Chef ertappte ihn dabei, als er während der Arbeit Visitenkarten aushändigte. „Er wies mich an, entweder das A. L. Williams-Geschäft aufzugeben, oder zu gehen," erinnert sich Tyrone. „Ich war geschockt. Ich fühlte mich wie im Gefängnis, wie ein Sklave der amerikanischen Wirtschaft."

Tyrone versprach, die Anwerbung während der Arbeitszeit zu unterlassen, aber nebenher ging er weiterhin seinem Geschäftsaufbau nach. Nach sechs Monaten verdiente Tyrone genug, um seine Arbeit bei Xerox aufzugeben. Nach zwei Jahren hatte er ein sechsstelliges Einkommen erreicht. „Ich musste hart dafür arbeiten," erinnert sich Tyrone, „aber ich empfand für das, was ich tat, eine tiefe Leidenschaft."

BLITZSAUBER

Seit seinem Einstieg im Jahr 1985, sah Tyrone, wie das Unternehmen verschiedenen Änderungen unterzogen wurde. 1998 wurde die A. L. Williams Corporation von Primerica übernommen, die '94 von der Travelers Group Inc. und schließlich 1998 von Citigroup geschluckt wurde. Die Unternehmenskultur wandelte sich mit den Inhabern. „Ich denke, nichts geschieht grundlos," sagt Tyrone nachdenklich.

„Art Williams war zu seiner Zeit hervorragend. Er gründete die Firma und brachte die Dinge ins Laufen. Aber als es in die 90er ging, brauchten wir einen Visionär, der uns helfen konnte, professioneller zu werden und der uns ein Erfolgssystem an die Hand geben konnte."

Dieser Visionär sollte Joseph J. Plumeri sein, ein Vorstandsmitglied von Travelers, der 1994 zum Geschäftsführer von Primerica ernannt wurde. Eine von Plumeri's ersten Handlungen war es, die Vertriebsmannschaft zu disziplinieren und die strikte Übereinstimmung mit den gesetzlichen Vorschriften durchzusetzen. Prüfer durchleuchteten jeden einzelnen Agenten. Denjenigen, die ihre Methoden nicht verbessern wollten, wurde der Vertrag gekündigt. Das Ergebnis ist eine blitzsaubere Truppe – im Gegensatz zu ihren konventionellen Wettbewerbern. In Zeiten, in denen die Versicherungsbranche unter rechtlichen und regulatorischen Maßnahmen leidet, bekommt Primerica nichts von der „Zermürbung" mit, schreibt das Branchenmagazin *Best's Review* im Februar 1997. Es lobte Primerica als ein „Vorbild für seine prozessgeplagten Konkurrenten."

SCHLÜSSELFERTIGE SYSTEME

Plumeri errichtete als nächstes schlüsselfertige Systeme, die das Primerica-Geschäft standardisieren und vereinfachen. Eines davon war die PFS-Universität, ein Trainingsprogramm für Neueinsteiger. Tyrone verlor bis zu 80 % seiner Neulinge aufgrund ihrer nichtbestandenen Prüfung zum Versicherungsagenten. Jetzt, da die PFS-Universität Tyrone's Einsteiger vor der Prüfung betreut, ist die Erfolgsquote auf nahezu 45 Prozent angestiegen.

Noch hilfreicher war ein Verkaufswerkzeug, das Finanzielle Bedarfsanalyse (FBA) genannt wurde. Die Primerica-Agenten lassen ihre Interessenten jetzt als ersten Schritt im Verkaufsprozess einen FBA-Fragebogen ausfüllen – eine breite Übersicht über die Finanzen ihres Interessenten. Diese Zahlen nehmen die Agenten mit nach Hause und lassen sie durch ein Computerprogramm laufen, welches sofort aufdeckt, wo die finanziellen Lücken des Interessenten liegen.

EIN SCHLAG INS GESICHT

„Es ist wie ein Schlag ins Gesicht," erklärt Mark Supic, der bei Primerica für die Öffentlichkeitsarbeit zuständig ist. Beim nächsten Mal, wenn sich die Agenten mit den Interessenten treffen, kommen sie mit Fakten. Sie zeigen dem Interessenten die Löcher in seiner Finanzplanung

– die Unzulänglichkeit seines derzeitigen Einkommens, um sich das Traumhaus, das Studium für die Kinder oder die gewünschte komfortable Pensionierung leisten zu können. „Wenn sie diese Lücke einmal erkannt haben," sagt Tyrone, „sind die meisten Menschen von sich aus bereit, die nötigen Schritte zu unternehmen."

Diese Schritte können der Abschluss einer Lebensversicherung sein, eine Investition in Aktienfonds oder öffentliche Anleihen – alles von Primerica erhältlich. Oder sie möchten sogar der Downline des Verkäufers beitreten – als Agent für Primerica. „Wenn die Person die richtige zu sein scheint," sagt Tyrone, „schlagen Sie ihm vor, dass eine Methode, diese Einkommenslücke zu schließen, der Einstieg ins Primerica-Geschäft sein könnte."

Von einer Person zur anderen

Das Primerica-Programm verbreitet sich in einer Gemeinde, von einer Person zur anderen, durch eine endlose Kette von persönlichen Empfehlungen – zwischen Freunden, Nachbarn, Verwandten und Geschäftspartnern. Es bringt die gesamte Palette der Citigroup-Dienstleistungen direkt in den Kokon – dem heiligen Schutzgebiet von Heim, Kirche und der Familie anderer Menschen.

Primerica hat seine Mundpropaganda-Strategie genutzt, um die Arbeiter- und Mittelklassefamilien zu erreichen, die von den meisten Versicherern verachtet werden. „Zu viele Menschen in diesem Geschäft haben mir gesagt, 'Oh, wir können es uns nicht leisten, an jemanden zu verkaufen, der weniger als 100.000 Dollar im Jahr verdient'," schreibt der Managementautor Edward Keenan in der 96er Septemberausgabe des Newsletters für Lebensversicherungen, *Probe*. „Primerica ... hat einen ordentlichen Batzen verdient, indem sie an Leute verkauften, die wir vernachlässigt haben."

Zurück zu den Wurzeln

Eine dieser vernachlässigten Gruppen waren die Afroamerikaner, die etwa 20 Prozent von Primerica's Top-Führungskräften ausmachen.

„Die Menschen in meiner Umgebung werden von Primerica richtig begeistert," sagt Tyrone. „Die meisten von ihnen haben nicht viel Geld. Sie wollen wissen, wie sie sich von ihren wirtschaftlichen Fesseln lösen können." Tyrone, seine Frau Carolyn und ihre Tochter Camille leben jetzt in einem mehrere Millionen Dollar teuren Haus im exclusiven

Franklin, einem Vorort von Detroit. Aber er hat nicht vergessen, woher er kommt. Tyrone's Geschäft zieht ihn immer und immer wieder in seine alte Nachbarschaft von Ost-Detroit zurück.

„Ich spreche in Kirchen und an vielen verschiedenen Orten, an denen sich Afroamerikaner versammeln," sagt er. „In meiner alten Nachbarschaft finden sie eine Menge Banken und Kreditgesellschaften, aber keine Finanzmakler. Kinder wachsen auf, sehen ihre Eltern 30 Jahre lang arbeiten, zur Bank gehen und nichts ansparen, also treten sie in ihre Fußstapfen. Kein Mensch bringt ihnen bei, in eine Sparanlage zu investieren. Es begeistert mich ganz einfach, in der Lage zu sein, die Smith Barney Fonds in meine Nachbarschaft zu bringen."

Wie bei allen Network-Marketing-Firmen, hat auch Primerica's Fähigkeit, Kunden in Verkäufer zu wandeln, das Unternehmen dazu befähigt, tief in Märkte vorzudringen, die anderweitig verschlossen geblieben wären.

Wie bei allen Network-Marketing-Firmen, hat auch Primerica's Fähigkeit, Kunden in Verkäufer zu wandeln, das Unternehmen dazu befähigt, tief in Märkte vorzudringen, die anderweitig verschlossen geblieben wären.

KEIN GELÄCHTER MEHR

Als Arthur L. Williams seine MLM-Lebensversicherungsgesellschaft 1977 ins Leben rief, lachte die Branche. Ein ehemaliger Footballcoach, der eine Freizeitarmee von Lasterfahrern, Verkehrspolizisten, Lehrern und Fabrikarbeitern anführte, schien kaum eine Bedrohung darzustellen. Aber heutzutage lacht niemand mehr. Die Macht des Schwarms hat jeden Spott überdauert. Ein Jahrzehnt nach seinem Ruhestand im Jahr 1990, hält A. L. Williams's Vision an, die Geschäftswelt zu erschüttern. Heute, wo wir an der Schwelle zum großen Knall stehen – der Explosion der Wirtschaft in Millionen kleiner Unternehmen – scheint Williams's Vorausschau nicht an Gültigkeit verloren zu haben.

KAPITEL 13

Der McDonald's Effekt

Erich und Helga Kastls Leben war zu einem Alptraum geworden. Vor kurzer Zeit waren die beiden noch ganz oben gewesen. Als Inhaber einer mittelständischen Autovermietung mit bundesweiten Filialen betrug ihr Bilanzvolumen bis zu 36 Millionen Mark pro Jahr. Man war es gewohnt, über ein sattes fünfstelliges Einkommen zu verfügen. Und es war für sie selbstverständlich, dass das auch künftig immer so sein würde.

Dem war jedoch nicht so. Anfang der neunziger Jahre mussten die beiden schwere Niederschläge hinnehmen. Das Autovermietungsgeschäft durchschritt aufgrund von Preisverfall und Konkurrenzdruck eine Talsohle. „Ich erkannte, dass mein Geschäft auf das äußerste gefährdet war", erinnert sich Erich Kastl. Sowohl die Versicherungsunternehmen, als auch die Geschäftskunden ließen sich mit dem Bezahlen der Rechnungen plötzlich Zeit. Er beschäftigte über hundert Mitarbeiter, die alle auf ihren Scheck warteten. Es kam jedoch nicht genug Geld herein, um alle zu befriedigen. Erich Kastl fing an, Vermögensgegenstände zu versilbern. „Damals war es so, dass er für die Angestellten arbeitete, statt umgekehrt", macht Helga Kastl deutlich. „Er veräußerte sein Vermögen, für ihn selbst blieb jedoch nichts übrig. Nach zwanzig Arbeitsjahren wuchs in Erich die Furcht, niemals in Rente gehen zu können."

Der Mythos vom freien Unternehmertum

Erich Kastl erlag, wie viele Hunderttausend andere auch, dem Trugschluss, dass man der täglichen Tretmühle nur als freier Unternehmer entrinnen kann. Michael Gerber ist Berater kleiner Unternehmen und er erklärt, dass dieser Traum von der großen Freiheit, die man als freier Unternehmer genießt, nur ein Wunschtraum ist.

Bis man die Wahrheit erkennt, können viele Jahre vergehen. Sie trifft einen dann jedoch besonders hart. „Ganz plötzlich", so Gerber in seinem Buch ´The E-Myth`, „wird den Menschen klar, dass sie in eine Sackgasse geraten sind. Es geht hier nicht um ein Geschäft, das man besitzt, sondern um einen Arbeitsplatz. Und schlimmer noch, es ist der schlechteste Arbeitsplatz, den man sich vorstellen kann. Hier gibt es keinen bezahlten Urlaub. Die Arbeit frisst dich auf, an sieben Tagen in der Woche, vierundzwanzig Stunden täglich."

Arbeitskräfte einzustellen ist nicht die Lösung. Niemand scheint gut genug, die Verantwortung komplett zu übernehmen. Man schaut jedem über die Schulter, ob er auch alles richtig macht und schreitet täglich ein, um das Schlimmste zu verhindern. Und letztendlich muss man sich eingestehen, dass man diesem Geschäft sein Leben, seine Familie, seinen Seelenfrieden und seine Gesundheit geopfert hat. Und was bekommt man dafür? Die Arbeitnehmer streichen einen größeren Teil des Gewinnes ein, als man selbst.

DIE SCHLÜSSELFERTIGE LÖSUNG

Gibt es denn wirklich keinen Ausweg aus dieser Tretmühle? „Doch", sagt Gerber. Für alle, die das Geheimnis kennen, gibt es eine Lösung. Sie besteht in einer Geschäftsmöglichkeit, von der die meisten kaum etwas wissen. „Eine revolutionäre Bewegung hat ihren Anfang genommen", macht Gerber klar. „Es handelt sich um eine Revolution, der eine Kernbedeutung zukommt. Sie wirkt sich nicht nur darauf aus, wie in diesem Land Geschäfte abgewickelt werden, sondern auch darauf, wer ein Geschäft beginnt, wie er es abwickelt und wie seine Erfolgschancen stehen."

Wenn man ein neues Auto kauft, dann sollte man nicht unter der Haube herumbasteln müssen. Man sollte einfach den Schlüssel umdrehen und starten können. Darin liegt die Bedeutung des Wortes „schlüsselfertig". Im Geschäftsleben versinnbildlicht es ein so hervorragend entwickeltes System, an dem man nicht herumbasteln oder nach Versuch und Irrtum vorgehen muss. Einfach nur den Schlüssel umdrehen und das Geld beginnt zu fließen. Für die kommenden Jahre sagt Gerber eine zunehmende Zahl freier Unternehmer, die ein schlüsselfertiges Geschäft betreiben, voraus. Diese Menschen werden ihren Erfolg einer Sache verdanken, die Gerber als den „McDonalds-Effekt“ bezeichnet.

HAMBURGER VOM FLIESSBAND

Das Phänomen geht auf die Gebrüder Maurice und Richard Mc-Donalds zurück und trägt infolgedessen deren Namen. 1948 erfanden die beiden eine neue Variante des Fast Food. Ihr Drive-In Hamburger-Restaurant in San Bernardino (Kalifornien) lief wie ein Fließband. Die Speisekarte war abgespeckt, es gab nur Hamburger, Shakes und Pommes Frites. Aufgrund standardisierter Abläufe konnten sie alle Bestellungen in Sekundenschnelle bearbeiten. Die Kunden strömten in Scharen in ihr Restaurant, dem die beiden ihren eigenen Namen gegeben hatten: McDonald´s.

> **Darin liegt die Bedeutung des Wortes „schlüsselfertig“: Im Geschäftsleben versinnbildlicht es ein so hervorragend entwickeltes System, an dem man nicht herumbasteln oder nach Versuch und Irrtum vorgehen muss**

Im Jahr 1954 betrat ein Vertreter für Maschinen, mit denen man Milchshakes zuzubereiten konnte, das Restaurant. Seine Name war Ray Kroc. Er war von dem, was er sah, tief beeindruckt und schloss mit den beiden Brüdern ein Geschäft ab. Er wandelte deren Konzept in ein Franchisesystem. Kroc erklärte sich bereit, eine McDonalds-Franchise zum Preis von 950 Dollar zu verkaufen. Nach der Inbetriebnahme des Restaurants waren 1,9% des Brutto-Umsatzes an Kroc zu zahlen, wobei ein Viertel diesen Geldes an die Brüder McDonald ging. Krocs Deal ging in die Geschichte ein. Heute gibt es weltweit mehr als 24.500 McDonalds Restaurants, die weltweit einen Umsatz von 36 Milliarden US-Dollar erwirtschaften.

NARRENSICHER

Manch einer denkt vielleicht, dass es die Genialität der Brüder McDonalds gewesen sei, auf die der außerordentliche Erfolg der Restaurantkette zurückgehe. Aber davon kann keine Rede sein. Das ursprüngliche Restaurant in San

Bernardino war ein ertragssicheres Geschäft, jedoch keines, das schlüsselfertig war. Und nur eine schlüsselfertige Geschäftsmöglichkeit kann wieder und wieder zum Erfolg führen, Tag für Tag, weltweit insgesamt 24.500mal. Es war Ray Kroc, der dies ermöglichte. Er hat das McDonalds Konzept in eine ertragssichere Franchise gepackt. Ein Prozess, der nicht zu bremsen war und dem Gerber den Namen „McDonalds-Effekt" gegeben hat.

Nach dem der Vertrag mit den Brüdern McDonalds abgeschlossen war, begann Kroc die Abläufe im Restaurant zu studieren und aufzuzeichnen. Das betraf jeden einzelnen Schritt der Herstellung und Bedienung. Er eröffnete einen Prototyp der zukünftigen Restaurants in Chicago, denn er wollte herausfinden, ob der Erfolg der Brüder McDonalds wirklich duplizierbar war. Die Sache war ziemlich entmutigend. Durch rein mechanisches Imitieren ließ sich der Erfolg der beiden Brüder nicht duplizieren. Bevor Kroc seine Franchise vermarkten konnte, musste er sie noch narrensicher machen. Er musste jedes auch noch so winzige erkennbare Problem ausmerzen und Möglichkeiten vorsehen, um das Auftreten dieses Problems zu verhindern. Zum Zeitpunkt der Vollendung des Systems hatte Kroc das Konzept von Grund auf neu durchdacht. Es war eine undankbare Aufgabe. Aber dadurch, dass Kroc von vornherein alles durchdacht hatte, was das Geschäft betraf, musste keiner der Franchise-Nehmer das Geschäft neu erfinden. Sie mussten Kroc lediglich die Gebühr in Höhe von 950 Dollar bezahlen. Danach konnten Sie ihren Platz hinter dem Steuer einnehmen und den Schlüssel umdrehen.

VON PERFEKTION BESESSEN

Kroc war wie besessen. Er verlangte Perfektion bis ins kleinste Detail. Als erstmalig Pommes Frites hergestellt wurden, die matschig und fade waren, leitete er eine minutiöse Untersuchung ein. Dabei wurde letztendlich festgestellt, dass die Kartoffeln der Brüder McDonalds in Drahtkörben im Freien gelagert wurden und deshalb durch den Wüstenwind austrockneten. Das machte sie so unvergleichlich knusprig. Kroc installierte im Keller des Restaurants ein Belüftungssystem, durch das die Kartoffeln mit Hilfe eines elektrischen Ventilators behandelt wurden. Kroc perfektionierte in seinem Prototyp-Restaurant jede Kleinigkeit. Er drillte seinen Manager Ed MacLuckie, wie man Soldaten auf dem Kasernenhof drillt. „Manchmal vergaß Ed mit Einbruch der Dämmerung die Außenbeleuchtung anzustellen, und das brachte mich total in Rage“, erinnert sich Kroc in seiner Autobiographie. „Oder manchmal lag irgendwo etwas Abfall und Ed sagte, dass er keine Zeit gehabt habe, ihn aufzuheben. Die meisten Menschen hätten davon gar keine Notiz genommen, aber mir stach so etwas ins Auge. Für mich war das ein grober Affront. Ich fing dann an, zu brüllen wie ein Verrückter und Ed musste es einstecken..... Perfektion ist keine einfache Sache, aber genau diese wollte ich in allen McDonalds Restaurants erreichen. Alles andere war zweitrangig.“

MEHR ALS EINE FRANCHISE

Die Besessenheit Ray Krocs irritierte die Angestellten, die seine scharfe Zunge kennen lernen mussten. Für die Franchise-Nehmer führte dies jedoch zum Erfolg. Für die Entrichtung der Lizenzgebühr und des Abführens einer Umsatzbeteiligung erhalten die Besitzer der McDonalds Restaurants heute ein bewährtes System, einen bekannten Markennamen, und sie nutznießen außerdem von den hocheffizienten Werbemaßnahmen eines Multi-Milliarden-Unternehmens. Kroc hat mehr getan, als nur ein Franchise-Konzept zu entwickeln. Er hat diese Technik sozusagen wissenschaftlich erforscht. Nach Angaben der International Franchise Association basieren etwa 50% aller Einzelhandelsgeschäfte in den USA auf dem von Kroc entwickelten Franchise-Konzept.

> Mit Hilfe schlüsselfertiger Systeme wird McDonald's-ähnliche, tausendfache Duplikation möglich. Und das auch in Branchen, die nicht dem Franchise-System zuzurechnen sind.

Mit Beginn des einundzwanzigsten Jahrhunderts wirkt der McDonalds-Effekt weit über die Grenzen des traditionellen Franchising hinaus. Mit Hilfe schlüsselfertiger Systeme wird McDonald´s-ähnliche, tausendfache Duplikation möglich. Und das auch in Branchen, die nicht dem Franchise-System zuzurechnen sind. Geschäftspartner im Network Marketing können zum Beispiel ebenso von bewährten Systemen und großen Handelsmarken profitieren. Sie duplizieren sich sogar noch schneller. Internet-Seiten mit Links zu Partnerprogrammen schreiten im e-Commerce oft nochmals schneller voran. Wir befinden uns bereits in der revolutionären Phase der schlüsselfertigen Lösungen. Diese Möglichkeit hat sich gerade noch rechtzeitig aufgetan. Traditionelle Arbeitsplätze werden wegrationalisiert, Möchtegern-Unternehmer verschätzen sich im Mythos der unternehmerischen Freiheit. Schlüsselfertige Lösungen stellen hier eine mehr als realistische Alternative dar.

Der Ausweg

„Dadurch, dass sich die Unternehmen verkleinern, unterliegt heute die gesamte Wirtschaft einem fundamentalen Wandel. Nichts ist mehr, wie es früher war", meint Michael Gerber. „Es kann natürlich nicht sein, dass sechs Milliarden Menschen jetzt auf die Straße gehen und Bleistifte verkaufen. Diese Menschen brauchen ein System, ein Rahmenwerk, einen Zusammenhang." Gerber sagt voraus, dass schlüsselfertige Geschäftsideen wie Franchising, Multilevel Marketing und Internet-Partnerprogramme das Potential haben werden, um den Übergang von einer arbeitsplatzorientierten Wirtschaftsform zu einer Wirtschaftsform, die auf Massenprivatisierung und Selbständigkeit aufbaut, zu ermöglichen.

Gerbers Unternehmensberatung zeigt Kleinunternehmern Wege auf, wie sie – ähnlich wie Ray Kroc – Abläufe straffen, standardisieren und in schlüsselfertige Systeme integrieren können, die dann verkauft oder als Franchise vergeben werden können. Tatsache ist jedoch, dass es mehr potentielle Franchise-Nehmer als Ray Krocs gibt. Die meisten Menschen übernehmen lieber ein schlüsselfertiges System, als ein solches von Grund auf selbst zu entwickeln.

Als Helga und Erich ihre Karriere gefährdet sahen, standen sie vor der genau gleichen Wahl. Beide waren erfahrene und gut ausgebildete Manager. Und beide hätten von Grund auf ein neues Unternehmen aufbauen und wie im Schlaf leiten können. Sie waren also potentielle Ray Krocs. Beide hatten die Tretmühle mehr als satt. Sie wollten die Welt nicht weiterhin erobern. Sie suchten einen Weg, der ihnen andere Möglichkeiten bot. Die Revolution schlüsselfertiger Lösungen würde ihnen diesen Ausweg bieten, und zwar in einem Ausmaß, das sie in totales Erstaunen versetzen sollte.

KAPITEL 14

Das virtuelle Unternehmen

„Jahre lang haben Erich und ich uns kaum gesehen," erinnert sich Helga Kastl. Nicht nur, dass beide häufig 70 - 80 Stunden pro Woche arbeiteten, Erich Kastl musste auch hunderttausende von Autokilometern zurücklegen, um die Filialen zu betreuen. Oft kam er auch an den Wochenenden nicht nach Hause. Als ihr Unternehmen zuerst einem Vergleichs- und kurz darauf einem Anschlußkonkursverfahren unterlag, waren die beiden zuerst wie gelähmt. Ihr gesamtes Privatvermögen, das sie in jahrelanger Arbeit aufgebaut hatten, war praktisch über Nacht dem Konkurs zum Opfer gefallen.

Im Jahr 1994 hatte Erich Kastl dann auf eine Kleinanzeige reagiert, die eine Einkommensmöglichkeit von 500.000.- Mark und mehr pro Jahr versprach. Obwohl er und seine Frau keine klare Vorstellung davon hatte, was sie als nächstes tun wollten, waren sie sich in fünf Punkten schlüssig: Erstens wollten sie ein Geschäft, dass sie zusammen als Partner aufbauen konnten; zweitens wollten sie in einer Wachstumsbranche tätig sein, die ein großes Zuwachspotential bot; drittens wollten sie nie wieder auch nur einen einzigen Menschen anstellen müssen; viertens wollten sie nicht viel Geld investieren und fünftens wollten sie ein passives Einkommen aufbauen. „Wir konnten keinesfalls irgendwelche Investitionen tätigen," sagt Helga Kastl. „Wir waren bereit, fünf oder sechs Jahre lang hart zu arbeiten, um ein Geschäft aus eigener Kraft aufzubauen. Aber danach sollte es uns ein passives Einkommen erbringen." Kurz gesagt, sie hatten sich nahezu unerreichbare Ziele gesetzt.

FLEISSARBEIT

Helga und Erich brauchten nicht lange, um festzustellen, dass die üblichen Geschäftsmöglichkeiten wenig Hoffnung boten, ihren Plan durchzuführen. Um ein passives Einkommen zu erzielen, würden sie aufgrund anderer Menschen Leistung bezahlt werden müssen. Und das bedeutete wiederum, eine Menge Menschen anzustellen - was sie sich geschworen hatten, nicht zu tun - oder ein bestehendes Geschäft zu kaufen, was wiederum bedeutet hätte, eine Menge Geld investieren zu müssen. „Die letzte übriggebliebene Möglichkeit war Network Marketing," sagt Helga. „Wir waren nicht gerade begeistert, als wir zu diesem Schluß kamen."

Denn die einzigen Erfahrungen, die Erich über Network Marketing gesammelt hatte, machte er im Alter von 18 Jahren. Damals überredete ihn ein Bekannter, sich zu überzogenen Preisen auf Kredit mit einem 40-Jahres-Vorrat einer Seifenlauge einzudecken, die Erich vermutlich ohne einen „glücklichen Zufall" nie verkauft hätte: Durch einen Auffahrunfall wurden 25 Liter Seifenkonzentrat zum Unfallschaden, die Versicherung übernahm die Kosten. Erich und Helga sagen: „Wir wussten nicht viel über Network Marketing, aber was wir sicher zu wissen glaubten war, dass es eine üble Sache sein müsse."

Wie viele konventionelle Geschäftsleute, hatten Helga und Erich Kastl ihre Meinung über MLM in erster Linie durch unobjektive Darstellungen in den Medien geformt. Jetzt fühlten sie sich allerdings verpflichtet, die Branche objektiv zu erforschen. „Als unsere Erkundigungen beendet waren, hatten wir erkannt, das es sich um ein lebensfähiges Konzept handelte und dass die Rechnung aufgehen würde," sagt Erich Kastl. „Wenn man bei einer Firma einstieg, die die gesetzlichen Richtlinien beachtete und ein Produkt anbot, mit dem man sich wohlfühlen konnte, dann hatte man die Möglichkeit, eine Menge Geld mit einem Team anderer Menschen zu verdienen."

DIE MLM-ODYSSEE

Erich Kastl verbrachte die ersten zehn Monate mit einem MLM-Unternehmen, bei dem er jedoch nicht glücklich wurde. Der Geist, der in dieser Firma vorherrschte, entsprach nicht seiner Persönlichkeit. Aber er wusste, dass es möglich wäre, mit diesem Konzept ein mächtiges Einkommen aufzubauen, wenn man das richtige Unternehmen als Partner hatte. Also begann er, gezielt nach einer Firma zu suchen, die seinen Vorstellungen einer möglichst perfekten Gelegenheit entsprach. Dabei besuchte er auch den Hauptsitz verschiedener Firmen. „Erich machte immer Scherze darüber, dass wir eine Menge netter Menschen trafen, von denen die meisten aber leider keine Ahnung hatten, wie man ein Unternehmen führt,“ sagt Helga Kastl. Immer wieder trafen sie auf Firmen, die ihre Produkte erfolgreich verkauften, aber völlig unfähig waren, mit ihrem eigenen Wachstum umzugehen. „Ihr eigener Erfolg würde sie umbringen,“ sagt Helga Kastl, „weil sie keine Hintergrundarbeit leisteten. Sie hatten kein Kapital, um ein Warenlager aufzubauen. Sie konnten die Verkäufe nicht überblicken. Wenn der Zeitpunkt der Provisionszahlungen nahte, waren sie weg vom Fenster.“

Erich und Helga Kastl waren auch von den meisten Produkten abgeschreckt. Viele Firmen schienen Produkte anzubieten, die kaum verkäuflich waren. Helga Kastl war der Gedanke zuwider, Menschen zu bitten, Produkte zu kaufen, die keine aussergewöhnlichen Eigenschaften hatten, aber oftmals weitaus teurer als das Pendant im Handel waren. In einigen Fällen arbeiteten die Firmen noch mit Methoden aus der Zeit vor der 3. Welle - sie verlangten von ihren Vertriebspartnern hohe Einstiegssummen und das Führen eines eigenen Warenlagers. Erich und Helga konnten sich nicht vorstellen, ihre gut betuchten Freunde aus der Vorstandsebene dazu zu überreden, ihre Garagen mit Diätprodukten zu füllen. „Nach einer Reise, bei der wir uns wieder eine Firma angesehen hatten,“ erinnert sich Helga Kastl, „sagte ich Erich, dass ich nirgends einstiege, wenn das Unternehmen nicht bereits auf soliden Beinen stünde und ein seriöses Geschäftsgebaren an den Tag legte.“

DIE NEUE GRENZE

Was Erich und Helga noch nicht bewusst war - das Objekt ihrer Suche entwickelte sich gerade vor ihren Augen. Das Unternehmen Forever Living Products - ein Hersteller von Gesundheitsprodukten auf Basis der seit Jahrtausenden bekannten Heilpflanze Aloe Vera eröffnete gerade den deutschen Markt. Obwohl das Unterstützungsystem in Deutschland noch sehr begrenzt war (nur englischsprachige Produktunterlagen, keine erfahrenen Partner vor Ort, u.ä.) ergriff Erich Kastl die Gelegenheit beim Schopf. Er begann, die ersten Produkte zu bestellen und einigen Freunden die Geschäftsgelegenheit vorzustellen - noch argwöhnisch beobachtet von einer etwas skeptischen Helga Kastl. Deren Vertrauen durch seine ersten Provisionszahlungen - 48,60 DM bzw. knapp 800 DM - nicht unbedingt stieg.

Eine innovative Strategie

Rex Maugham, ein amerikanischer Vollblutunternehmer, hatte bereits im Immobiliengewerbe ein ansehnliches Vermögen aufgebaut, bis er im Jahr 1978 das Unternehmen Forever Living Products gründete. Drei Produkte auf Basis der Aloe-Pflanze waren der Start. Rex Maugham berichtet: „Als ich in meinen Zeiten als Immobilienmakler Network Marketing kennenlernte, erkannte ich, dass ich hierin meine Leidenschaft gefunden hatte. Die Möglichkeit, anderen Menschen zeigen zu können, wie man sich ohne Risiko ein eigenes Geschäft aufbaut, dass ein praktisch unbegrenztes Verdienstpotential bietet, begeisterte mich derart, dass ich der Immobilienbranche den Rücken kehrte und mich auf die Gründung einer eigenen Network Marketing-Firma konzentrierte."

Ein Geschäft des einundzwanzigsten Jahrhunderts

In seinen Nachforschungen hatte Erich Kastl die Gesundheitsbranche bereits als einen Wachstumsmarkt erkannt. Der Branche wurden von Ärzten und Fachzeitschriften Milliardenumsätze in dreistelliger Höhe vorausgesagt. „Erich erkannte, dass es die Branche des Jahrtausends sein würde," sagt Helga. „Außerdem hatte diese Branche in den letzten Jahren nicht ein rückläufiges Quartal."

Duplizierbarkeit

Erich und Helga Kastl gewannen leicht Kunden für ihre Aloe-Produkte, aber Partner für ihre Downline zu gewinnen, war eine andere Sache. „Es gab nicht viele Menschen, die das tun wollten, was wir taten," gibt Helga zu. „Daher konnten wir anfänglich keine große Vertriebsgruppe aufbauen." Das Unternehmen bot noch kein schlüsselfertiges System. Alles war zu Beginn von Helga´s und Erich's persönlicher Überzeugungskraft abhängig. Obwohl die beiden viele begeisterte Kunden für ihre Aloe Vera-Produktlinie fanden, bot das Geschäft zunächst wenig Hoffnung auf eine Hebelwirkung durch andere Menschen - der grundlegenden Bedingung für ein passives Einkommen.

Was sie brauchten, war ein duplizierbares Geschäft - das immer und immer wieder von Menschen unterschiedlichster Herkunft nachgebildet werden konnte. Und das bedeutete, dass es einfach sein musste.

Ausgedehnte Forschungen

„Es war eher amüsant," erinnert sich Helga. Als sie 1995 nach Frankfurt gefahren waren, stellten sie fest, dass die deutsche Repräsentanz des mittlerweile zu einem Milliardenkonzern herangewachsenenen Unternehmens Forever Living Products aus zwei Angestellten, ein paar Schreibtischen, jedoch über hundert Stühlen bestand. Die Verkaufsunterlangen, die von den Vertriebspartnern eingesetzt wurden, waren Kopien der Kopie einer Kopie. Trotzdem waren Helga und Erich Kastl beeindruckt. Auch wenn es unbeholfen wirkte - das Geschäft schien grundsätzlich duplizierbar. Jeder würde es tun können. Es sollte sich zeigen, dass die hundert Stühle bald nicht mehr ausreichen würden, um jedem Präsentationsgast eine Sitzgelegenheit zu bieten.

Sie erkannten, dass sie Unterstützung für ihre Vertriebspartner anbieten mussten. Ein organisiertes Schulungssystem, aussagefähige Verkaufsunterlagen - vor allem aber ein schlüsselfertiges Arbeitssystem, mit dem jeder Mensch in dieser Geschäftsgelegenheit erfolgreich werden konnte. Unter dieser Bedingung, wurde ihnen klar, könnte dieses kleine Frankfurter Auslieferungslager in der seltsamen neuen Welt der schlüsselfertigen Geschäfte genau die Sache sein, nach der sie Ausschau gehalten hatten.

Halten Sie es einfach

„Wir überdachten nochmals all die Gründe, warum wir ins Network Marketing eingestiegen waren," erinnert sich Helga Kastl, „und der größte Vorteil war es, keine Investitionen tätigen und keine Angestellten haben zu müssen." Warum nicht Forever Living Products all den Ärger mit der Geschäftsführung übernehmen lassen? Warum nicht dieses Unternehmen die Preise mit den Anbietern aushandeln und die Kämpfe mit den Rechnungen austragen lassen? Indem sie der Firma diese Verantwortlichkeiten überließen, würden Erich und Helga frei sein, um all ihre Aufmerksamkeit auf den Aufbau einer Downline zu konzentrieren. Sie würden ihr FLP-Geschäft so groß aufbauen, wie sie wollten, ohne auch nur ein einziges Büro anzumieten oder einen einzigen Mitarbeiter anzustellen. In Wirklichkeit würden sie ein virtuelles Unternehmen gründen - eine Multimillionen-DM-Firma, die nirgendwo sonst existierte, als in der komplizierten Kette von Provisionszusammenhängen, die in FLP's Computer gespeichert wären. Genau das war es, wovon sie geträumt hatten. Im Dezember 1995 gingen Helga und Erich Kastl an die Arbeit.

„Wir erstellten Listen von Menschen, die wir kannten und begannen, Partner zu werben," sagt Helga. „Es war anders als früher. Jetzt brauchten wir keine Menschen mehr, die ein hohes technisches Wissen oder besondere Verkaufskenntnisse hatten. Wir fanden viele Menschen, die einfach mehr Geld verdienen wollten. Und wir hielten nach Menschen Ausschau, die viele andere Menschen kannten, so dass wir Empfehlungen erhalten konnten." Erich´s und Helga´s Downline wuchs rapide. Nach nur einem Jahr hatten sie bereits ein stabiles Einkommen in fünfstelliger Höhe aufgebaut.

Wie Phönix aus der Asche

Die Vergangenheit bestimmt nicht unsere Zukunft. Der finanzielle Ruin der Kastls war nach Aussagen von Experten unmöglich aufzufangen. Erich hätte einen Schuldenberg in Höhe von 7 Millionen deutscher Mark mit ins Grab genommen.

Doch der Konkurs traf die Kastls weniger hart als ursprünglich zu erwarten war. Das Jahr 2000, ihr fünftes Geschäftsjahr, schlossen die Kastls mit Provisionseinnahmen von über 2,1 Millionen Mark ab. „Wir fingen eigentlich mit diesem Geschäft an, um wieder ein einigermaßen normales Einkommen zu erzielen und unserer Tochter eine solide Ausbildung bieten zu können," sagt Helga. „Wir hatten keine Ahnung, was sich daraus entwickeln würde."

Heute ist Erich Kastl von seinem gesamten Schuldenberg befreit und wieder „kreditkartenwürdig", wie er lächelnd betont.

Die fünf Jahre mit Forever Living Products sichern den Kastls bereits ein passives Einkommen in sechsstelliger Höhe. Im Alter von 50 und 49 Jahren bauen die beiden weiterhin ihr Geschäft auf, obwohl sie es nicht länger müssten. Nach nur eineinhalb Jahren erreichten sie mit FLP ihren vorherigen Lebensstil. Allerdings ist das Einkommen diesmal ein passives. Es fließt immer weiter, ob sie sich nun entscheiden zu arbeiten oder nicht. „Dieses Geschäft lässt uns für den Rest unseres Lebens finanzielle Sicherheit genießen," sagen die beiden, „und vermutlich nach uns auch noch unserer Tochter Stephanie." Erich ist sich seiner Sache so sicher, dass er es als erfahrener Geschäftsmann nicht einmal für nötig befand, die gepfändeten Lebensversicherungen zu erneuern.

DER SCHLÜSSELFERTIGE LEBENSSTIL

FLP erweitert seine Produktlinien ständig, um den Trends der 4.Welle gerecht zu werden. Derzeit wird den Vertriebspartnern ein Internetsystem zur Mitarbeiter- und Kundengewinnung geboten, das es ermöglicht, viel Zeit zu sparen, die bisher für langwierige Erklärungen verbraucht wurde.

> Nach nur vier Jahren erreichten Helga und Erich mit FLP ihr vorheriges fünfstelliges Einkommen. Allerdings ist das Einkommen diesmal ein passives. Es floss immer weiter, ob sie sich nun entschieden zu arbeiten oder nicht.

Erich und Helga Kastl sind heute glücklich, dass sie sich für die schlüsselfertige Methode der Geschäftsgründung entschieden haben. In ihrem virtuellen Unternehmen, das aus zehntausenden von FLP-Vertriebspartnern besteht, wird mit wenig Kontrolle Tag und Nacht gearbeitet, während sich diese Vertriebspartner ihr eigenes Geschäft aufbauen. Erich genießt es, in Zeitschriften von FLP's Erschließungen neuer Länder auf der ganzen Welt zu lesen und zu wissen, dass sich ihr Geschäft automatisch in diese Länder erweitert. Aber noch mehr genießt er es, wieder den Lebensstil zu führen, in dem es seiner Familie an nichts fehlt. Und wenn er über FLP's Abenteuer auf dem Weltmarkt nachdenkt, dann schmunzelt er ob der Tatsache, dass nicht er, sondern andere Menschen in FLP´s Hauptsitz die Last und das Risiko dieses Multi-Milliarden-Dollar-Giganten auf ihren Schultern tragen müssen. Tief in ihrem Herzen lieben Erich und Helga Kastl die Revolution des schlüsselfertigen Geschäfts.

KAPITEL 15

Der technologische Vorsprung

Auch bei der Revolution der vierten Welle ist Technologie das Stichwort, das die Dinge zum Laufen bringt. Im beginnenden einundzwanzigsten Jahrhundert wird Erfolg im Network-Marketing immer mehr durch den Fortschritt im Bereich der Telekommunikation beeinflusst. Die breite Masse der Networker legt eine Vertrautheit mit modernsten Methoden der Telekommunikation an den Tag, die so manchem Topmanager die Schamröte ins Gesicht treibt. Sie arbeiten tagtäglich in einer dezentralisierten, virtuellen Arbeitswelt, die viele Manager und Wissenschaftler in Unternehmen nur aus Büchern kennen. Innerhalb seines alltäglichen Geschäfts steht der typische Network-Marketing-Geschäftspartner weltweit mit Hunderten – manchmal sogar Tausenden – von Menschen in Kontakt. Seine Kunden, Interessenten und Partner leben eventuell in Malaysia oder vielleicht in der nächstgrößeren Stadt. Er informiert seine Interessenten per Mailings, Annoncen, Internet-Seiten oder e-Mails. Falls gewünscht, erhalten diese über Fax-Abruf oder per e-Mail und über Autoresponder weitere Informationen. Der Networker lädt seine Interessenten nach der direkten Kontaktaufnahme per Telefon oder e-Mail zu einer Präsentation für potentielle Geschäftspartner via Telefon- oder Satellitenkonferenz ein, die vom Präsidenten des Unternehmens durchgeführt wird und an der gleichzeitig Tausende neuer Interessenten teilnehmen. Um mit ihrer Downline zu kommunizieren, setzen Networker auf Pager, Funktelefone, Internet-Informationen, Fax, e-Mail und Voice-Mail.

GESCHÄFTSAUFBAU PER INTERNET

Intime Kenner der Network-Marketing Szene stellten schon vor Jahren fest, dass Networker immer mehr auf kommerzielle Internet-Anwendungen setzen. Bereits zu der Zeit, als etablierte amerikanische Unternehmen das Internet als großen Rummel ohne Substanz abtaten, bauten MLM-Vertriebspartner ihre Downlinc durch Internet-Promotion und massive e-Mail-Aktionen auf. „Die Networker sind einige der wenigen, die tatsächlich erfolgreich geschäftliche Aktionen im Internet fahren," beobachte John Milton Fogg bereits im Jahr 1996. Fogg ist der Herausgeber der MLM-Fachpublikationen „*Upline*" und „*Network Marketing Lifestyles*". „Es gibt Downlines mit 1.500 oder 2.000 Vertriebspartnern, die ausschließlich über das Internet aufgebaut wurden", betont er.

Networker koordinieren die Arbeit mit ihrer Downline durch Piepser, Funktelefone, Mitteilungen per Internet, Fax, e-mails und Voice-Mail-Systemen.

Was bereits 1996 zutraf, gilt heute natürlich in weitaus größerem Umfang. Networker greifen jede Gelegenheit, die dem Trend voraus ist, bereitwillig auf", verdeutlicht Faith Popcorn. „Dem Internet wird künftig im Network-Marketing eine wachsende Bedeutung zukommen. Über das Internet erreichen Networker am einfachsten die Menschen, die in ihrem Kokon leben. Viele dieser im Kokon lebenden Menschen sind ihrerseits jedoch im Internet unterwegs, was Networker als ihre Chance erkennen.

Walter Bracero, der bei Avon für das Network-Marketing-Programm verantwortlich ist, sagt: „Im MLM geht es um den Aufbau eines Netzwerkes, und das geht meiner Meinung nach heute am einfachsten und schnellsten über das Internet. Wir untersuchen Möglichkeiten, wie wir die Hebelwirkung des Internets noch besser nutzen können." Avon hat in dieser Richtung bereits einiges erreicht. Die Zeitschrift *Computerwelt* hat 1998 die Internetadresse Avon.com als die Nr. 1 Internetseite im Einzelhandel ausgezeichnet. Selbst America Online wurde mit seinen MLM Message Boards zur Brutstätte für Anwerbeversuche.

MLM ONLINE

Viele Network-Marketing-Unternehmen setzen auf den Einzelhandel im Internet. Amway besitzt zum Beispiel mit *Quixtar.com* eine virtuelle Einkaufspassage, die dem Kunden die Möglichkeit bietet, das von ihm benötigte Produkt aus einer großen Vielzahl verschiedener Anbieter auszuwählen. Die Bestellung erfolgt denkbar einfach: Der Besteller gibt mit seiner Erstbestellung die PIN-Nummer des Amway-Beraters an, der die Empfehlung gegeben hat. Und dieser erhält dafür, dass er eine Empfehlung ausgesprochen hat, eine Provision auf die Einkäufe des Kunden. Unternehmen wie Worldwide Internet Marketing vertreiben ihre Produkte nicht nur über das Netz, sondern verkaufen auch die Geräte, die der Anwender benötigt, um über den Fernsehapparat auf das Internet zugreifen zu können. Big Planet bietet ein Komplettprogramm an, das den Internet-Zugang, eine Trainingseinheit über die Gestaltung einer Internet-Seite und Wissenswertes über den Umgang mit dem Internet beinhaltet.

Craig Wennerholm und Partner nahmen 1997 die blitzartig wachsende Internet-Seite MLM.com in Betrieb. Das damit verbundene Diskussionsforum bietet Networkern, die Ideen und Meinungen haben, die aufmerksam sind und Dinge beobachten, die Gelegenheit, sich mit anderen darüber zu unterhalten. Die Besucher erhalten Informationen über die Aktienkurse der MLM-Unternehmen, über die spezifischen Ankündigungen der einzelnen Unternehmen und viele weitere Nachrichten. Bereits mit Ablauf des ersten Jahres schrieb MLM.com auf Grund der geschalteten Inserate schwarze Zahlen. Mit 100.000 Besuchern pro Monat kam man sehr schnell in die Gewinnzone.

Wennerholm stellt fest, dass es die Networker sind, die das Feld im Internet-Handel anführen. „1996 wurde das Internet von den MLMlern als Medium genutzt, um elektronische Broschüren anzubieten. Heute sind die Unternehmen dazu übergegangen, die Möglichkeiten des elektronischen Handels zu nutzen. Das Internet wurde zu einem interaktiven Werkzeug, das bei der Bestellabwicklung, bei neuen Anwendungen und bei der Datenbank-Abfrage von Kundeninformationen oder der Information über anstehende Veranstaltungen eingesetzt wird. Ich denke, dass dieses Gebiet in Zukunft den Schwerpunkt der Branche bildet.“ Bei vielen Unternehmen können die Berater Informationen über ihre aktualisierten Umsätze oder den aktuellen Stand ihrer Vertriebsgruppe via Internet erhalten.

ERLEICHTERUNG DURCH TECHNOLOGIE

Die Summe all dieser technologischen Erleichterungen machen das Leben eines Networkers heute sehr viel einfacher. Michael S. Clouse kann als Veteran dieses Metiers bezeichnet werden. Er kennt noch die Zeiten, als er den halben Tag am Telefon verbrachte, um Produktneuankündigungen oder andere unternehmensrelevante Informationen an seine Berater weiter zu geben. „Jedes Mal, wenn wir von unserem Unternehmen neue Informationen erhielten, saßen meine Frau und ich zwanzig Minuten am Telefon, um sie an unsere Downline weiter zu reichen, erinnert sich Michael."

Dann trat Michael einem Unternehmen bei, das *The Peoples Network* (TPN) hieß. Das in Dallas ansässige Unternehmen verkaufte Abonnements für seinen Success Channel, einen unternehmenseigenen Fernsehkanal. Nahezu jeder Berater besaß bereits eine Satellitenschüssel. Fast täglich liefen Motivationsprogramme mit bekannten Erfolgstrainern wie Brian Tracy, Jim Rohn und Og Mandino. Aber wirklich interessant wurde es jeden Montagabend, nämlich dann, wenn sich der TPN President Jeff Olson einschaltete und zu seinen Beratern sprach. In diesen Sendungen ging es um neue Produkte, spezielle Werbemaßnahmen und Ausbildungsinhalte, große Veranstaltungen und Informationen, wie zum Beispiel die Veränderung des Marketingplanes. Die Upline-Führungskräfte wurden dadurch von der Last befreit, alle Informationen an ihre Downline weiterleiten zu müssen.

DER ULTIMATIVE TEST

Die Satellitenübertragungen verbesserten die Lebensqualität der Führungskräfte immens. Endlich konnten sie in Ruhe zu Abend essen, anstatt zum Telefon zu eilen und den nächtlichen Telefonmarathon einzuläuten. Sie konnten es sich leisten, für ein paar Tage wegzufahren und mussten bei ihrer Rückkehr nicht befürchten, dass ihr Anrufbeantworter von sich beschwerenden Beratern überquoll, die banale Fragen hinterlassen hatten. Sogar das Anwerben neuer Berater gestaltete sich angenehmer. Sie konnten nun die Interessenten am Montagabend zu sich nach Hause einladen und dann bequem vom Sofa aus den Ankündigungen von Jeff Olson lauschen.

Früher war sich Michael immer wie ein Roboter vorgekommen. Ständig musste er dieselben Sätze und Verlautbarungen des Unternehmens wiederholen, und zwar solange, bis er schlussendlich heiser war. Nun fühlte er sich wieder wie ein richtiger Mensch. Er konnte jetzt seine ganze Aufmerksamkeit auf die wirklich wichtigen Dinge im Network-Marketing richten, auf den konsequenten Ausbau seines Beraternetzes. Er konnte Beziehung um Beziehung aufbauen und seiner Downline helfen, ihre Umsätze zu steigern.

Das war alles sehr vielversprechend. Aber der eigentliche Test für das innovative TPN-Programm stand noch aus. Im September 1998 erlitt das Unternehmen eine ernsthafte Krise, die so schwerwiegend war, dass manch anderes Unternehmen daran zugrunde gegangen wäre. Mit Hilfe der Möglichkeiten, die TPN durch die Telekommunikation offen standen, war das Unternehmen jedoch in der Lage, diese Krise zu meistern und gestärkt daraus hervor zu gehen.

KAPITEL 16

Die verbundene Downline

Mit düsterer Stimmung wurde das Meeting eröffnet. Ein Anwalt erinnerte alle Anwesenden daran, dass sie Schweigeklauseln unterschrieben hatten. Sollte irgendjemand etwas davon nach außen dringen lassen, warnte er, könnte diese Person angeklagt und eingesperrt werden. „Als wir das gehört hatten, wussten wir, dass diese Leute es ernst meinten," sagt Michael S. Clouse, einer der anwesenden TPN-Vertriebspartner.

Es war im September 1998, drei Tage bevor The Peoples Network seine Jahrestagung in Dallas eröffnen sollte. Michael war eine von zweihundert Führungskräften, die zu einem besonderen Vortreffen einberufen wurden. Alle wussten, dass der Präsident von TPN, Jeff Olson eine große Ankündigung zu machen hatte, aber alle glaubten, dass es sich lediglich um die Vorstellung eines neuen Produkts handelte. Niemand vermutete, was wirklich anstand: Das Unternehmen, für das sie mehr als drei Jahre Aufbauarbeit geleistet hatten, sollte bald Vergangenheit sein.

Ein heikles Thema

TPN würde mit einer anderen Firma fusionieren, kündigte Jeff Olson an. TPN würde nicht länger existieren. The Peoples Network würde von Pre-Paid Legal Services Inc. geschluckt werden, einer Network-Marketing-Firma in Ada, Oklahoma, die eine Art Rechtsschutzversicherung verkaufte. Die Produkte von TPN würden eingestellt, die Vertriebspartner würden zu Pre-Paid Legal-Vertriebspartnern. Ihr Erfolgskanal würde von Pre-Paid übernommen werden. „Ich war völlig überwältigt," erinnert sich Michael. „Ich hatte fast vier Jahre lang mein Herzblut in TPN investiert. Ich hatte eine Gruppe von 5.000 Partnern aufgebaut. Was wäre, wenn sie alle aufgeben würden, nachdem sie das gehört hatten. Wie würde ich es meiner Frau und meinen Kindern sagen? Wie würde ich meine Rechnungen bezahlen?"

Michael war nicht allein. Wut und Verwirrung schwebten im Raum. Unter Networkern sind Fusionen ein heikles Thema. Man weiß von ganzen Downlines, die sich über Nacht auflösten, wenn die Fusion nicht von der Masse der kleinen Vertriebspartner unterstützt wurde. Michael's Partner waren bei TPN eingestiegen, um Abonnements für einen Motivationsfernsehsender zu verkaufen. Warum sollten sie plötzlich zum Verkauf von Rechtsschutzversicherungen wechseln, nur weil Michael sie darum bat? Zumindest schien eine hohe Ausfallquote wahrscheinlich. Auf die eine oder andere Weise wussten Michael und die anderen Führungskräfte, dass das Schicksal ihrer Downlines in zweiundsiebzig Stunden besiegelt sein würde. Das war der Zeitpunkt, zu dem die Fusion bei der Tagung öffentlich bekanntgegeben würde. Wie zum Tode verurteilte Gefängnisinsassen zählten Michael und die anderen die verbleibenden Tage.

Wahrnehmung und Realität

Ironischerweise war die Fusion ein Gottesgeschenk für TPN. Hätte die Firma nicht den Vertrag mit Pre-Paid Legal abgeschlossen, wäre sie gezwungen gewesen, einen anderen Fusionspartner mit ähnlichen Qualifikationen zu finden. Hartes, gefühlloses kaufmännisches Rechnen verlangte dieses Vorgehen. Die Umsätze aus den Erfolgskanal-Abonnements hatten niemals ausgereicht, um die Provisionen für die große und wachsende TPN-Downline zu bezahlen. Olson hatte dem Erfolgskanal einen umfassenden Katalog von Vitaminen, Kosmetika und Produkten zur Gewichtsreduktion hinzugefügt. Aber selbst diese waren nicht in der Lage, die magische Lösung zu bieten, die die TPN-Vertriebspartner herbeisehnten – ein leicht verkäufliches Produkt, das regelmäßige Provisionen garantierte.

Michael und die anderen Führungskräfte erkannten, dass Pre-Paid Legal das Potential hatte, diese Lücke zu füllen. Aber würden ihre Leute die Entscheidung akzeptieren?

Egal, was die Zahlen aussagen würden, die Vertriebspartner würden die Firma in Strömen verlassen, wenn ihnen auch nur eine Kleinigkeit nicht gefiele. Im Kampf um Gefühle und Geist der Vertriebspartner würde deren Empfinden wichtiger als die Realität sein. „Wir hatten unseren Vertriebspartnern den feuerfesten Glauben vermittelt, dass TPN die Lösung war," sagt Führungskraft Art Jonak. „Sie dachten, diese Firma würde für immer existieren." Wenn sie das Gegenteil zu hören bekämen, könnte sich der Schock und das Gefühl des Betrogenwordenseins in eine Hysterie umwandeln.

Die Präsentation

Olson stellte die Ankündigung mit der Kunst eines Impressarios auf der Bühne dar. Jedes Detail war auf seinen psychologischen Effekt hin abgewogen worden. Vor der Tagung hatte Olson darauf bestanden, dass sich jede Führungskraft ans Telefon setzen und seine Leute dazu nötigen müsse, zu erscheinen. Er wollte so viele Menschen wie nur möglich die Präsentation live erleben lassen. Zweihundert Führungskräfte waren im Voraus informiert worden und hatten drei Tage Zeit, um die Neuheiten vor der Tagung zu verarbeiten. Gefolgt von der öffentlichen Ankündigung am Eröffnungstag der Veranstaltung, würden die rangniedrigen Vetriebspartner vier Tage Zeit haben, um die Neuigkeiten untereinander zu besprechen, bevor die Tagung endete.

Die Ankündigung selbst wurde mit Samthandschuhen durchgeführt. Zuerst würde Olson die Neuigkeiten persönlich überbringen und dabei den Vertrauensvorschuss einlösen, den er über mehrere Jahre hinweg aufgebaut hatte, als er die Firma durch dick und dünn geführt hatte. Auf diese Weise würde Olson den Großteil des Ärgers und der Bestürzung der Masse aufnehmen. Erst wenn der erste Schock abgeklungen wäre, würde der ernsthafte Teil der Präsentation beginnen. Olson hatte für diesen Teil der Show alle Register gezogen. Eine Ansammlung der Spitzenleute von Pre-Paid Legal würde die Bühne übernehmen um die gewaltige finanzielle und marketingseitige Macht des Fusionspartners darzustellen. Gründer und Vorstandsvorsitzender Harland C. Stonecipher war die Hauptattraktion, gefolgt vom Firmenpräsidenten Wilburn Smith und Randy Harp, dem Leiter des Rechnungswesens. Die Vertriebspartner von TPN würden eine Unternehmenspräsentation der Extraklasse durch Pre-Paid's Führungscrew erleben.

Der Moment der Wahrheit

Die Reaktion auf die Ankündigung war, wie zu erwarten, durchwachsen. Als Jeff Olson die Neuigkeiten über die Fusion veröffentlichte, baute sich in der Halle Entrüstung auf. „Es gab jede Form von Emotion, die man sich nur vorstellen kann," sagt Michael, „von Tränen über Wut bis hin zu Menschen die einfach hinausgingen. Es überrollte alle wie ein vollständiger Schock." Doch dann übernahm Harland Stonecipher die Bühne und die Masse wurde leise. Die Videokameras des Erfolgskanals deuteten auf ihn, er räusperte sich, und Stonecipher begann seine Geschichte zu erzählen.

Alles begann, erklärte Stonecipher, im Jahr 1969, als er im Straßenverkehr einen Frontalaufprall erlitt. Stonecipher's Versicherung deckte die Kosten für das Auto und die Krankenhausrechungen. Als aber die Rechnungen für den Anwalt fällig wurden, war er auf sich allein gestellt. „Dadurch kam ich auf die Geschäftsidee," erinnert er sich später in der 1997er Juli/August-Ausgabe des amerikanischen Magazins *Success*. Von Beruf Versicherungsvertreter, erkannte Stonecipher, dass Menschen mittleren Einkommens eine Deckung für unerwartete Anwaltskosten bräuchten, genauso, wie sie eine Krankenversicherung brauchten. Er eröffnete 1972 eine neue Firma, um diese Dienstleistung anzubieten.

> **Während der folgenden fünf Jahre, beginnend mit dem Jahr 1993, war Pre-Paid Legal in Bezug auf den Gewinnzuwachs die Aktie Nummer 1 an der amerikanischen Börse**

Die Firma brauchte ihre Zeit, um ins Laufen zu kommen. Nachdem 1982 ein MLM-Vergütungsplan vorgestellt wurde, verdoppelten sich die Umsätze in nur einem Jahr von 4 auf 8 Millionen Dollar. Aber Pre-Paid Legal litt noch immer an chronischer Geldnot. Erst 1992 löste Stonecipher schlussendlich das Problem, indem er Pre-Paid Aktien an der amerikanischen Börse anbot. Der Erfolg stellte sich schnell ein.

Während der folgenden fünf Jahre, beginnend mit dem Jahr 1993, war Pre-Paid Legal in Bezug auf den Gewinnzuwachs die Aktie Nummer 1 an der amerikanischen Börse. Das amerikanische Fortune-Magazin führte Pre-Paid Legal in seiner Auflistung der schnellstwachsenden Firmen als Nummer 29 auf, (bei Umsätzen von etwa 100 Millionen Dollar) während die Zeitschrift Forbes das Unternehmen in seiner Bewertung der 200 besten mittelständischen Unternehmen in Amerika auf Platz 5 setzte. Seit Mai 1999 werden die Aktien von Pre-Paid Legal an der New Yorker Börse gehandelt.

LEICHTER VERKAUF

Was Pre-Paid Legal's Wachstum vorantrieb, war das leicht verkäufliche Produkt. In einer Gesellschaft, in der jedes Jahr 100 Millionen Gerichtsverfahren geführt werden, in der man mit dreimal höherer Wahrscheinlichkeit verklagt wird, als ins Hospital eingeliefert zu werden und in der zwei Drittel der erwachsenen Bevölkerung noch kein Testament verfasst hat, spricht der Bedarf nach rechtlichem Beistand für sich selbst. Aber nur wenige Menschen der Mittelschicht können sich selbigen leisten. Ähnlich einer Krankenversicherung, bringt Pre-Paid Legal die Dienste eines Rechtsanwaltes in die Reichweite des Normalbürgers. Für einen moderaten Monatsbeitrag wird über ein Netzwerk von Kanzleien eine vollständige Deckung der Anwaltkosten gewährleistet.

Michael S. Clouse erkannte das vorhandene Potential sofort. Nachdem er vier Jahre lang den Erfolgskanal verkauft hatte, war er es leid, gegen den Strom zu schwimmen. Das Programm war mit seinem Aufgebot von Motivations-Superstars begeisternd und unterhaltsam. Aber nur abgehärtete Fans der Persönlichkeitsentwicklung schienen bereit, dafür Geld auszugeben. Die Kosmetika und Nahrungsergänzungen verkauften sich, hatten aber gegen eine harte Konkurrenz zu bestehen. Über 90 Prozent der bestehenden MLM-Firmen verkauften ähnliche Produkte. In Pre-Paid Legal sah Michael ein Produkt, das, geschäftlich gesehen, Sinn machte. „Das ist ein Produkt, das man seiner Mutter verkaufen kann," sagt Michael. „Und egal, ob sie siebzig oder fünfzig Jahre alt war, sie würde den Wert darin erkennen."

DIE GERÜCHTEKÜCHE

Die Emotionen brodelten am ersten Tag der Veranstaltung. Aber am Abend schien es klar, dass viele Vertriebspartner das neue Produkt akzeptieren würden. Jetzt lag die wahre Herausforderung vor TPN. Wie würde man die breite Masse der Vertriebspartner erreichen, die Zuhause geblieben waren? Innerhalb weniger Stunden nach der Ankündigung der Fusion würden Pressemitteilungen die Finanzmedien erreicht haben. Neueste Meldungen würden die Gerüchteküche anheizen, und die Telefonleitungen würden glühen.

Vor einigen Jahren hätte diese Informationslücke eine MLM-Firma zerstören können. Abhängig von Telefonketten und gedruckten Newslettern zur Information der Vertriebspartner, erfuhren Networker oftmals nur auf Umwegen von Firmenentscheidungen. Sie handelten eher aufgrund von Gerüchten als von Fakten. Die Entscheidung, bei einer Firma zu bleiben, oder sie zu verlassen, würde Tage oder Wochen zuvor getroffen werden, bis tatsächlich zuverlässige Informationen vom Firmensitz eintrafen. The Peoples Network hatte jedoch den Vorteil einer Telekommunikationsstruktur des einundzwanzigsten Jahrhunderts. Gut möglich, dass diese hochentwickelte Verbindung das Unternehmen vor dem Desaster bewahrt hat.

Automatische Schleuderkontrolle

Michael S. Clouse kam von der Tagung nach Hause und bereitete sich schon mental auf eine „Schleuderkontrolle" vor. Sein Anrufbeantworter würde wahrscheinlich vor panikartigen Anfragen strotzen, was denn los sei. Das Schmeicheln, Argumentieren und Händchenhalten würde bis tief in die Nacht andauern.

Aber als er in sein Haus nach Seattle kam, wurde Michael von einer Überraschung erfasst. Die Nachrichten waren unglaublich positiv. „Die Leute sagten: 'Wow, das sieht nach einem tollen Produkt aus,'" erinnert er sich. „Sie kannten die ganze Geschichte schon." Tatsächlich war die Präsentation auf dem Erfolgskanal übertragen worden, 24 Stunden, nachdem sie auf der Tagung stattgefunden hatte. Michael's Downline wußte genau, wer Pre-Paid Legal waren und wie sie von der Fusion profitieren könnten. Viele von ihnen hatten sich bereits als Vertriebspartner von Pre-Paid Legal registrieren lassen, indem sie die Anträge per Faxabruf bezogen hatten.

Selbstverständlich waren nicht alle Vertriebspartner so leicht zufriedenzustellen. Es stellte sich heraus, das es in erster Linie diejenigen waren, die keine Satellitenschüssel hatten. „Es dauerte am Telefon bis zu einer Stunde, um jedem Einzelnen die Situation zu erklären," sagte Michael. „Sie gingen durch jede nur erdenkliche Gefühlssituation. Ich hätte viel dafür gegeben, wenn diese Menschen Zugang zu einem Satelliten gehabt hätten. Es hätte meine Arbeit um so vieles leichter gemacht."

DIE VIRTUELLE FAMILIE

Was folgte, war eine zweiwöchige Mammuttour elektronischen Händchenhaltens. TPN strahlte jeden Abend Neuigkeiten über die Fusion aus. Über ganz Nordamerika verteilt versammelten sich ab acht Uhr abends zehntausende von TPN-Vertriebspartnern vor ihren Fernsehern, um die Neuigkeiten über ihr Unternehmen zu erfahren. „Im Schnitt schien es für jeden Menschen fünf Tage zu dauern, bis er alle Gefühle durchlebt hatte, um dann zu einer positiven Entscheidung zu kommen," erinnert sich Michael. „Die Tagungsteilnehmer unter uns verbrachten diese Zeit in der Umgebung ihrer Freunde. Die Leute zuhause waren ebenfalls von der TPN-Familie umgeben, allerdings auf dem Bildschirm. Jede Nacht sah Jeff Olson direkt in die Kamera, direkt in ihre Augen und stand die Sache gemeinsam mit ihnen durch."

Michael vergleicht die Erfahrung mit dem Tag, an dem Prinzessin Diana starb und Milliarden von Menschen durch das übertragene Begräbnis vereint waren. Aber die Übertragungen boten mehr als nur emotionelle Stütze. Sie gaben auch praktische Richtlinien, um das Geschäft und die bürokratischen Knackpunkte der Fusion besser zu verstehen. „Jede Störung im Ablauf wurde erklärt und es wurden Lösungen angeboten," sagt Michael. Die Übertragungen führten die TPN-Vertriebspartner durch den komplexen Wandel vom Verkauf von Satellitenschüsseln hin zum Verkauf von Rechtsschutzversicherungen. Auch dienten sie selbst als ein Verkaufswerkzeug. Die Vertriebspartner luden Interessenten zu sich nach Hause ein, um die Übertragung anzusehen und mehr über die Pre-Paid Legal-Geschäftsgelegenheit zu erfahren, während auch die Vertriebspartner selbst mehr darüber erfuhren. „Das Fernsehen brachte uns bei, wie es geht," schlussfolgert Michael.

INFORMATION IM KLEINEREN KREIS

Während die Firma Informationen im Großen per Satellit übertrug, informierten einzelne Vertriebspartner ihre Downlines im Kleinen per E-mail. Schon lange vor der Fusion, hatte Art Jonak ein System zum Nachrichtenversand per E-mail erstellt, um Informationen und Neuigkeiten schnell an seine Leute weiterzugeben. Alles, von Änderungen über Firmenneuheiten, Trainingstips und Mustern für Werbebriefe, wurde an Art's Downline (etwa 2.000 Personen) in 35 Bundesstaaten weitergeleitet.

Zwei Stunden nach der Veröffentlichung der Fusion versandte Art die Nachricht per E-mail, dass er zu hundert Prozent hinter der Fusion stünde. „Wenn eine Führungskraft in einer Situation wie dieser nicht innerhalb von 48 Stunden eine Entscheidung trifft, beginnt er Tag für Tag mehr Leute zu verlieren," bemerkt Art. „Entscheidungslosigkeit kann eine Vertriebsgruppe töten." Unabdingbar für Art's Strategie war der Austausch von Informationen. Ihm wurde klar, dass die Vertriebspartner eine Möglichkeit haben mussten, ihre Zweifel zum Ausdruck zu bringen und Fragen zu stellen. Über einhundert E-mails trafen ein, die Antwort auf Art's erste Aussendung. Er beantwortete jede Nachricht persönlich und bat diejenigen, die sich zurückgemeldet hatten, am folgenden Abend an einer Telefonkonferenz teilzunehmen, in welcher er alle Fragen beantworten würde. „Die E-mails gaben mir eine Richtlinie, was ich während der Telefonkonferenz ansprechen musste," bemerkt Art. „Ich sah, welche Fragen bei den meisten Menschen auftauchten. Es half mir, die Konferenz weitaus kraftvoller und effektiver zu gestalten."

Wie es sich herausstellte, war Art's E-mail-Alarm gerade noch rechtzeitig ausgesandt worden. Antworten von vielen Menschen trafen ein, die bereits Gerüchte über die Fusion in Internetdiskussionsrunden gehört hatten. Die sofortige Verbindung, welche Art mit seiner Downline erzeugt hatte, half ihm, diese Gerüchte zu umgehen und die gefährlichsten Brände zu löschen – sogar noch bevor TPN in der Lage war, die Information auf seinem Satellitenprogramm zu übertragen.

Verbindungen untereinander

Die Verbindung unter den Vertriebspartnern war es, welche die TPN-Downline intakt hielt. Art verlor etwa 50 Prozent seiner kleinen Vertriebspartner. Oberflächlich mag dies nach einer hohen Zahl aussehen. Aber viele der kleinen Vertriebspartner neigen in diesem Geschäft ohnehin zur Inaktivität, selbst wenn alles gut läuft. „Vertriebspartner kommen und gehen," bemerkt Art, „aber der Kern des Geschäftes sind die Führungskräfte." Art behielt verblüffende 85 Prozent seiner besten Mitarbeiter.

Da viele Vertriebspartner zögerten, den Wandel zu Pre-Paid Legal mitzumachen, stützte der Erfolgskanal die Moral durch einen fortlaufenden Strom von Erfolgsgeschichten. „In der montagabendlichen Informationsshow," erinnert sich Michael, „zeigten sie Menschen, deren erste monatliche Provisionsschecks von Pre-Paid Legal zwischen 15.000 und 40.000 Dollar lagen. Mein erster Scheck betrug das Doppelte dessen, was ich je bei TPN verdient hatte." Vielen Vertriebspartnern war dieser sofortige Erfolg mit dem neuen Produkt nicht vergönnt. Aber die Satellitenübertragungen konzentrierten sich auf die Erfolge und ließen die Sorgen außer acht.

EIN GEWAGTER SCHRITT

Der Erfolg TPN's, seine Downline unter Kontrolle zu halten, verstärkte Harland Stonecipher's ursprünglichen Eindruck. Jahrelang hatte er die Art und Weise bewundert, dass MLM-Firmen wie Primerica und TPN ihre Satelliten-Netwerke nutzten, um ihre Downlines zu koordinieren und zu trainieren. Mit einer fast einstimmig an den Primestar-Satellitenservice angeschlossenen Vertriebsgruppe war TPN das Juwel in der Krone der Verbindungs-Revolution. „Keine andere Direktvertriebsfirma hat eine Satellitenverbindung zwischen dem Firmenpräsidenten und dem einzelnen Vertriebspartner," prahlte Jeff Olson 1996. „Das gab es noch nie zuvor. Wir haben unsere eigenen Filmstudios, unseren eigenen Sender und unseren eigenen Transponder. Und wir haben ein privates Studio direkt bei meinem Büro, so dass ich 24 Stunden am Tag, 7 Tage die Woche, hineingehen, die Kamera anstellen und direkt zu den Vertriebspartnern sprechen kann."

Stonecipher wünschte sich diese Form persönlichen Kontaktes mit seiner Vertriebsgruppe. Tatsächlich war er von Olson's System so ergriffen, dass er die wagemutige Entscheidung traf, eine Million von Pre-Paid Legal Aktien dafür zu bezahlen – obwohl das Risiko groß war, dass sich die gesamte TPN-Vertriebspartnerschaft bei diesem Geschäft in Luft auflösen könnte und Pre-Paid Legal mit nichts anderem als dem Erfolgskanal dastünde. Dieser Kanal alleine, das war Stonecipher klar, würde seine riesige, 140.000 Vertriebspartner starke Gruppe mit der Verbindung untereinander ausstatten, um am Markt des einundzwanzigsten Jahrhunderts bestehen zu können.

DEN KURS BEIBEHALTEN

Der als Visionär bekannte Stonecipher schreckte auch nicht zurück, als die Aktien von Pre-Paid Legal aufgrund seines Neuerwerbs ins Straucheln gerieten. „Pre-Paid Legal's Kauf des Peoples Network und dessen Erfolgskanal auf Primestar zu Beginn diesen Monats schickte die Aktienwerte auf ein Jahrestief von 14 . . . „ berichtete *The Journal Record* am Montag, den 19. Oktober 1998. „Das Geschäft ließ einige Menschen die Ausrichtung der Firma in Frage stellen."

Manche Menschen mögen gezweifelt haben, doch Stonecipher hielt seinen Kurs mit eiskalter Bestimmung. Er verstand, – auch wenn es die Analysten an der Wall Street nicht taten – dass die elektronische Verbindung zu den Vertriebspartnern die Lebenskraft einer Network-Marketing-Gemeinde bedeutet. „Wir müssen einfach nur fortfahren zu tun, was wir getan haben," sagte Stonecipher, als er mit dem Kursrutsch konfrontiert wurde. Wir werden sehr schnell wachsen und man wird verstehen, warum ich den Sender gekauft habe. Er gibt uns die Möglichkeit, mit unserer Vertriebsmannschaft zu kommunizieren – jeden Tag."

Er verstand auch wenn es die Analysten an der Wall Street nicht taten, dass die elektronische Verbindung zu den Vertriebspartnern die Lebenskraft einer Network Marketing-Gemeinde bedeutet.

DIE INTERAKTIVE ZUKUNFT

Nur wenige Wochen nach der Fusion, als Pre-Paid Legal's Umsätze in die Höhe schossen und die Aktien wieder ihr ursprüngliches 30-Dollar-Hoch erreichten, verblassten die schrecklichen Vorhersagen der Wall Street-Schlauberger. Die Infusion der TPN-Vertriebspartner brachte neue Energie in die Vertriebsgruppe. „Am letzten Oktobertag des Jahres 1998," erinnert sich Michael, „erzielten wir mehr Umsätze, als Pre-Paid Legal jemals zuvor in ihrer 25jährigen Geschichte an einem Tag erzielt hatten. Es war wie die berühmte Monsterwelle vor den Küsten von Hawaii. Die brandneuen Vertriebspartner von TPN sahen das Programm, verstanden die Produkte, erledigten den Papierkram und gingen an die Arbeit. Und sie schrieben Leute zu ihrer Linken und zu ihrer Rechten ein. Das ist der einfachste Produktverkauf, den ich je erlebt habe." Während Pre-Paid Legal mit dem Plan fortfährt, seine eigene Downline mit Primestar-Satellitenschüsseln von Direct TV auszustatten, geben die alten Pre-Paid Vertriebspartner Gas, um mit den TPN-Neulingen Schritt zu halten.

Satellitenprogramme wie das von TPN sind nur der Anfang. Während die vierte Welle voranschreitet, versprechen neue Technologien preisgünstige Videokonferenzen für jede Downline.

Stuart Johnson´s Firma Video Plus aus Lake Dallas in Texas, die Kommunikationsprodukte und -dienstleistungen an Network-Marketing-Firmen verkauft, glaubt, dass die Networker der Zukunft Trainingsvideos mit Inhalten wie Firmenankündigungen, Ausbildungseinheiten und Geschäftspräsentationen in Echtzeit über das Internet erhalten werden – auf die gleiche Weise, wie sie diese Programme derzeit noch via teurer Satellitenübertragung erhalten.

„Alles, was noch fehlt, ist mehr Bandbreite," sagt er, „die durch Modems für die Kabelübertragung und schnellere DSL-Telefonverbindungen möglich werden wird. Jetzt im Moment gibt es unter einhundert Millionen nur ein oder zwei Millionen Häuser, die schon über diese Technologie verfügen. Aber dieser Anteil wird während der nächsten Jahre stark wachsen." Wenn dies geschieht, können Sie sicher sein, dass Networker die Ersten sein werden, die diese Video-Revolution einsetzen, um ihre Downlines zu maximaler Verbundenheit und zu explosiven Umsätzen zu führen.

KAPITEL 17

Was ist die vierte Welle?

Bisher haben wir schon viel über die Revolution der 4. Welle und ihrem Einfluss auf Amerikas Wirtschaftsleben gesprochen. Aber was ist die 4. Welle eigentlich genau? In Kapitel 5 hatten wir die vier „Wellen" der Entwicklung des Network Marketing wie folgt definiert:

1. Welle /1945-1979) – die Untergrund-Phase
2. Welle (1980-1989) – die Phase der Profilierung
3. Welle (1990-1999) – die Massenmarkt-Phase
4. Welle (2000 – Zukunft) – die universelle Phase

Auch wenn Network-Marketing während der drei ersten Wellen ständig wuchs und gedieh, ist es trotzdem noch eine Art Subkultur geblieben. Selbst erfolgreiche Networker hatten in den Wirtschaftsnachrichten keinen Stellenwert. Weder las man in Finanzzeitschriften über sie, noch wurden sie in den Berichten der Wall Street-Analysten erwähnt. Ebensowenig hörte man in den Tagungsräumen der Firmenvorstände, noch in den Universitäten von ihnen. Dazwischen lagen einfach Welten.

Aber während sich die Ära der 4. Welle behauptet, hat sich MLM von der Isolation gelöst. Heutzutage ist MLM weitgehend als legitimes Marketinginstrument anerkannt, dessen Erfolge auch in der Wirtschaftspresse festgehalten werden. In immer größerem Ausmaß wird MLM von der Öffentlichkeit als ernstzunehmende Alternative zu einer klassischen Arbeitsstelle gesehen. Kurz gesagt, Network-Marketing hat sich der Masse erschlossen. Während immer mehr Unternehmen dem steigenden Druck der Massenprivatisierung nachgeben, wird der Einfluss von MLM universell in der gesamten Geschäftswelt gespürt.

Der 4. Welle-Stil

Im Gegensatz zu den MLM-Unternehmen der Vergangenheit, sind MLM-Unternehmen der 4. Welle vollständig in die allgemeine Wirtschaft integriert. Sie bieten überlebenswichtige Dienstleistungen für die größten und erfolgreichsten Unternehmen, die ihre Güter und Dienstleistungen durch die Vertriebswege verschiedener MLM-Firmen schleusen. Unternehmen der 4. Welle gewähren einer zunehmend gefährdeten Zahl von Angestellten und Arbeitern, die sich vor Rationalisierungsmaßnahmen fürchten, eine echte Zusatzbeschäftigung. Sie bieten ein gutes Auskommen für Vollzeit-MLMler, ein angemessenes Zweiteinkommen für Nebenberufler, und praktisch grenzenlose Einkommensmöglichkeiten für die Ehrgeizigen.

> ... wird der Einfluss von MLM universell in der gesamten Geschäftswelt gespürt.

Die einfachen MLM-Konzepte der Vergangenheit versprachen dasselbe, scheiterten jedoch oft darin, dieses Versprechen einzulösen. Unternehmen der 4. Welle haben den Traum in die Wirklichkeit umgesetzt. Um dieses zu erreichen, haben sie sich mit den Jahren in fünf kritischen Punkten weiterentwickelt. Diese fünf Säulen der 4.Welle-Strategie kann man folgendermaßen zusammenfassen:

1. **Vernetzung der Vertriebspartner**
2. **Unbegrenztes Wachstum**
3. **Schlüsselfertige Systeme**
4. **Faire und dauerhafte Provisionen**
5. **Persönliche Beziehungen**

1. Vernetzung der Vertriebspartner

Das Unternehmen der 4. Welle bietet seinen Vertriebspartnern eine hochmoderne Telekommunikation. Bereits Neulinge im Geschäft nutzen

Technologien wie Voice-mail oder E-mail, um ihre Aktivitäten zu koordinieren. Video- und Satelliten-Konferenzen holen Unternehmensbesprechungen wieder ins Unternehmen zurück. Vertriebspartner können durch Fax-Abruf und Internet nach Bedarf auf wichtige Daten zugreifen.

2. Unbegrenztes Wachstum

Der altmodische „MLM – Junkie“ wechselte bisher von einem Unternehmen zum nächsten, um auf der „Erfolgswelle“ mitzureiten oder um bei einem Neustart teilzuhaben, kurz bevor die Firma in die Momentum-Phase (ein aufrechtbleibender Zyklus exponentialen Wachstums) übergegangen ist. Tatsache ist, die meisten Unternehmen haben es nie bis zur Momentum-Phase geschafft. Und von denjenigen, die es tatsächlich geschafft haben, sind die Meisten, kurz nachdem diese Wachstumsphase abflachte, untergegangen. „MLM-Junkies“ lebten wie Spieler, die immer auf der Suche nach dem nächsten großen unverhofften Glücksfall waren – eine schlechte Voraussetzung für ein sich im Wachstum befindliches Unternehmen.

Das Unternehmen der 4. Welle bietet während der gesamten Lebensdauer des Unternehmens die Möglichkeit für anhaltendes Wachstum. Dies wird erstens durch das Erschließen ausländischer Märkte – auch für den durchschnittlichen Vertriebspartner – gewährt, damit Geschäftseinsteiger aus einem unbegrenzten Potential weltweiter Kunden und Vertriebspartner schöpfen können. Systeme werden eingeführt, die eine einfache Neueinführung von neuen Produktlinien, Partnerfirmen und Marken ermöglichen – sowohl global, als auch regional. Wachstum wird auch geboten, indem die ständige Vorstellung von neuen Produktlinien und das Einführen von neuen Gesellschaften und Marken gepflegt wird, damit den Vertriebspartnern immer wieder neue Märkte zur Erschließung offen stehen.

3. Schlüsselfertige Systeme

Ein schlüsselfertiges System ist jede Methode oder jeder Prozess, durch den ein Geschäftsprozess erleichtert oder automatisiert wird. Solche Systeme bilden das Herzstück eines Unternehmens der 4. Welle. Programme zum direkten Warenversand automatisieren beispielsweise den Einzelhandelsprozess. Anstelle vom Einlagern des Inventars, dem Annehmen von Bestellungen und dem Versenden der Produkte an den Kunden, gibt der Networker der 4. Welle dem Kunden lediglich seine

PIN Nummer, der diese wiederum verwendet, um damit die Ware, die er benötigt, über eine Internetseite oder eine gebührenfreie Rufnummer direkt beim Unternehmen zu bestellen. Auch die Vertriebspartnergewinnung ist automatisierbar, indem man Rekrutierungsvideos, Satellitenübertragungen und Internetseiten, die mit automatischen Antwortsystemen, sogenannten Autorespondern, ausgestattet sind, einsetzt. Viele Unternehmen automatisieren das Vertriebspartnertraining durch den Einsatz standardisierter, firmeninterner Schulungsprogramme.

4. FAIRE UND DAUERHAFTE PROVISIONEN

Herkömmliche MLM-Unternehmen neigten dazu, ihren führenden Vertriebspartnern der höheren Ebenen hohe Provisionen und denen, die sich auf einer niedrigeren Ebene befanden, niedrige Provisionen zu gewähren. Unternehmen der 4. Welle hingegen gewichten ihre Vergütungspläne so, dass Nebenberufler ebenso gute Entwicklungsmöglichkeiten haben wie die ehrgeizigen Mitarbeiter. Diejenigen, die hart arbeiten und in der Hierarchie weit oben stehen, können weiterhin höhere Provisionen erzielen, aber Unternehmen der 4. Welle ermöglichen auch, dass ein großer Teil des Provisionvolumens auf die Mitarbeiter der niedrigeren Hierarchiestufen verteilt wird.

> **Im Gegenzug entwickeln MLM-Firmen der 4. Welle immer neue Wege, um die Hochtechnisierung durch persönlich erbrachte Dienstleistungen der Vertriebspartner zu integrieren.**

5. PERSÖNLICHE BEZIEHUNGEN

Haben Sie, um technischen Rat einzuholen, je bei einer Computerfirma angerufen und sich mit dem Monolog einer Tonbandaufnahme auseinandersetzen müssen, die Sie dann auf irgendeine Internetseite verweist, auf der Sie möglicherweise die Antwort zu ihrem Problem finden könnten? Und als Sie dann auf der Internetseite angekommen sind, konnten Sie keinen Hinweis auf die Beantwortung ihrer Frage finden? Die Moral der Geschichte ist, dass die Automation eingebaute Grenzen birgt. Während immer mehr Menschen ihre täglichen Geschäfte durch interaktive Medien, wie beispielweise Internetseiten abwickeln, wird gleichzeitig der Bedarf an Menschen, die sie durch diese Prozesse begleiten und bei Problemen beraten, immer größer.

Der Zukunftsforscher John Naisbitt nannte dieses Paradoxon „High Tech, High Touch“ (Hohe Technologie, hohe Beziehungsdichte). Er sagte voraus, dass, je mehr der Einsatz von Technologie zunimmt, unser Bedürfnis nach freundlichem, menschlichen Beistand umso größer wird. Network-Marketing ist in einer einzigartigen Weise dafür geschaffen, dieses Bedürfnis zu befriedigen, da es Produkte mit Hilfe zwischenmenschlicher Beziehungen bewegt. Networker der 4. Welle müssen sich nie darum sorgen, einmal durch Hochtechnologie ersetzt zu werden. Ganz im Gegenteil – Unternehmen der 4. Welle entwickeln immer neue Möglichkeiten, um ihre High-Tech Errungenschaften mit High-Touch Leistungen durch leibhaftige Vertriebspartner zu verknüpfen.

DER STATUS DER VERBUNDENHEIT

In den vorangegangenen Kapiteln haben wir die Networker der 4. Welle als „Cyber-Pioniere“ und den freien Marktplatz des Einundzwanzigsten Jahrhunderts als „Cyber-Grenze“ bezeichnet. Die neue Wirtschaft wird mit Sicherheit durch ein hohes Maß an elektronischer Verbundenheit definiert sein. Aber denken Sie jetzt bitte nicht, dass die Menschen zu Computer-Profis werden müssen, um an der Revolution der 4. Welle teilnehmen zu können. Das genaue Gegenteil ist der Fall.

„Beim Einsatz von Computern ging es nie um das Eintippen von Daten,” schreiben die Autoren Watts Wacker, Jim Taylor und Howard Means in *Das 500-Jahres-Delta*. Das Eintippen von Daten war nur das Mittel, Verbundenheit war der Zweck . . . Faxgeräte, Modems, Interaktives Fernsehen und Internet-Provider waren das Mittel, die Verbundenheit war der Zweck . . . Verbundenheit ist ein Seinszustand, nicht mehr. Der wahre Sinn dahinter ist, was geschieht, wenn die Dinge miteinander in Verbindung stehen, was passiert, wenn Verbundenheit mit Information verschmilzt.”

DIE BLACK BOX

Digitale Verbundenheit ist der Ursprung der Revolution der 4. Welle. Aber wir müssen keine Techniker sein, um daran teilzunehmen. Denken Sie an den Apple iMac, den derzeit absatzstärksten Computer auf dem heutigen Markt. Alle Softwarekomponenten, die man benötigt, sind bereits in diesem Computer integriert. Die gesamte Hardware wird in einer Einheit geliefert. Der Kunde packt das Gerät einfach aus, lädt es hoch und kann loslegen.

Der iMac ist eine BlackBox – ein Gerät, das im Inneren kompliziert und nach außen hin einfach zu handhaben ist. So ist auch die Revolution der 4. Welle. Networker im einundzwanzigsten Jahrhundert brauchen nicht die komplexen Bereiche der Warenlogistik, die Pflege der Internetpräsentation, der Provisionsabrechnung, Wechselkurssysteme oder Ähnliches zu verstehen. Die Firma übernimmt solche Dinge. Wie der Nutzer eines iMac, muss der Networker der 4. Welle nur auf den Startknopf drücken und kann anfangen, zu arbeiten. Die Kenntnisse, die er braucht sind nicht High-Tech, sondern High-Touch. Sie beinhalten die Fähigkeit, Beziehungen zu anderen Menschen zu handhaben, Gelegenheiten abzuwägen und Vorteile am Markt auszunutzen. Die restlichen Kapitel dieses Buches widmen sich der Förderung dieser unscheinbaren, aber wichtigen Qualifikationen.

TEIL DREI

WAVE 4

Richtig Starten

KAPITEL 18

Die Auswahl des richtigen Unternehmens

Der erste Schritt in Ihrer persönlichen 4. Welle-Odyssee wird es sein, eine Network-Marketing-Firma zu finden und dieser beizutreten. Aber welcher? Vor Ihnen liegt eine schwere Wahl. Hunderte von Firmen buhlen um Ihre Aufmerksamkeit, die meisten von ihnen Neugründungen. Unter diesen Neugründungen beträgt die Ausfallquote innerhalb des ersten Jahres über 96%, wie der Herausgeber von *Inside Network Marketing*, Leonard Clements, aufgrund seiner Analyse von Fachpublikationen, Umfragen und Firmendarstellungen schreibt. Und weder im Network-Marketing noch in einem sonstigen Geschäft besteht die Möglichkeit, ihnen dieses Risiko abzunehmen. Aber wenn Sie der Anleitung dieses Kapitels folgen, um MLM-Gelegenheiten zu bewerten, sind Sie gut gerüstet, um Ihre Entscheidung aufgrund von Fakten zu treffen.

Schritt Nr. 1 - Bewerten Sie das Produkt oder die Dienstleistung

Um erfolgreich zu sein, muss eine MLM-Firma ein verkäufliches Produkt oder eine solche Dienstleistung anbieten. Sie muss zu wettbewerbsfähigen Preisen angeboten werden und sollte idealerweise nur schwer durch Nicht-MLM-Quellen erhältlich sein. Fragen Sie sich selbst: „Würde ich dieses Produkt zu diesem Preis kaufen, wenn es mir von jemandem angeboten würde?“ Verbrauchsprodukte, wie beispielsweise Nahrungsergänzungen oder Pflegeprodukte, sind Einmalverkäufen wie beispielsweise Wasserfiltern oder Alarmanlagen vorzuziehen. Wenn Ihr Kunde erst einmal die erste Packung an Vitaminen bei Ihnen gekauft hat, muss er diese regelmäßig bei Ihnen nachkaufen. Dienstleistungen, für die monatliche Gebühren zu entrichten sind und die auch monatlich verprovisioniert werden, sichern Ihnen ebenfalls einen dauerhaften Einkommensstrom zu. Achten Sie auch auf Gelegenheiten zum „Markenwechsel”. Es ist leichter, Menschen zu überzeugen, lediglich die Marke eines Produktes zu wechseln, die sie bereits verwenden (Beispielsweise von der Telekom zu Ihrem Telefonanbieter zu wechseln), als sie dazu zu überreden, irgendeinen exotischen Artikel zu kaufen, für den sie keinen echten Bedarf erkannt haben.

> Um erfolgreich zu sein, muss eine MLM-Firma ein leicht verkäufliches Produkt oder eine ebensolche Dienstleistung anbieten.

SCHRITT NR. 2 - ÜBERPRÜFEN SIE DIE GERÜCHTEKÜCHE INNERHALB DER BRANCHE

Eine reichhaltige Quelle für Klatsch und Tratsch in der MLM-Branche sind Online-Foren im Internet. Tippen Sie dazu in der jeweiligen Suchmaschine die Worte „MLM + Forum” oder „Network-Marketing + Forum” ein. Hier können Sie nicht nur abgespeicherte Informationen finden, sondern auch Ihre eigenen Nachrichten hinterlassen oder gezielt um Antworten bezüglich bestimmter Geschäftsgelegenheiten bitten.

Wenn Sie Ihre Recherche anhand solcher Branchen-Klatschspalten durchführen, hüten Sie sich vor Fehlinformationen. Manche Menschen machen konkurrierende Firmen schlecht, um Sie aufgrund dieser Strategie für ihr eigenes Geschäft zu gewinnen. Achten Sie also immer darauf, welche Quelle hinter der jeweiligen Information steckt.

SCHRITT NR. 3- KONSULTIEREN SIE FACHMAGAZINE

Zum Zeitpunkt der Drucklegung dieses Buches kündigt sich ein neues Magazin für den deutschsprachigen MLM-Markt an. *Success-Garant* soll interessierten Networkern Unterstützung für ihren Geschäftsaufbau bieten, ohne dabei bestimmte Firmen zu bevorzugen. (Erhältlich über den EBB-Verlag in Würzburg oder in Bahnhofsbuchhandlungen.)

SCHRITT NR. 4 – PRÜFEN SIE, OB BESCHWERDEN VORLIEGEN.

In manchen Fällen liegen bei Verbraucherschutzverbänden oder Wettbewerbshütern Beschwerden über MLM-Firmen vor, die Ihnen Aufschluss über Ihr ausgewähltes Unternehmen geben können.

Seien Sie jedoch in der Bewertung solcher Beschwerden vorsichtig. Die Mitarbeiter der oben genannten Verbände haben in der Regel kein Fachwissen über Network-Marketing und neigen im Zweifelsfall dazu, Ihnen von prinzipiell guten Geschäftsgelegenheiten abzuraten. In vielen Firmen entstehen Beschwerden aufgrund von Umständen, die später geregelt wurden. Ob diese Probleme gelöst wurden, oder nicht, ist in der Regel ein besserer Indikator als die reine Anzahl an Beschwerden. Ausserdem werden in manchen solcher Verbände schlichtweg Anfragen und Beschwerden miteinander verwechselt. Jeder Anruf wird als eine Beschwerde gezählt, obwohl es sich nur um eine Bitte nach weiteren Informationen handelt. Achten Sie darauf, ob dieser Unterschied bei dem von Ihnen befragten Verband registriert wird.

SCHRITT NR. 5 – ÜBERPRÜFEN SIE DEN FINANZIELLEN HINTERGRUND

Wenn Ihre ausgewählte Firma an der Börse notiert ist, haben Sie Glück. Aktiengesellschaften sind gesetzlich zur Veröffentlichung ihrer Unternehmenskennzahlen verpflichtet. Diese sind beispielsweise durch Auskunfteien, per Internet oder vom Unternehmen direkt erhältlich.

Die meisten Network-Marketing-Firmen sind jedoch in privater Hand, was wiederum bedeutet, dass sie nicht zur Veröffentlichung ihrer Daten verpflichtet sind. In diesem Fall müssen Sie ein wenig Forschungsarbeit aufwenden. Über manche dieser Unternehmen erhalten Sie durch Auskunfteien weitergehende Informationen, über manche nicht. Bitten Sie direkt bei der Firmenleitung um die Bilanz. Die meisten werden sie Ihnen jedoch verweigern. Überprüfen Sie, wenn möglich, ob das Unternehmen Kredite beantragt hat und ob diese gewährt wurden. Lassen Sie sich nicht von der Aussage „Unser Unternehmen hat keine Kredite aufgenommen," blenden – vielleicht lag es ja an der schlechten Bonität des Inhabers, dass man ihm oder ihr keinen Kredit gewährt hat? Fragen Sie auch den Berater Ihrer Bank, welche Möglichkeiten sich für Sie bieten, tiefschürfende Informationen über den finanziellen Stand des ausgewählten MLM-Unternehmens zu erhalten – Ihre Zukunft kann von diesen Informationen abhängig sein.

Schritt Nr. 6 – Überprüfen Sie die Historie eventueller Rechtsstreitigkeiten

Finden Sie heraus, welche rechtlichen Schritte gegen Ihr ausgewähltes Unternehmen eingeleitet wurden. Wie fielen die Urteile aus, wenn es solche gab? Hat es steuerliche Probleme gegeben? Auskunfteien können eventuell Informationen über solche Hintergründe liefern.

Schritt Nr. 7 – Beachten Sie die Wachstumsphase des Unternehmens

Wie lange gibt es die Firma schon? Manche Networker ziehen es vor, einer Neugründung beizutreten, weil man schnell großes Geld verdienen kann, indem man dem nächsten Amway beitritt – zumindest theoretisch. Aber woher wissen Sie, ob das Unternehmen erfolgreich sein wird? Sie können es nicht wissen. Nur ein Bruchteil überlebt die ersten zwei Jahre. Diejenigen, denen es gelingt, mögen hocherfolgreich werden – oder auch nicht.

Selbst wenn Sie das Glück haben, einer Neugründung beizutreten, die die „Momentum-Phase" erreicht – die Beschleunigungsspur des exponentiellen Wachstums, die das Unternehmen in die massive Gewinnzone katapultiert – sind Ihre Sorgen noch nicht vorüber. Schnellwachsende Firmen ziehen in vielen Fällen die Aufmerksamkeit von Presse und Staatsanwaltschaft auf sich. Zu irgendeinem Zeitpunkt hat praktisch jede große MLM-Firma durchlaufen, was der Autor Leonard Clements als die „Untersuchungsphase" bezeichnet – einen Zeitraum intensiver Überprüfungen durch Medien und staatliche Organe. Die soliden Firmen entkommen diesem Umstand, viele erliegen diesem Schicksal.

Abgekürzt bedeutet das, dass der Einstieg bei einem neugegründeten Unternehmen wie ein Würfelspiel ist. Bei den Giganten der Branche wird langsamer, aber dafür sicherer Geld verdient. Wie die sogenannten „Blue-Chips" an der Börse (alteingesessene Unternehmen), neigen auch diese zu einem langsameren Wachstum als Neugründungen. Aber diese neigen auch dazu, eine sicherere Investition darzustellen, weil sie die Untersuchungsphase bereits hinter sich gebracht und diese überlebt haben.

SCHRITT NR. 8 – ACHTEN SIE AUF WARNSIGNALE BEZÜGLICH DER RECHTSLAGE

Bevor Sie bei irgendeinem Unternehmen einsteigen, sollten Sie das Risiko eines staatlichen Eingriffes bewerten. Manche Firmen sind verletzlicher als andere. Halten Sie sich beispielsweise von Firmen fern, die unhaltbare Heilversprechen von ihren Produkten abgeben. Hier drohen Abmahnungen und andere rechtliche Schritte. Ebenso problematisch sind Firmen, die leichten und schnellen Reichtum ohne Arbeit versprechen oder andere, die dazu neigen, die Vertriebspartner unter Druck zu setzen, um große Mengen an Lagerware abzusetzen. Diese riskieren, als Schneeball- oder Pyramidensysteme gewertet zu werden.

Rechtmäßige MLM-Firmen werden Neueinsteigern keine großen Wareneinkäufe abverlangen. Gewöhnlich werden sie von neuen Vertriebspartnern erwarten, ein Startpaket zwischen 20 und 100 Mark zu kaufen. Dieses Paket könnte Videos, Audiokassetten, gedruckte Verkaufsunterlagen, Vertriebspartneranträge, Produktproben und Ähnliches beinhalten. Rechtmäßige Firmen werden Ihnen auch eine Rückerstattungsgarantie auf alle Produkte anbieten (in manchen Fällen wird eine 10prozentige Aufwandspauschale berechnet). Sie werden davon Abstand nehmen, riesige Einkommen zu versprechen und werden dem Neueinsteiger klarmachen, dass sich der Erfolg nur für diejenigen einstellen wird, die bereit sind, hart zu arbeiten und für hohe Produktumsätze zu sorgen.

Üben Sie ebenfalls Zurückhaltung bei Firmen, deren Vertriebspartner zu sehr mit ihren Einkommen prahlen. Solche Aussagen werden oftmals als irreführende Werbung gedeutet, durch die beim Interessenten die Meinung entstehen könnte, dass jeder, der die Gelegenheit wahrnimmt, ein solches Einkommen erzielen wird. Intelligente Unternehmen bleiben auf der sicheren Seite, indem sie Vertriebspartner davon abhalten, mit ihren Provisionschecks zu wedeln.

SCHRITT NR. 9 – DURCHLAUFEN SIE DIE 4.WELLE-CHECKLISTE

Die ersten acht Schritte sollen Ihnen helfen, zu bewerten, ob Ihre ausgewählte Firma in Bezug auf rechtliche, ethische und finanzielle Aspekte auf festen Beinen steht. Aber handelt es sich um ein Unternehmen der 4. Welle? Ist es darauf ausgerichtet, im Wirtschaftsleben des 21sten

Jahrhunderts zu bestehen? Die folgende Checkliste wird Ihnen helfen, die innovativen Firmen von den Dinosauriern zu trennen:

1. IST DIE FIRMA „VERKABELT“?

Firmen der 4. Welle bieten ihren Vertriebspartnern preisgünstige Telekommunikationsdienstleistungen wie beispielsweise Voice-Mail, Internetzugang und Newsletter, die per Fax, Voice-Mail oder E-mail zugänglich sind. Manche Firmen bieten den Vertriebspartnern sogar ein eigenes Trainingsprogramm per Satellitenfernsehen sowie Videokonferenzen.

2. WELCHES SCHLÜSSELFERTIGE SYSTEM BIETET DIE FIRMA?

Der 4.Welle-Vertriebspartner sollte Zugang zu einer weiten Reihe von arbeitssparenden Systemen haben: Qualitativ gute schriftliche Unterlagen; hochwertige Videofilme und Audiokassetten, standardisierte Ausbildungsprogramme – Telefonkonferenzen und Satellitenübertragungen zur Vertriebspartnergewinnung und -ausbildung; Zugang zu den Daten seiner Vertriebsgruppe (Neuzugänge und Umsätze) und den neuesten Firmeninformationen per Fax, Voice-Mail und E-mail; Daten über die Kaufgewohnheiten der Kunden; direkte Warenlieferung an die Kunden mit telefonischer Bestellannahme oder Bestellung per Internet; 24-Stunden Bestellservice per Kreditkarte ohne Mindestbestellwert sowie garantierter 48-Stunden Lieferung oder (aufpreispflichtiger) Sofortlieferung; telefonische Hotline um Fragen der Vertriebspartner zu beantworten, damit Sie nicht persönlich alle Fragen Ihrer Downline-Partner beantworten müssen.

3. STELLT DER FAKTOR „PERSÖNLICHE BEZIEHUNG” EINEN WICHTIGEN WERT IM GESCHÄFT DAR?

Das Produkt oder die Dienstleistung sollten für die Beratung von Mensch zu Mensch prädestiniert sein. Die Dinge, die beispielsweise eine aufwändige Erklärung oder einen persönlichen Erlebnisbericht erfordern, sind für die Vertriebsmethode der 4. Welle hervorragend geeignet.

4. BESITZT DIE FIRMA EINE STRATEGIE FÜR LANGFRISTIGES WACHSTUM?

Ein einzelnes Produkt oder eine einzelne Dienstleistung – egal, wie erfolgreich diese sein mögen – werden eine Firma der 4. Welle auf Dauer nicht aufrecht erhalten. Ihr Unternehmen sollte mindestens Pläne dafür erstellt haben, durch internationale Expansion und Erweiterung der Produktpalette dafür zu sorgen, dass unendliches Wachstum möglich ist. Das Unternehmen der 4. Welle positioniert sich als eine weltweite Schnellstraße des Vertriebes, die auf jedem Erdteil dafür sorgt, dass eine hohe Anzahl von Dritten mit Produkten und Dienstleistungen versorgt wird.

> Ein einzelnes Produkt oder eine einzelne Dienstleistung – egal, wie erfolgreich diese sein mögen – werden eine Firma der 4. Welle auf Dauer nicht aufrecht erhalten.

5. SETZT DAS UNTERNEHMEN EINEN VERGÜTUNGSPLAN DER 4. WELLE EIN?

Der Vergütungsplan ist die Struktur der Provisionsauszahlung des Unternehmens, durch welche Ihr Einkommen berechnet wird. Firmen der 4. Welle bieten einen ausgeglichenen Vergütungsplan, der dem „kleinen Mann" eine faire Chance und dem Vollzeit-Networker die Möglichkeit eines erstklassigen Einkommens bietet. Eine vollständige Beschreibung über Vergütungspläne finden Sie im folgenden Kapitel.

AUF DER SUCHE NACH PERFEKTION

Das Unternehmen der vierten Welle, wie es oben dargestellt wurde, ist ein Ideal. Wenige Firmen, wenn es überhaupt eine solche gibt, bieten all diese Vorteile gleichzeitig an. Wenn Sie in jedem Punkt Perfektion erwarten, werden Sie wahrscheinlich enttäuscht werden. Aber die von Ihnen gewählte Firma sollte zumindest eine Vision von der 4. Welle haben und beweisen, dass sie sich in Richtung der 4. Welle bewegt. Sie sollte einen realistischen Zeitplan aufweisen, um die Kommunikationsmöglichkeiten zu modernisieren, Märkte und Produktlinien zu erweitern, schlüsselfertige Systeme zu verbessern und den Vergütungsplan auszugleichen. Vergleichen Sie Ihre Wunschfirma mit dem Standard der 4. Welle und Sie werden sich an der richtigen Stelle für gesundes geschäftliches Wachstum im 21. Jahrhundert wiederfinden.

KAPITEL 19

„Den Vergütungsplan verstehen“

Wie wichtig ist es, Vergütungspläne zu verstehen? Überhaupt nicht, werden manche Networker sagen. Viele MLM-Veteranen prahlen sogar damit, sie hätten nie einen Gedanken daran verschwendet, wie ihre Provisionen berechnet würden. Solche Dinge würden sie lieber dem Computer überlassen. Anstatt sich den Kopf über Boni und Provisionen zu zerbrechen, investierten sie lieber ihre vollständige Zeit und Energie in den Aufbau und das Training ihrer Downlines.

Diese Vorgehensweise hat ihre Vorteile. Ausgiebige Beschäftigung mit Vergütungsplänen kann Sie tatsächlich von Ihrem eigentlichen Ziel ablenken. Die meisten Pläne neigen dazu, sehr komplex und schwer verständlich zu sein. Sie würden sehr viel Zeit damit verbringen, sich einen Durchblick zu verschaffen. Wenn Sie dies dann schließlich geschafft haben, werden Sie in der Regel feststellen, dass ein Plan so gut ist wie jeder andere. „Vergütungsplandesign ist zweifelsohne der Bereich des Geschäftes, der den subjektivsten Beurteilungen unterliegt,“ sagt Leonard Clements, Herausgeber von *„Market Wave“* und Autor von *„Inside Network Marketing“*. „Es gibt viele verschiedene Möglichkeiten, einen Plan auf dem Papier lukrativer erscheinen zu lassen, aber in der Realität nicht mehr auszuschütten, als bei jedem anderen Plan.“ Um es kurz zu machen, die Unterschiede zwischen Vergütungsplänen wurden bisher in den meisten Fällen völlig übertrieben dargestellt. Manche Vergütungspläne sind mit Sicherheit großzügiger als andere. Aber es ist eine Tatsache, dass jedes seriöse Unternehmen mit anerkanntem Ruf und Wachstum einen Vergütungsplan einsetzt, der Ihnen die optimalen Möglichkeiten bietet, Ihren Erfolg zu sichern – vorausgesetzt, Sie bringen den entsprechenden Einsatz.

Nun stellt sich die Frage, warum man überhaupt die Vergütungspläne analysieren sollte?

DEM WERBERUMMEL WIDERSTEHEN

Ein Grund dafür ist Selbsterhaltung. Jeder Networker wird heutzutage mit dem Wahn konkurrierender Unternehmen bombardiert – der sich meistens auf die Vergütungspläne bezieht. Das Internet quillt von MLM-Angeboten über, in denen versprochen wird, durch einfachere und großzügigere Vergütungspläne mit weniger Zeiteinsatz mehr Geld zu verdienen. Viele davon wirken auf einen Einsteiger sehr verlockend.

Wenn Sie als Neuling auf der Suche nach Ihrer ersten Geschäftsgelegenheit sind, kann es schnell passieren, dass Sie sich zur Zusammenarbeit mit einem Unternehmen mit schlechten Produkten, einem fragwürdigen Management, schwachen Umsätzen und leeren Kassen einlassen nur weil der Marketingplan angeblich eine höhere Auszahlung bietet. Sogar langjährige Networker laufen Gefahr, in diese Falle zu treten. Angenommen, Sie pflegen eine langjährige und beständige Geschäftsbeziehung zu einer bestimmten Firma. Dann mögen Sie jetzt vielleicht annehmen, dass Sie gegen diesen Wahn um die verschiedenen Marketingpläne immun sind. Und vielleicht sind sie das auch. Aber wie sieht es mit Ihren Downline-Partnern aus? Was sagen Sie Ihren Schützlingen, wenn Sie von ihnen um Rat bezüglich eines Konkurrenzunternehmens gebeten werden, weil dieses angeblich einen „leichteren" Vergütungsplan als Ihre Firma bietet? Viele Führungskräfte werden von solchen Fragen kalt erwischt. Und sie haben praktisch keine Ahnung, was sie zur Antwort geben sollen.

„Täglich versuchen mich andere Firmen abzuwerben," berichtet Kalyn Gibbens von Neways (deren Geschichte in den Kapiteln 28 und 29 zu finden ist) „Und die Leute in meiner Downline werden ebenfalls täglich angesprochen. Ich stelle sicher, dass sich meine Leute mit Vergütungsplänen auskennen, damit sie wissen, wie sie reagieren müssen, wenn sie ein anderes Unternehmen durch einen scheinbar besseren Vergütungsplan abwerben will."

I. SECHS KRITERIEN FÜR DIE WAHL DES VERGÜTUNGSPLANS

Sie brauchen kein „Diplom in Vergütungsplänen" zu haben, um den ganzen Wirbel durchschauen zu können. Einige einfache Prinzipien reichen vollkommen aus. Wenn Sie einen Vergütungsplan an den folgenden sechs Kriterien messen, werden Sie schnell über dessen Vor- und Nachteile im Bilde sein.

1. Potentielle Größe der Organisation

Eine MLM-Organisation wächst in zwei Richtungen – horizontal und vertikal – in die Breite und in die Tiefe. Finden Sie heraus, welche Grenzen Ihr Vergütungsplan in der Breite und der Tiefe Ihrer Downline aufstellt. Die Tiefe ist als die Anzahl der Ebenen definiert, auf welche Sie Provisionen erhalten. Die Breite ist als die Anzahl von Vertriebspartnern definiert, die Sie in Ihrer ersten Linie, also persönlich ins Geschäft bringen dürfen. Matrix- und Binärpläne schränken die Breite Ihrer Organisation ein, da die Anzahl Ihrer Erstlinienpartner begrenzt ist. Alle anderen Pläne lassen eine unendliche Breite zu, schränken aber in der Regel die Tiefe ein, da keine unendliche Auszahlung erfolgen kann. Sehen Sie genau hin, wenn Sie die Auszahlung in der Tiefe berechnen. Wenn Sie zwei Pläne betrachten, die beide von sich behaupten, sie ließen jeweils die Auszahlung auf sechs Ebenen zu, könnten Sie bei näherem Hinsehen entdecken, dass einer davon ein Unilevelplan ist, d.h. ein Plan, der Provisionen unterhalb der sechsten Ebene ausschließt, während der andere Plan ein Stairstep-Breakaway-Plan ist, der Ihnen unter gewissen Umständen ermöglicht, auf doppelt so vielen Ebenen Provisionen zu beziehen. Im Weiteren folgt noch eine genaue Erläuterung.

2. Qualifikationen

Damit Sie sich für Boni und Provisionen qualifizieren können, werden Sie monatlich eine bestimmte Menge an Produkten umsetzen, bzw. zu Großhandelspreisen einkaufen müssen. Dies ist Ihr persönlicher minimaler Pflichtumsatz. Einige Vergütungspläne verlangen, dass Sie weitere Produktumsätze tätigen müssen, um sich dann für bestimmte zusätzliche Provisionsstufen zu qualifizieren. Finden Sie heraus, wie hoch diese Abnahmemenge sein muss. Wenn diese Umsatzzahlen zu hoch sind, könnten Sie leicht Gefahr laufen, mehr Produkte zu bestellen, als Sie später absetzen können. Wenn diese Pflichtumsätze zu gering sind, fehlt Ihren Vertriebspartnern der Grund, für Produktumsätze (und damit für Ihre Provisionen) zu sorgen, die über den persönlichen Bedarf hinausgehen. Manche Pläne setzen auch eine gewisse Anzahl von neuen Vertriebspartnern voraus, die Sie in den jeweiligen Ebenen einstellen müssen, um sich für höhere Provisionen zu qualifizieren. Wenn Sie Frustrationen vermeiden wollen, dann achten Sie darauf, dass diese Vorgaben auch realisierbar sind.

> **Aber tatsächlich bieten höhere Back-End-Provisionen demjenigen Vorteile, der engagiert genug ist, sich eine große Gruppe aufzubauen.**

3. Frontend oder Backend?

Einige Pläne gewichten ihre Provisionspläne am Frontend und andere am Backend der Organisation. Unter dem Frontend versteht man in der Regel Ihre ersten Ebenen, also den „oberen" Teil Ihrer Vertriebsgruppe. Dieser besteht meistens aus den ersten Leuten, die man ins Geschäft bringt. Wenn Sie höhere Provisionen auf die ersten Ebenen erhalten, heißt das, dass der Aufbau Ihres Verdienstes schneller und einfacher erfolgt.
Das Backend bezieht sich auf die „unteren", also weiter von Ihnen entfernten Ebenen. Dies sind in der Regel die Leute, die später Ihrer Organisation beitreten, d.h. die Leute, die von den Vertriebspartnern Ihrer Vertriebspartner ins Geschäft gebracht wurden. Traditionelle Pläne zahlen die höchsten Provisionen für die weiter unten befindlichen Ebenen. Das bedeutet, dass Sie länger und härter arbeiten müssen, bevor Sie die wirklich interessanten Provisionen erreichen können. Auf den ersten Blick mag es logisch erscheinen, sich für die einfacheren, schnelleren Provisionen zu entscheiden. Tatsächlich bieten jedoch die Backend-Pläne größere Vorteile für die Networker, die es sich zum Ziel gesetzt haben, riesige und vor allem hochprofitable Organisationen aufzubauen. Der Grund dafür ist, dass es die tieferen Ebenen sind – die Partner der Partner der Partner der von Ihnen persönlich gewonnenen Partner – auf welche sich der Großteil Ihrer Vertriebsgruppe verteilt. Die tieferen Ebenen sind es, auf denen die Kraft des progressiven Wachstums wirklich voll zum Tragen kommt. Eine genauere Erläuterung finden Sie im Folgenden.

4. Auszahlung (Payout)

Jede Firma behauptet, einen gewissen Prozentsatz der Umsätze als Provision auszuzahlen. Darunter ist der prozentuale Anteil der gesamten Umsätze zu verstehen, welchen das Unternehmen in Form von Provisionen an seine Vertriebspartner weitergibt. Die allgemein herrschende Meinung ist, dass die Geschäftsgelegenheit umso besser ist, je höher die Auszahlung ist. Jedoch sollten Sie bedenken, dass das Unternehmen selbst umso weniger Gewinn macht, je mehr es an Provisionen ausschüttet.

Wenn ein Unternehmen bei der Auszahlung zu „großzügig“ ist, könnte es schnell in Liquiditätsprobleme geraten. Theoretisch höhere Provisionen helfen Ihnen nicht weiter, wenn das Unternehmen kurz vor dem Konkurs steht. Das Absatzvolumen und der allgemeine finanzielle Zustand des Unternehmens sind weitaus wichtiger, als die Höhe der Auszahlung. „75% von Null sind immer noch Null,“ erklärt Leonard Clements, der Autor von Inside Network Marketing . „Ein Unternehmen mit einer hervorragenden Auszahlung, aber einem miserablen Absatzvolumen stellt für Sie eine schlechtere Gelegenheit dar, als ein Unternehmen mit einem massiven Absatzvolumen und einer prozentual niedrigeren Auszahlung. Bedenken Sie auch, dass es einigen Unternehmen nur gelingt, eine hohe Auszahlung aufrecht zu erhalten, indem sie die Preise der Produkte in die Höhe treiben. Ein Unternehmen, das Shampoo für $25 verkaufen will, wird es schwer haben, Kunden zu finden, egal wie viele Vertriebspartner es durch hohe Frontend-Provisionen anzieht.“

5. Breakage (Verhältnis zwischen theoretischer und tatsächlicher Auszahlung)

Laut Clements kann sich kein Unternehmen tatsächlich mehr als eine 60%ige Auszahlung leisten – d.h. 60 Cent von jedem Großhandelsdollar. Wenn es mehr auszahlen würde, liefe es Gefahr, in Konkurs zu gehen. Wenn Sie also von Unternehmen hören, die eine Auszahlung von 75% oder mehr anbieten, können Sie davon ausgehen, dass das Unternehmen eine sogenannte Breakage in ihre Pläne eingebaut haben. Breakage ist die Differenz zwischen dem Prozentsatz, den Ihre Firma auszuzahlen vorgibt, und dessen, was sie tatsächlich auszahlt. Das Kleingedruckte in den meisten Vergütungsplänen beinhaltet eine Menge von versteckten Klauseln, deren Zweck alleine darin besteht, Ihre Provisionen einzuschränken, Ihre Qualifikationsbedingungen unter bestimmten Voraussetzungen zu erhöhen oder gewisse Anteile Ihres Absatzvolumens von Provisionszahlungen auszuschließen.

Es wäre nun selbstverständlich anzunehmen, dass Ihr gesamtes Absatzvolumen zu Ihrem monatlichen Umsatzvolumen hinzuzählt. Aber ist dies tatsächlich der Fall? Viele Unternehmen werten nur das sogenannte „unbelegte" Volumen. Dies ist als Umsatzvolumen Ihrer persönlichen Gruppe, jedoch abzüglich der Umsätze Ihrer sogenannten Breakaway-Partner definiert. Also Partner, die sich in Ihre Provisionsstufe hochgearbeitet haben und daher aus Ihrem unbelegten Umsatzvolumen „wegbrechen" (engl. break away). Dann gibt es auch Unternehmen, die Ihr tatsächliches Absatzvolumen in ein sogenanntes „Bonus-Volumen" übertragen, das in der Regel deutlich niedriger ist, als ihr tatsächliches Absatzvolumen (so mögen z.B. 1000 Dollar Großhandelsabsatzvolumen nur einem Bonusvolumen von 700 Dollar entsprechen). Wenn dann Ihre monatlichen Provisionen berechnet werden, entspricht die Zahl, die als Bonusvolumen ausgewiesen ist, nicht gleich Ihrem Absatzvolumen.

Zusätzliche Breakage wird durch eine Art Buße geschaffen. Manche Unternehmen üben strenge Strafen für die Nichterfüllung von Umsatzvorgaben aus. In manchen Fällen könnten Sie in niedrigere Provisionsstufen zurückgestuft werden – sogar gleich in die niedrigste – auch wenn sie lediglich einmalig ihre monatliche Quote nicht erfüllen konnten. Mildere Pläne bieten eine gewisse Bewährungszeit von mehreren Monaten, bevor Sie zurückgestuft werden, damit Sie die Möglichkeit haben, Ihr Absatzvolumen wieder aufzubauen. Manche Pläne sind sogar so milde angelegt, dass Sie gar nicht degradiert werden können.

Es ist wichtig zu verstehen, dass an Breakage grundsätzlich nichts auszusetzen ist. Es ist nur eine Werbemaßnahme, um den Vergütungsplan attraktiver erscheinen zu lassen – genauso wie viele Einzelhändler ihre Ware lieber mit DM 9,99 als mit DM10,00 auspreisen, damit sie dem Kunden günstiger erscheint. Halten Sie ein Auge darauf, was die Firma tatsächlich auszahlt (nach Breakage) und ignorieren Sie dessen versprochene Auszahlung (vor

Breakage). Auf diese Weise werden Sie klügere Entscheidungen treffen können.

6. Art des Vergütungsplans

Es gibt vier Haupttypen der Vergütungspläne, die Ihnen im Network-Marketing immer wieder begegnen werden – jeder mit seinen eigenen Stärken und Schwächen. Es gibt die Stairstep/Breakaway-, die Matrix-, die Unilevel- und die Binärpläne. Wir werden im Folgenden die verschiedenen Pläne erforschen und miteinander vergleichen.

Der Vergütungsplan der 4. Welle

Im Mai 1994 wurde ich von John Milton Fogg, dem Haupteditor von Upline Magazine zu meinem damals neu erschienenen Buch Wave 3, die 3. Welle, interviewt. Während des Interviews stellte er folgende Frage: „Richard, gibt es eine 4. Welle?“ Ich antwortete folgendermaßen: „Ich glaube, die neue Dimension des Network-Marketing wird die Vergütungspläne betreffen – worin jeder merken wird, dass sich Vergütungspläne entwickeln können ... dass den Einsteigern und Nebenberuflern, die lediglich einen durchschnittlichen Arbeitseinsatz leisten können, mehr Geld zur Verfügung gestellt werden kann.“

Ich bezog mich auf die Tatsache, dass zu diesem Zeitpunkt immer mehr Unternehmen damit begannen, auf dem Frontend der Pläne (d.h. auf den vorderen Ebenen), höhere Provisionen auszuzahlen. Wie bereits erläutert, ermöglicht diese Form der Vergütungspläne mehr Menschen, schneller Geld zu verdienen – ganz besonders dem „Kleinen Mann“, der womöglich Schwierigkeiten hat, mehr als nur eine Handvoll neuer Vertriebspartner ins Geschäft zu bringen. Ich freue mich sagen zu können, dass sich meine Vorhersage vom Mai 1994 mittlerweile bewährt hat. Höhere Provisionen in den höheren Ebenen zu zahlen, scheint der klare Trend der MLM-Unternehmen zu sein. Es ist inzwischen sogar schon problematisch, überhaupt noch ein MLM-Unternehmen zu finden, das seine Pläne nicht schon angepasst hat.

Das wichtigste Gesetz der Vergütungspläne

Manche Unternehmen haben dieses Prinzip ins Extrem getrieben. Statt ihre höheren Ebenen lediglich ein paar Prozent höher zu stufen, haben sie fast die gesamten Provisionen auf die obersten beiden Ebenen verteilt, was dazu führt, dass auf den darunterliegenden Ebenen wenig oder nichts mehr ausbezahlt werden kann. Auf dem ersten Blick mag das als logischer Schritt erscheinen. Wenn „einfachere“ Pläne die Welle der Zukunft darstellen, warum den Plan dann nicht so einfach wie möglich gestalten?

Ich wünschte, es wäre so einfach! Wie Sie auf den nächsten Seiten feststellen werden, gibt es ein unumgängliches Gesetz – sagen wir das primäre Gesetz der Vergütungspläne: Dieses besagt, dass jeder Vorteil, den man in einen Vergütungsplan einbaut, unabdingbar einen Nachteil gleichen Ausmaßes nach sich ziehen muss.

Komprimierte Pläne

Im Falle der sogenannten „komprimierten” oder „kompressierten” Pläne – das sind die Vergütungspläne, in bei denen der Großteil der Provisionen auf die oberen Ebenen verteilt wird – ist der Vorteil eindeutig: man verdient mehr (und schneller) Geld an den Partnern, die man zuerst ins Geschäft bringt. Der Nachteil ist genauso eindeutig; man verdient weniger Geld für Leuten, die man später einstellt.

Nehmen wir an, Sie arbeiten monate- oder jahrelang sehr hart, um eine Gruppe aufzubauen, die sich über viele Ebenen in die Tiefe entwickelt hat. Den Idealfall angenommen, haben Sie schließlich drei Vertriebspartner auf Ihrer ersten Ebene, neun auf Ihrer zweiten, 27 auf Ihrer dritten, 81 auf Ihrer vierten, 243 auf Ihrer fünften, 729 auf Ihrer sechsten Ebene und so weiter. In den extremeren Ausführungen der komprimierten Pläne, könnten Sie für diese ersten zwölf Leute hohe Provisionen bekommen, bedeutend weniger jedoch für die 27 Leute Ihrer dritten Ebene und wenig oder gar nichts für die übrigen Hunderte von Leuten auf den Ebenen, die sich darunter befinden. Um es kurz zu machen – Sie können mit diesem Plan das progressive Wachstum der tieferen Ebenen nicht ausnutzen.

Einige Unternehmen begegnen diesem Problem, indem sie zusätzliche Boni auf die tieferen Ebenen bieten. Dies kann helfen, aber ehrlich gesagt: In einer Organisation mit einer solchen Tiefe würde Ihr Vorteil im Bezug von Provisionen auf den unteren, den breiten und großen Ebenen liegen. Die Verfechter eines komprimierten Planes werden jetzt argumentieren, dass sich der Großteil der Networker um die niedrigen Ebenen keine Sorgen machen brauchen, da es den meisten Menschen niemals gelingt, eine Organisation aufzubauen, die tiefer als zwei Ebenen ist.

Das mag zwar wahr sein, aber erst durch Führungsqualitäten leben Network-Marketing Unternehmen auf. Potentielle Führungskräfte, die es sich zum Ziel gemacht haben, große Organisationen aufzubauen, sollten sich gut überlegen, ob sie ihr Einnahmepotential auf den tieferen Ebenen aufgeben wollen.

EIN MYTHOS DER 4. WELLE

Bedauerlicherweise behaupten manche Networker seit kurzem, dass der komprimierte Plan der einzige MLM-Vergütungsplan wäre, den der Autor – Richard Poe – als Vergütungsplan der 4. Welle bezeichnen würde. Lassen Sie mich dies richtig stellen:

Zunächst habe ich nie behauptet, dass der „Wave 4-Status" eines Unternehmens ausschließlich von seinem Vergütungsplan abhängt. Mein Buch – „Wave 3" – das 1994 herausgegeben wurde, enthält ein Kapitel mit dem Titel „Die 4. Welle und die Zukunft", in welchem die Revolution der 4. Welle deutlich in Bezug auf die Marketingtechnologie durch interaktive Medien als Quantensprung definiert ist.

Die Revolution der 4. Welle deckt eine ganze Reihe von Entwicklungen ab – vom Marketing per Internet bis hin zu Produktdiversifikationsstrategien. Das Vereinfachen von Vergütungsplänen ist ein wichtiger Teil dieser Revolution – aber eben nur ein Teil.

Um es auf den Punkt zu bringen: Ich habe kein einziges Mal behauptet, dass ein bestimmter Prozentsatz von Provisionen auf bestimmte Ebenen eines MLM Unternehmens verteilt werden soll. Es wäre unverantwortlich von mir, solche genauen Vorgaben zu formulieren, besonders für ein Geschäftsfeld, das so viel Platz für (berechtigte) unterschiedliche Meinungen bietet und in dem die langfristigen Ergebnisse von Änderungen im Vergütungsplan fast völlig unvorhersehbar sind.

EIN HEIKLES GLEICHGEWICHT

Was ich jedoch behaupten kann – und was ich schon immer behauptet habe – ist, dass der allgemeine Trend im einundzwanzigsten Jahrhundert sein wird, vereinfachte Pläne zu anzubieten. Aber die Frage zu beantworten, wie einfach die Pläne werden sollten, ist nicht leicht. Die meisten Experten sind sich darin einig, dass die besten Pläne einen Mittelweg zwischen den früheren Vergütungsplänen mit hohen Verkaufsvorgaben und mageren Provisionen auf den oberen Ebenen und den komprimierten Vergütungsplänen mit ihren kopflastigen Provisionen einschlagen sollten. „ Ich sage voraus, dass wir schließlich eine Anpassung zur Mitte zurück erleben werden," schreibt Clements in der 1998-1999 *„Beste Firmen des Jahres"* – Ausgabe von Network-Marketing Today. Die Gestalter von Vergütungsplänen werden damit anfangen, Teile der hohen Provisionen für die zweite Ebene auf die dritte und vierte Ebene zu verteilen. Clements plädiert für einen „Mittelgewichtigen Plan". Ich schließe mich ihm an. Ich glaube, dass die Vergütungspläne der 4. Welle ein feines Gleichgewicht zwischen den Front-end- und Backend- Provisionen darstellen sollten, die ordentliche Einnahmen für die Nebenberufler zulassen und gleichzeitig angemessene Verdienste für Vollzeit-Networker ermöglichen. Es steht außer Frage, dass eine große Auswahl an verschiedenen Plänen auftauchen wird, um diese Anforderungen erfüllen zu können. Die Leser dieses Buches sollten die Vor- und Nachteile eines jeden Plans für sich selbst abwägen und dann entscheiden, welcher davon ihren Bedürfnissen am besten gerecht wird. Dieses Kapitel ist dazu gedacht, Ihnen genau dieses zu erleichtern.

Die vier Arten von Vergütungsplänen

Wie bereits erläutert, gibt es vier Hauptkategorien von Vergütungsplänen. Keine ist eindeutig besser als die andere. Jede hat ihre eigenen Vor- und Nachteile. Diese werden im Folgenden umrissen.

Der Stairstep/Breakaway Plan

Beschreibung

Diese Pläne sind treppenstufenartig (engl. stairstep) strukturiert, wobei jede Stufe ein höheres Erfolgs- bzw. Provisionsniveau darstellt. Je mehr Produkte Sie jeden Monat bestellen, und/oder je mehr Vertriebspartner Sie ins Geschäft bringen, umso höher steigen Sie innerhalb des Stufenplans auf. Je höher Sie aufsteigen, umso höher wird der Prozentsatz Ihrer Provisionen (oder die Anzahl von Ebenen, auf die Sie berechtigt sind, Provisionen zu beziehen).

Die Partner in Ihrer Downline können auf die gleichen Stufen aufsteigen. Wenn diese eine bestimmte Stufe erreichen, spalten sich diese mitsamt ihrer eigenen Downline von Ihrer Gruppe ab. Ab diesem Punkt zählt das Umsatzvolumen dieser „weggebrochenen" Gruppe nicht mehr zu Ihrer monatlichen Qualifikation und hinzu kommt, dass Sie in der Regel auch niedrigere Provisionen für den „weggebrochenen" Vertriebspartner und seiner Gruppe erhalten als vorher. Trotzdem haben Sie die Möglichkeit, – obwohl Sie niedrigere Provisionssätze beziehen – mehr

Geld an Ihrer „getrennten“ Gruppe zu verdienen, weil Ihre Provision nach dem Umsatzvolumen der gesamten „getrennten“ Gruppe berechnet wird, und nicht nur anhand der Vertriebspartner, die in Ihren oberen Auszahlungsebenen liegen.

(Siehe auch Glossar am Ende des Buches)

VORTEILE DES STAIRSTEP/ BREAKAWAY PLANES

Durch „Breakaways“ kann man größere Gruppen aufbauen und Provisionen aus tieferen Ebenen erhalten, als dies allgemein in anderen Plänen möglich wäre.

- **Unbegrenztes Verdienstpotential**

Kein anderer Vergütungsplan übertrifft den Stairstep/Breakaway, was die reinen Verdienstmöglichkeiten betrifft. Durch die „Breakaways” ist es möglich, größere Organisationen aufzubauen und Provisionen aus tieferen Ebenen zu beziehen, was in den meisten anderen Plänen generell in diesem Ausmaß nicht zu erreichen ist, da Ihnen dort Grenzen gesetzt werden.

- **Tieferer Verdienstbereich**

In einem typischen, aus sechs Ebenen bestehenden Unilevel-Plan können Sie lediglich aus sechs Ebenen Provisionen beziehen, nicht mehr. In einem sechs Ebenen tiefen Stairstep/Breakaway Plan sind jedoch theoretisch Provisionsbezüge von bis zu zwölf Ebenen möglich. Nehmen wir an, jemand auf Ihrer sechsten Ebene „trennt“ sich. Sie würden dann eine monatliche Provision aus seiner seiner gesamten Gruppe – die durchaus ebenfalls sechs Ebenen tief sein könnte – einnehmen. Das macht insgesamt zwölf Ebenen.

- **Größere Downline**

Die Tiefe eines Stairstep/Breakaway Plans mag beeindruckend sein, aber dessen Breite ist praktisch unbegrenzt. Es gibt keine Beschränkungen, wie viele neue Vertriebspartner Sie und Ihre Vertriebspartner auf der ersten Ebene persönlich ins Geschäft bringen dürfen.

- **Stabilität des Unternehmens**

Nach ca. 50 Jahren des Network-Marketing haben es nur eine Handvoll von Unternehmen geschafft, länger als sieben Jahre am Markt zu bestehen. Von denen, die es geschafft haben, arbeiten 86% laut einer Untersuchung von MarketWave im Jahr 1996 mit Stairstep/Breakaway-Plänen. Warum der größte Teil der beständigsten Unternehmen mit dieser Art von Vergütungsplan arbeitet? Ein Teil der Erklärung könnte darin liegen, dass Stairstep/Breakaway-Pläne schon länger bekannt sind als andere Arten. Beispielsweise gab es bis vor zehn Jahren noch gar keine binären Pläne. Einige Experten der Branche vermuten außerdem, dass die hohen Profite, die Unternehmen durch den Einsatz von Stairstep/Breakaway-Plänen erzielen, ein finanzielles Polster ermöglichen, dass ihnen dadurch eine größere Überlebenschance gewährt.

Nachteile

- **Verzögerte Provisionen**

In allen MLM-Plänen sind die Vorteile des progressiven Wachstums am deutlichsten auf den tieferen Ebenen des Plans zu spüren. Aber es bedarf langer, harter Arbeit, bis man den Punkt erreicht, an dem diese tieferen (und breiteren) Ebenen entstanden sind, von denen man profitieren kann. Genauso, wie Stairstep-Pläne die höchsten Backend-Provisionen ermöglichen, erfordern sie auch die meiste Arbeit und die größte Geduld, bevor Sie in den Genuss dieser hohen Provisionen kommen.

- **Hohe monatliche Umsatzvorgaben**

Um von einer Stufe in die nächste aufsteigen zu können, verlangen die meisten Stairstep-Pläne, dass jeden Monat eine bestimmte Menge an Produkten abgenommen, bzw. dass eine bestimmte Anzahl von neuen Vertriebspartnern eingestellt wird. Diese Umsatzvorgaben wachsen oftmals, je höher man innerhalb des Vergütungsplanes aufsteigt. Darüber hinaus bauen Sie eventuell Ihr Verkaufsvolumen in einem Zweig Ihrer Downline auf, der sich selbst in Ihre Stufe qualifiziert und dadurch wegbricht. Sein Umsatz zählt jetzt nicht mehr als unbelegtes Volumen und um den Anforderungen des Vergütungsplans gerecht zu werden, müssen Sie neue Leute für Ihre persönliche Gruppe gewinnen und das Verkaufsvolumen wieder von Neuem aufbauen.

- **Komplexität**

Stairstep/Breakaway Pläne sind häufig sehr kompliziert und neue Vertriebspartner haben in der Regel Schwierigkeiten, sie zu verstehen.

- **Kopflastige Provisionen**

Dadurch, dass Stairstep/Breakaway-Pläne das Backend höher entlohnen, neigen sie dazu, die Spitzenleister unproportional höher zu bezahlen. Manche Networker bezeichnen die Stairstep/Breakaway-Pläne als die „Kapitalisten-Pläne", weil sie i.d.R. mehr Geld an die höheren als an die rangniederen Vertriebspartner verteilen. Heute sind jedoch die Anforderungen vieler Stairstep/Breakaway-Pläne vereinfacht worden und die Provisionen wurden in die oberen Ebenen, also auf das Frontend verschoben. Dadurch wurde eine neue Generation von „weichen" oder „4. Welle-"Stairstep/Breakaway-Plänen ins Leben gerufen.

DER MATRIX-PLAN

Beschreibung

Der typische Matrix-Plan setzt in Bezug auf Länge und Breite klare Grenzen. In einem 2 x 12 Plan ist beispielsweise eine Tiefe von 12 Ebenen erlaubt, aber eine Frontline, die aus maximal zwei Personen besteht. Die ersten zwei Leute, die Sie einstellen, machen dann Ihre gesamte Front- oder Erstlinie aus. Die dritte Person würde dann per sogenanntem „Spillover" (engl. Überlauf) in die nächste Ebene „hinunterrutschen".

Vorteile des Matrix Plans

- **Überlauf (Spillover)**

Dadurch, dass die Anzahl an Partnern auf Ihrer ersten Linie so gering ist, wird jeder ehrgeizige Networker möglichst viel Spillover verursachen. Wenn Sie beispielsweise bei einem 2 x 12 Plan sechs Leute einstellen, werden vier von ihnen in Ihre zweite Ebene hinunterrutschen. Während Ihr Spillover die Downlines der Leute unter Ihnen füllt, füllt sich gleichzeitig Ihre Downline mit dem Spillover von den Vertriebspartnern über Ihnen.

- **Einfache Handhabung**

Sie sind für das Training und die Überwachung der Leute verantwortlich, die Ihre erste Linie, Ihre Frontline, ausmachen. In Plänen mit unbegrenzter Breite, wie es in Unilevel- oder Stairstep/Breakaway-Plänen der Fall ist, können Sie mit 100 oder mehr Leuten unter Ihrer direkten Aufsicht konfrontiert sein. Aber in einem typischen Matrix-Plan haben Sie nie mehr als zwei oder drei Leute in Ihrer Frontline.

- **Einfachheit**

In Matrix-Plänen gibt es keine Breakaways, und i.d.R. auch keine sonstigen komplizierten Eigenschaften. In den meisten Fällen sind sie einfach zu erklären und auch zu verstehen.

Nachteile

- **Faule Downlines**

Anbieter von Matrix-Plänen locken häufig mit dem Versprechen des Spillovers – damit, dass Ihnen jemand anderer Ihre Downline aufbaut. Dies lockt zwar viele neue Leute ins Geschäft, aber dieses Versprechen neigt auch dazu, viele Leute anzuziehen, die nicht arbeiten wollen – oder nicht erwarten, arbeiten zu müssen.

- **Der Sozialismus-Effekt**

Wie in sozialistischen Staaten, nehmen Matrix-Pläne in der Regel das Geld von den Reichen und verteilen es an die Armen. Ehrgeizige Vertriebspartner arbeiten in Matrix-Plänen genauso viel, wie in anderen Plänen, aber ein größerer Teil der eigentlich durch sie erzielten Provisionen landet in den Taschen von den Leuten in ihrer Downline. Manche Firmen versuchen diesen Umstand dadurch zu verhindern, dass sie ihren Vertriebspartnern erlauben, mehr als nur ein Profit-Center einzurichten – d.h. sie können sich unter ihrem eigenen Namen mehrmals von Neuem einschreiben. Diese Vorgehensweise ist in anderen Plänen streng untersagt.

DER UNILEVEL PLAN

Beschreibung

Der typische Unilevel-Plan hat keine Breakaways, aber in anderen Aspekten ähnelt er sehr den Stairstep/Breakaway-Plänen. Wie das Stufensystem, setzt auch dieser Plan eine Grenze fest, aus wie vielen Ebenen man Provisionen beziehen kann. In der Regel können Sie aber eine unbegrenzt breite erste Linie aufbauen. Wie auch in den

Stairstep/Breakaway-Plänen erreicht man höhere Stufen, indem man die monatlich festgelegten Umsatzvorgaben erreicht.

Vorteile

- **Einfachheit**

Die Unilevel-Pläne sind i.d.R. einfach zu verstehen und zu erklären, da sie keine Komplexitäten wie z.B. Breakaways beinhalten.

- **Unbeschränkte Breite**

Wie der Stairstep/Breakaway-Plan, erlaubt Ihnen der Unilevel-Plan so viele Leute in Ihrer Erstline einzustellen, wie Sie es möchten.

- **Spillover**

Viele Unilevel Pläne legen die höchsten Provisionsätze auf die dritte Ebene. Dies gibt den Vertriebspartnern einen hohen Anreiz, mehr Leute auf ihrer dritten Ebene zu platzieren. Dadurch, dass sie dies tun, helfen die Vertriebspartner damit sogar noch anderen Leuten ihre Frontlines aufzubauen, weil die dritte Stufe eines Vertriebspartners immer gleichzeitig die erste Ebene eines anderen ist.

- **Einfache Qualifikationen**

In einem Unilevel Plan wird Ihr gesamtes Umsatzvolumen zu Ihrer monatlichen Umsatzvorgabe gerechnet. Sie müssen sich nie um Breakaways oder um eine Zurückstufung sorgen. Dies macht es viel einfacher, die Stufen aufzusteigen, um an die höheren Provisionen zu gelangen.

Nachteile

- **Wachstumsgrenzen**

Unilevel-Organisationen sind i.d.R. kleiner, als die Gruppen, die durch Stairstep/Breakaway-Pläne aufgebaut wurden – sowohl in der Anzahl der Vertriebspartner, als auch in der Höhe der Provisionszahlungen. Dafür gibt es zwei Gründe: In einem Stairstep-Plan kann ein Vertriebspartner Provisionen aus tieferen Ebenen beziehen – durch die Breakaways. Der typische Unilevel-Plan zahlt nur auf eine begrenzte Anzahl von Ebenen aus. Stairstep-Pläne ermöglichen es Ihnen, die Organisation breiter wachsen zu lassen, indem man die Aufgaben von Überwachung und Training Ihrer Downlinepartner zwischen Ihnen und

Ihren Breakaway-Führungskräften (Ihren aufgrund guter Leistungen „weggebrochenen" Partnern) aufteilt. Der typische Unilevel-Plan fordert jedoch, dass Sie die direkte Verantwortung für das Training und die Aufsicht jeder Person in Ihrer Erstlinie übernehmen. Wenn Ihre Vertriebsgruppe dann zu schnell in die Breite wächst, könnten Sie sich schnell überfordert fühlen.

- **Faulheit**

Viele ehrgeizige Networker neigen dazu, Unilevel-Organisationen wegen der vorgegebenen Wachstumsgrenzen zu meiden. Diese Pläne ziehen eher Leute an, die in erster Stelle einsteigen, weil sie die Produkte zum Großhandelspreis kaufen möchten.

Der Binäre Plan

Beschreibung

Wie in einem 2 x 2 Matrix-Plan erlaubt Ihnen der typische binäre Plan nur zwei Leute in Ihrer Erstlinie einzustellen. Dadurch entsteht eine in zwei „Beine" geteilte Organisation, die häufig als „rechtes Bein" und „linkes Bein" bezeichnet werden. Provisionen werden i.d.R. nur auf das „schwächere Bein" bezahlt – d.h. das Bein, das während des Abrechnungszeitraums das niedrigere Umsatzvolumen erzielt. In den meisten Fällen werden auf die Umsätze des „stärkeren Beins" keine Provisionen bezahlt.

Vorteile

- **Schneller Verdienst**

Die meisten Vergütungspläne rechnen einmal monatlich ab. Ein typisches Merkmal von Binären Plänen ist, dass sie Provisionen wöchentlich auszahlen.

- **Größere Tiefe**

Obwohl man Provisionen nur auf die Umsätze eines „Beins" beziehen kann, bezieht man sie auf alle Ebenen dieses „Beines", nicht nur auf eine begrenzte Anzahl von Ebenen. Dies ist ein großer Vorteil. Angenommen, Sie befinden sich in einem siebenstufigen Unilevel-Plan. Wenn Sie jetzt einen Spitzenleister auf Ihrer achten Ebene ins Geschäft bringen sollten, heisst es: Pech gehabt! Er und seine gesamte Organisation fällt aus dem Bereich hinaus, auf den Sie Provisionen beziehen dürfen. In einem Binären Plan hingegen würden Sie die Provision auf das Umsatzvolumen Ihres Topmannes erhalten, egal, ob er sich auf Ihrer zwanzigsten oder auf Ihrer hundertsten Ebene befindet.

Nachteile

- **Abtrünnige „Beine"**

Binäre Pläne funktionieren am besten, wenn sich beide „Beine" ungefähr gleich stark entwickeln. Aber nehmen wir an, eines entwickelt sich so gut, dass es das andere überholt. In einem extremen Beispiel hätte das „starke Bein" $50,000 in einer Woche verdient, während das schwächere gar nichts verdient hätte. Sie würden in dieser Woche keine Provision beziehen. Und wenn sich ein „Bein" einmal überproportional entwickelt hat, neigt die Abweichung dazu, nur noch größer zu werden, weil das „starke Bein" immer mehr Leute und dadurch einen immer höheren Umsatz erzielt. Wie ein wildes Pferd rennt es außer Kontrolle davon und produziert zwar viel Geld für Ihre Firma, aber nicht für Sie. Es soll jedoch darauf hingewiesen werden, dass einige Firmen dieses Problem durch die Auszahlung eines zusätzlichen Bonus´ auf das Umsatzvolumen des „starken Beines" ausgleichen.

- **Provisionszulagen**

Manche Binären Pläne zahlen Provisionen auf vorgegebene Ebenen anstelle einer prozentualen Umsatzprovision. Beispielsweise könnte es sein, dass Sie in einer Woche Produkte im Wert $1900 umgesetzt haben. Sie würden Ihre 20%ige Provision bzw. $380 erwarten. Aber viele Binäre Pläne würden es anders berechnen. Sie würden zu dem Schluss kommen, dass Ihre $1900 irgendwo zwischen zwei Gewinnstufen liegen; $1000 und $2000, daraufhin würde man Ihr Umsatzvolumen auf die niedrigere Stufe abrunden – auf $1000. Ihre 20%ige Provision würde in dieser Woche dann nur noch $200 betragen. Es werden zwar die restlichen $900 auf Ihr Umsatzvolumen der darauffolgenden Woche angerechnet, aber das Volumen der nächsten Woche könnte ebenfalls abgerundet werden, und dadurch könnte noch mehr Geld zurückbehalten werden. Also gelingt es dem Unternehmen in der Realität, einen großen Teil Ihrer Provisionen einzubehalten. Manche Binären Pläne verhindern diese Problematik jedoch, indem sie eine feste Provision auf das „schwächere Bein" auszahlen – einer der unzähligen Möglichkeiten, wie sich Binäre Pläne, ähnlich anderen Vergütungsplänen, auf die 4. Welle einstellen.

Keine einfachen Antworten

Wenn der Leser eines in diesem Kapitel gelernt hat, dann sollte es sein, dass es bei Vergütungsplänen keine Ja-oder-Nein-Antworten gibt. Meine zehnjährige Arbeit als Berichterstatter und Autor über Network Marketing haben mir ein Prinzip vermittelt, das man vielleicht als das zweite Gesetz der Vergütungspläne bezeichnen kann:

Auf jeden Experten für Vergütungspläne kommt ein gleichwertiger, der die gegenteilige Meinung vertritt. Meine Analyse in diesem Kapitel beruht zu großen Teilen auf den Aussagen, die ich über die Jahre hinweg von Experten wie Leonard Clements, Rod Cook, Corey Augenstein und Dr. Srikumar Rao erhalten habe. Aber keiner der genannten Experten stimmt mit allen Punkten, die hier genannt wurden überein, genauso, wie sie sich häufig auch untereinander nicht einigen können.

Was ich Ihnen anbiete, ist ein Überblick des Wissens meiner Lehrer, das von meinen eigenen Einschätzungen und Beobachtungen gefärbt ist. Auch Sie müssen das, was Sie in diesem Kapitel gelernt haben, mit Ihren Erfahrungen und Einschätzungen abstimmen.

Nutzen Sie Ihren Verstand und wiegen Sie jeden Plan anhand seiner Vor- und Nachteile ab. Schlussendlich wählen Sie den Plan aus, der Ihren Bedürfnissen und Anforderungen am ehesten gerecht wird.

KAPITEL 20

Die sieben Erfolgssäulen der vierten Welle

Ein schlüsselfertiges Erfolgssystem ist die Triebfeder der Revolution der 4. Welle. Aus diesem Grund erwarten die MLM-Firmen des 21sten Jahrhunderts von ihren Vertriebspartnern keinen heldenhaften unternehmerischen Ideenreichtum. Man verlangt von Ihnen lediglich, dass Sie unermüdlich und vertrauensvoll nach dem vorgegebenen System arbeiten. Das gelingt Ihnen, wenn Sie sich an ein paar einfache Prinzipien halten, die ich als die sieben Erfolgssäulen der vierten Welle bezeichnet habe.

Säule Nr. 1 – Geben Sie niemals auf

Jede Erfolgsstory im Network-Marketing ist eine Geschichte, die vom Durchhalten unter schweren Bedingungen und Enttäuschungen handelt. Auch die Revolution der vierten Welle enthebt Sie nicht von harter Arbeit. Schlüsselfertige Systeme sind erstklassige Werkzeuge, aber eben nur Werkzeuge. Ein Handwerker muss sie trotzdem noch mit Energie zum Einsatz bringen, um die Arbeit zu leisten. Leisten Sie diese Arbeit, und Ihr Geschäft wird wachsen. Es mag Jahre dauern. Auf Ihrem Weg wird es Rückschläge und Enttäuschungen geben. Aber wenn Sie den einfachen Kurs halten, werden Sie Ihr Ziel erreichen.

Säule Nr. 2 – Finden Sie einen Mentor

Network–Marketing basiert auf dem Prinzip der Sponserns. Die Person, die Sie ins Geschäft gebracht hat – Ihr Sponsor – ist dafür verantwortlich, Sie zu auszubilden und anzuleiten. Aber Ihr Sponsor mag nicht immer für diese Aufgabe qualifiziert sein. Manchmal werden Sie die Linie über Ihren Sponsor hinweg nach oben verfolgen müssen – zu seinem Sponsor oder zum Sponsor seines Sponsors – um jemanden zu finden, der über die Erfahrung und Fähigkeiten verfügt, als Ihr Mentor zu dienen. Suchen Sie solange, bis Sie diese Person gefunden haben. Sich einen fähigen Mentor zu suchen, sollte Ihre allererste Aufgabe beim Start Ihres 4. Welle-Geschäftes sein.

SÄULE NR. 3 – ARBEITEN SIE NACH DEM SYSTEM

Ihr Geschäft der vierten Welle basiert auf schlüsselfertigen Systemen, die schon lange vor Ihrem Einstieg entwickelt wurden. Die Tatsache, dass Ihre Firma erfolgreich ist, bedeutet, dass die Systeme ihren Erfolg am Markt bewiesen haben. Ziehen Sie daraus Ihre Vorteile.

> Sich einen fähigen Mentor zu suchen, sollte Ihre allererste Aufgabe beim Start Ihres 4. Welle-Geschäftes sein.

Arbeiten Sie so nach dem System, wie man es Ihnen gezeigt hat. Versuchen Sie nicht, das Rad neu zu erfinden.

Natürlich mag es verschiedene Führungskräfte über Ihnen geben, die unterschiedliche Strategien haben, um das Geschäft aufzubauen. Folgen Sie der Strategie Ihres persönlichen Mentors. Wenn Sie das Meiste aus dieser Mentorbeziehung herausholen wollen, dann streiten Sie sich nicht mit Ihrem Lehrer oder stellen ihn in Frage. Seien Sie lernfähig. Nützen Sie sein System und werden Sie darin zum Experten. Eines Tages mögen Sie erfolgreich und erfahren genug sein, um Ihr eigenes System zu entwickeln. Dann werden auch Sie eine Führungskraft sein. Aber wie es das alte Sprichwort sagt – Sie müssen erst lernen, zu folgen, bevor Sie führen können.

SÄULE NR. 4 - ERZÄHLEN SIE IHRE GESCHICHTE

Jeder Verkäufer ist ein Geschichtenerzähler. In den meisten Fällen erzählen Verkäufer Geschichten über die Anwendung und den Nutzen der Produkte oder Dienstleistungen, die sie verkaufen. Networker erzählen eine andere Geschichte. Sie reden von sich selbst, ihrem Leben, ihren Zielen, Träumen und Bestrebungen. Wenn Sie sich mit einem Interessenten unterhalten, dann werden Sie versuchen, dieser Person die Idee zu verkaufen, in Ihre Fußstapfen zu treten. Sie möchten ihn davon überzeugen, dass er den gleichen Karriereschritt gehen soll, den Sie gegangen sind, indem er bei Ihrer Firma als Vertriebspartner einsteigt. Ihre persönliche Geschichte ist wichtig, um ihn dazu zu inspirieren, es Ihnen gleichzutun.

Ihre Geschichte braucht nicht außergewöhnlich zu sein. Erzählen Sie einfach nur die Wahrheit, in Ihren eigenen Worten. Vielleicht besagt Ihre Geschichte, dass Sie gerade erst bei Ihrer Firma eingestiegen sind, dass Sie ein Risiko eingegangen sind, dass Sie noch nicht wissen, was dabei herauskommen wird, aber dass Sie daran glauben, und dass Tim (Ihr Sponsor), der hier am Tisch sitzt, schon erstklassige Arbeit geleistet hat, als er Ihnen die Grundlagen gezeigt hat. Dann lassen Sie Tim übernehmen. Lassen Sie ihn den Hauptakteur sein, statt es selbst sein zu wollen. Ihre Geschichte wird Tim helfen, seine Präsentation durchzuführen, weil Ihr Interessent jetzt erkennt, dass es auch andere Menschen gibt, die bereit sind, sich Tim's Führung anzuschließen. Und je erfolgreicher Sie werden, umso mehr wird sich Ihre Geschichte verbessern.

SÄULE NR. 5 – HALTEN SIE ES EINFACH

Der Schlüssel zum Erfolg im Network-Marketing heißt Duplikation. Sie überzeugen Menschen davon, in Ihre Downline einzusteigen, indem Sie ihnen klarmachen, dass diese nachahmen (duplizieren) können, was Sie und Ihr Sponsor tun. Je komplexer und schwieriger Ihr Geschäft wirkt, umso weniger duplizierbar wird es Ihren Interessenten erscheinen und umso geringer wird die Wahrscheinlichkeit, dass sie einsteigen werden.

Wenn Sie zu einem Interessenten nach Hause gehen und zwei oder drei Stunden lang das Geschäft in allen Details erklären, könnte das Ihren Interessenten vom Einstieg abhalten, weil er genau das nicht tun will – zwei oder drei Stunden mit jedem Interessenten verbringen. Wenn Sie jedoch Ihrem Interessenten lediglich ein Video aushändigen und sagen: "Rufen Sie mich in ein paar Tagen an und teilen Sie mir Ihre Entscheidung mit," dann wird er schlussfolgern, dass dies ein sehr einfach durchzuführendes Geschäft ist und er wird eher geneigt sein, es zu versuchen.

SÄULE NR. 6 – FILTERN UND SORTIEREN SIE

Verschwenden Sie keine Zeit damit, Menschen darum zu bitten, bei Ihrem Geschäft einzusteigen. Widerwillige Interessenten werden nur schlechte Vertriebspartner abgeben, selbst wenn es Ihnen gelungen ist, sie zur Unterschrift zu bewegen. Die Menschen, die Sie suchen, sind die fleißigen Bienen diejenigen, die bereit und willens sind, jetzt gleich mit der Arbeit zu beginnen. Ein kleiner, aber konstanter Prozentsatz Ihrer Interessenten wird zu dieser Kategorie gehören. Suchen Sie solange, bis Sie sie finden. Trennen Sie die Spreu vom Weizen, als ob Sie sie durch ein Sieb schütteln würden. Was dann schlussendlich übrig bleibt, sind die gesunden, harten Körner.

SÄULE NR. 7 - UNTERSTÜTZEN SIE IHRE DOWNLINE

Genau wie Sie sich auf einen Mentor verlassen haben, der Ihnen beim Start geholfen hat, wird sich Ihre Downline auf Sie verlassen. Je besser Sie Ihre Partner ausbilden und unterstützen, umso bessere Ergebnisse werden diese für Sie erbringen. Führungsqualität heißt im Network Marketing, sicherzustellen, dass Ihre Partner mit Ihrer Firma gute Erfahrungen machen und dass sie Geld verdienen. Das gelingt Ihnen, indem Sie ihnen helfen, andere Menschen zu sponsern und indem Sie ihnen die gleichen Lehren zuteil werden lassen, die Sie von Ihrem Mentor erhalten haben.

> Je besser Sie Ihre Partner ausbilden und unterstützen, umso bessere Ergebnisse werden sie Ihnen erbringen.

TRÜGERISCH EINFACH

Für den in geschäftlichen Dingen Erfahrenen mögen diese sieben Prinzipien einfach und naiv wirken. Aber Tatsache ist: Diese Prinzipien bringen Ergebnisse. Wie die folgenden Kapitel dieses Buches zeigen werden, sind die sieben Säulen des 4.Welle-Erfolges bemerkenswert flexibel und wandlungsfähig. Sie passen zu jeder Situation, die Sie im Network-Marketing antreffen werden.

Menschen aus allen Lebensbereichen haben schon beachtliche Erfolge in diesem Geschäft erzielt. Manche von ihnen bringen Talent, Ausbildung und Geschäftserfahrung mit. Manche verfügen über nichts anderes als über den Hunger auf Erfolg. Aber sie alle haben die gleiche Chance, es zu etwas zu bringen. Im Network-Marketing wird die Schlacht nicht von den Begnadeten, Reichen oder Hochqualifizierten gewonnen. Sie wird von denjenigen gewonnen, die ihr Geschäft auf den sieben Säulen des 4.Welle-Erfolges aufbauen.

TEIL 4 WAVE 4

Geben Sie niemals auf

KAPITEL 21

„Die Zone“

Jeff Mack hatte genug von MLM. In seinen Augen war die ganze Branche eine Heuchelei. Vierzehn Monate lang hatte er Zeit, Mühe und Geld in den Aufbau eines Network-Marketing-Geschäfts investiert. Rund um die Uhr hatte er gearbeitet, härter als alle anderen Vertriebspartner. Aber am Schluss hatte Jeff Mack nichts anderes vorzuweisen, als Schulden bei seiner Kreditkarten-Firma in Höhe von 80.000 DM.

„Ich habe mich gefühlt wie ein Hamster auf dem Laufrad“, erinnert sich Jeff. „Ich habe mehr und mehr Produkte gekauft, um die Anforderungen des Vergütungsplanes zu erfüllen.“ In Jeff's Firma musste man monatlich für mindestens 6.000 DM Produkte bestellen, um sich für die hohen Provisionen der Führungskräfte zu qualifizieren. In der Regel kaufte Jeff jeden Monat Waren im Wert von ca. 4.000 DM, während seine persönlichen Vertriebspartner für den restlichen Umsatz sorgten. Aber für den Fall, dass Jeff's Downline die Umsatzvorgaben in bestimmten Monaten nicht erfüllen konnte, musste Jeff den Restbetrag aus der eigenen Tasche ausgleichen. Theoretisch sollte der Großteil der Ware an Endkunden verkauft werden, aber Jeff kam schließlich zu dem Punkt, an dem er viel mehr bestellen musste, als er absetzen konnte. Seine Schränke füllten sich mit Gesichtscremes und sein Konto zeigte immer größere rote Zahlen.

Die Drehtür des MLM

Nach vierzehn Monaten war Jeff Mack am Ende. Seine Karriere als großer Mann im Network-Marketing war am Ende angelangt. „Ich nahm den Kopf unter den Arm und schlich mich wieder ins Baugewerbe zurück,“ sagt Jeff. Sein 35-Stunden-Job als Ingenieur stellte keine großen Aufstiegschancen in Aussicht, aber wenigstens konnte Jeff sich auf seine monatliche Lohnüberweisung verlassen. Als er jeden Monat mit seinen Kreditkartenabrechnungen konfrontiert wurde, schwor Jeff, sich nie wieder auf ein Network-Marketing-Geschäft einzulassen.

Wie auch jährlich tausende anderer Menschen, war Jeff Mack durch die Drehtür des MLM geschleust worden. Rod Cook, der Herausgeber von *MLM Insider*, schätzt, dass nur ca. 25% der Network-Marketing-Einsteiger länger als ein Jahr im Geschäft bleiben. Die Übrigen „verbrennen sich die Finger und verlassen das Unternehmen mit einem üblen Nachgeschmack". Andere Experten gehen von noch höheren Ausfallquoten aus.

FEUER IM BAUCH

Wäre Jeff Mack ein anderer Typ Mensch gewesen, hätte er die MLM-Statistik erweitert. Vielleicht hätte er den Rest seiner Tage damit verbracht, sich über die 80.000 DM zu beschweren, die er verloren hatte. Der Traum eines ständig steigenden Einkommens wäre mit den Jahren immer weiter in Vergessenheit geraten, bis er schlussendlich in Vergessenheit geraten wäre.

Aber Jeff war nicht bereit, aufzugeben. Er hatte „Feuer im Bauch" und ein brennendes Verlangen, Erfolge zu erzielen. Der Job als Ingenieur, den Jeff ausübte, hätte ihm nie die Möglichkeit geboten, dieses Verlangen zu befriedigen. „Ich war 27 Jahre alt," sagt Jeff. „Ich habe mir Männer in meinem Beruf angesehen, die 35 oder 40 waren, und ich merkte, dass ich in ihre Fußstapfen trat. Und das wollte ich nun wirklich nicht."

Jeff war entschlossen, dem Weg seiner älteren Kollegen, der von Geldsorgen bestimmt war, nicht zu folgen. Aber was waren seine Alternativen? Umso mehr Jeff über diese Frage nachdachte, umso mehr brachten ihn seine Gedanken zu Network-Marketing zurück. Hatte er wirklich alle Chancen ausgeschöpft? Hatte er wirklich die 80.000 DM verloren, weil die Branche fehlerhaft war – oder hatte er selbst schlechte Entscheidungen getroffen? Jeff beschäftigte sich eingehend mit diesen Fragen. Schmerzlich, und fast wiederwillig kam Jeff zu dem Schluss, dass er MLM und damit sich selbst nochmals eine Chance geben sollte.

EINE ZWEITE CHANCE

Ein ehemaliger Kollege von seiner vorherigen MLM-Firma rief Jeff an, und hielt schockierende Nachrichten für ihn bereit. Todd Smith, eine der Spitzenführungskräfte in seiner alten MLM-Firma, war abgesprungen. Er hatte bei einer Firma namens Rexall Showcase begonnen. Dies war eine neue MLM-Abteilung, die von der in Boca Raton, (Florida) befindlichen Firma Rexall Sundown gegründet worden war – einem Unternehmen, das durch eine in 1985 beschlossene Fusion zwischen Sundown Vitamins Inc. und dem namhaften Drogeriekonzern Rexall entstanden war.

Rexall war einer der führenden amerikanischen Markenhersteller. Es verlieh den von Rexall Showcase angebotenen Vitamin- und Pharma-Produkten ein ungewöhnliches Maß an Prestige und Anerkennung. Ungewöhnlich zumindest in Bezug auf die damaligen MLM-Standards in den frühen 90ern. Jeff überlegte, ob die Möglichkeit, einen solch anerkannten Markennamen im Hintergrund zu haben, den Absatz der Produkte nicht wesentlich vereinfachen könnte, als es bei seinen bisherigen Erfahrungen der Fall gewesen war. Ein weiterer großer Anreiz war die Vorstellung mit einer solchen Spitzenführungskraft wie Todd Smith zusammen arbeiten zu können. Wenn Jeff zum zweiten Mal sein Geld und seine Zeit investieren sollte, dann wollte er einen starken Mentor, wie Todd Smith es war, um sich von ihm durch die Stromschnellen des MLM lenken zu lassen.

„Sanfter Breakaway"

Ebenfalls reizvoll war der Vergütungsplan. Rexall war dabei, eine neue Form von „sanften" Aufstiegsmöglichkeiten einzuführen – eine Form, ohne die horrenden monatlichen Umsatzvorgaben und Strafen, welche Networker damals oft dazu gezwungen hatten, unnötiges Inventar zu kaufen und zu lagern. In Jeff's ehemaliger Firma musste man sich in einem fünfmonatigen Zeitraum von 4.000 DM auf 6.000 DM monatliches Umsatzvolumen hocharbeiten, um sich für eine lediglich 9%ige Provision zu qualifizieren. Wenn man zwei Monate hintereinander seine Umsatzvorgabe verfehlt hatte, verlor man seine Führungsposition und musste von vorne anfangen.

Im Gegensatz dazu war der Plan von Rexall so konzipiert, dass man lediglich ein monatliches Umsatzvolumen von ca. 2.000 DM erreichen musste, um den Titel des Verkaufsdirektors zu erlangen und es wurden keine Strafen verhängt, wenn man seine Umsatzvorgabe nicht regelmäßig erbringen konnte. Wenn man einmal eine bestimmte Provisionsstufe erreicht hatte, behielt man diese bei. Jeff wurde klar, dass die Wahrscheinlichkeit, sich bei einem solchen Plan zu verschulden, viel geringer war. Auch für seine Neueinsteiger würde es dadurch einfacher – von denen ja die meisten ihrem Geschäft lediglich in Teilzeit nachgingen, und dadurch nur wenig Zeit und Geld zur Verfügung haben würden, diesen Plan zu verfolgen.

EINE SCHWERE ENTSCHEIDUNG

Trotz der offensichtlichen Vorteile stand Jeff vor einer schweren Entscheidung. Seine Familie und seine Freunde waren schmerzlich über seinen MLM-Misserfolg im Bilde. Wenn er jetzt in dieses Geschäft zurückkehren würde, würde Jeff in ihren Augen als Narr dastehen. Sein Leben lang hatte Jeff sich als schwarzes Schaf der Familie gesehen. Seine Großeltern waren hart arbeitende Immigranten aus dem Libanon gewesen, die im Schweiße ihres Angesichts ein wachsendes Bekleidungsunternehmen aufgebaut hatten. Deren Unternehmensgrundsätze waren erfolgreich an Jeffs Brüder und Schwestern weitergegeben worden, die in der Schule allesamt hervorragende Erfolge erzielt hatten und schließlich erfolgreiche Anwälte, Ärzte und Geschäftsleute geworden waren.

> Praktisch jede Erfolgsgeschichte im Network-Marketing beginnt dann, wenn ein Mensch entscheidet, dass es ihm egal ist, was andere Menschen denken.

Jeff war anders gewesen. Er war schon immer ein Träumer. Nie blieb er lange genug an einer Sache, um sie auch zum Erfolg zu führen. Nachdem er sein Studium zunächst abgebrochen und später schließlich doch noch mit einem unterdurchschnittlichen Abschluss beendet hatte, musste sich Jeff immer mit „zweitklassigen" Jobs zufrieden geben. Seine auf schlechtem Rat basierende Erfahrung mit MLM hatte seine Familie in ihrer Meinung, er sei auf dem Verliererweg, nur noch bestärkt. „Ich war eine ziemliche Enttäuschung für sie," gibt Jeff zu.

DIE TRAUMDIEBE

Mark Yarnell, einer der weltweit erfolgreichsten Networker, glaubt, dass es eine der schwersten Aufgaben für einen MLM-Anfänger ist, seinen Verpflichtungen trotz der harschen Kritik seines Umfeldes nachzukommen. Yarnell bezeichnet diese wohlwollenden „Neinsager" als sogenannte „Traumdiebe". Immerhin wurden schon viele MLM-Anfänger wegen der ständigen Kritik dazu gedrängt, ihr Geschäft aufzugeben. „Wenn man anfängt, mit seiner Familie und seinen Freunden über dieses Geschäft zu reden, werden einen die meisten für verrückt erklären", schrieben Mark und seine Frau René in ihrem Buch *„Your First Year in Network Marketing"*.

Aus diesem Grund ist ein „dickes Fell" eine wichtige Voraussetzung für den Erfolg im MLM. Fast jede Erfolgsgeschichte im Network Marketing fängt dann an, wenn ein Mensch entscheidet, dass es ihm egal ist, was andere denken. Häufig erreicht dieser Mensch einen Punkt völliger Verzweiflung und Erschöpfung. Dies war offensichtlich der Punkt, an dem auch Jeff Mack angekommen war.

DAS ÜBERSCHREITEN DER HEMMSCHWELLE

Mit Schulden in Höhe von 80.000 DM und nicht einmal genügend Geld, um seine Miete zu zahlen, zog Jeff Mack mit 26 Jahren zu seinen Eltern zurück. „In diesem Alter ist das eine ziemlich demütigende Erfahrung, wenn man es schon allein versucht hat," sagt Jeff. Aber es war genau die Erfahrung, die er brauchte.

Nachdem er seinen Stolz überwunden hatte und finanziell am Ende war, hatte er seine Hemmschwelle überschritten – er hatte nichts mehr zu verlieren. Er war in „der Zone" – dem seltenen Zustand, indem das Einzige, was zählt ist, dass die Arbeit erledigt wird. Nach Jeff's Meinung nach gab es nichts, was seinen Überlebenswillen, und den Drang, seinen Stolz und seine Freiheit zurückzugewinnen, hätte trüben können. Schließlich war es dann so, dass Jeff all dies und auch noch vieles darüber hinaus erreicht hat.

KAPITEL 22

Tun Sie es – statt nur so zu tun

„Bis Sie es geschafft haben – tun Sie so, als hätten Sie es schon geschafft," riet ihm Jeff's Upline in seiner alten Firma. Damit war gemeint, Jeff solle sein Geld in teure Kleidung und ähnliche Dinge investieren, um seinen Interessenten vorzugaukeln, dass er erfolgreich wäre. Indem man es „vortäusche", so besagte die Theorie, würde Jeff so viele Interessenten anziehen, dass sein Geschäft schnell ins Laufen käme. Unglücklicherweise entschied sich Jeff, diesem Rat zu folgen.

„Ich kaufte edle Anzüge und traf mich mit Interessenten in teuren Restaurants," erinnert sich Jeff. „Ich besorgte mir ein Funktelefon und nutzte jede Gelegenheit, um Interessenten zu informieren und telefonische Dreierkonferenzen zu führen. Meine erste Handyrechnung betrug 1.800 Dollar. Aber mein erster Provisionscheck machte lediglich 450 Dollar aus." Jeff kündigte seine Ingenieurstelle vorzeitig und entschied sich für eine MLM-Vollzeitkarriere, bevor ihn sein Einkommen dazu berechtigte. Es war nur eine Frage der Zeit, bis das Kartenhaus zusammenbrach. Jeff's hochtrabender Lebensstil hielt nur ein paar Monate an. Er erfuhr auf die harte Tour, dass Vortäuschen und es wirklich geschafft zu haben, zwei völlig unterschiedliche Dinge sind.

Wirkungsvoll und kostengünstig

Unter Todd Smith's Obhut bei Rexall funktionierten die Dinge ganz anders. Jeff's neuer Mentor brachte ihm ein wirkungsvolles und kostengünstiges Vorgehen bei, um das Geschäft zu betreiben. „Todd lehrte mich, mein Geld sinnvoll zu investieren," sagt Jeff, „er brachte mir bei sicherzustellen, dass ich meine Zeit auf die gleiche Weise einsetzte wie mein Geld – eine Weise, die mir die höchste Rendite erbringen würde."

Natürlich zwangen die Umstände Jeff zu einer spartanischen Vorgehensweise – in jeglicher Form. Hochverschuldet, im Haus seiner Eltern lebend, war er gezwungen, sein Geschäft mit dem absoluten Minimum aufzubauen. Jeff eröffnete sein Büro in der Garage. Er nahm einen Schreibtisch aus seiner Studentenzeit und legte das Kopfteil seines Wasserbetts darüber. Von seinem Schlafzimmer aus führte er die Telefonleitung über das Dach. Ein einzelner Hängemappenordner stellte seine Ablage dar – für Provisionsabrechnungen und Informationen über Interessenten. „Ich teilte mein Büro mit einem rostigen Kühlschrank und zwei Autos," erinnert sich Jeff. „Es roch dort dauernd nach Frostschutz."

MASSIVE AKTIONEN

Dann startete Jeff, was Networker als „Massive Aktionen" bezeichnen – ein anhaltendes „Dauerfeuer" der Interessentengewinnung. Die Firma, für die Jeff gearbeitet hatte, ging, kurz nachdem Jeff bei Rexall begonnen hatte, in Konkurs. Das bedeutete, Jeff erhielt keinen monatlichen Provisionsscheck mehr. Aber es verblieb ihm auch jede Menge Zeit, neue Interessenten zu gewinnen. Von morgens 7.30 h bis Mitternacht saß er an seinem Schreibtisch und gönnte sich während des ganzen Tages nur zwei kurze Pausen. „Ich entwickelte mich im Schnellverfahren," sagt Jeff. „Während meine Freunde zu Konzerten gingen und Basketball spielten, erbrachte ich meine Opfer. Ich musste dieses Geschäft zum Laufen bringen. Viele Menschen dachten, ich sei verrückt. Ich wollte beweisen, dass sie falsch lägen. Das war mein größter Motivator."

Es war ein schweres, einsames Arbeiten, das Führen von Interessentengesprächen aus der Garage seiner Eltern. Bei jedem Schritt wurde Jeff von Enttäuschungen begleitet. Aber er hielt seinen Elan aufrecht, indem er sich immer wieder Motivationskassetten anhörte. Eine Kassettenserie von Jim Rohn mit Namen *Übernehmen Sie Verantwortung für ihr Leben* lehrte ihn eine Lektion, die sich für seinen Erfolg als entscheidend herausstellen sollte. Rohn sagte, dass es eine einfache Möglichkeit gäbe, die Lücke zu schließen, wenn man sähe, dass ein anderer Verkäufer eine Abschlussquote von 10% hätte – verglichen mit dem eigenen 1%.

„Sprechen Sie einfach mit zehnmal sovielen Menschen," sagt Jeff. Dieses Prinzip wurde ein Eckpfeiler seiner Strategie.

DER WARME MARKT

Jeff erstellte eine Liste von Freunden, Verwandten und Bekannten. Diese entstand aus seinem „warmen Markt" – der Gruppe potentieller Interessenten, mit denen ihn eine persönliche Beziehung verband. Eine allgemeine Weisheit im Network–Marketing besagt, dass es leichter ist, Menschen aus dem warmen Markt zur Mitarbeit zu gewinnen, als aus einer Gruppe von Fremden.

Aber das ist nicht immer der Fall. Jeff's warmer Markt zeigte sich besonders abweisend. Diejenigen, die Jeff kannten, hatten ihn bereits bei einer MLM-Gelegenheit aufgeben sehen und sahen ihn als eine Art Versager an. Als ob dies nicht genug wäre, stellten die meisten von Jeff´s Freunden auch noch ein schwaches Potential dar, weil sie genauso verantwortungslos waren, wie es Jeff früher gewesen war. „Das waren Jungs, die ihre gesamte Freizeit im Fitnessstudio oder in der Kneipe verbrachten," sagt Jeff. „Sie dachten nicht an ihre Zukunft. Für sie war das Wort „Zukunft" mit dem kommenden Freitagabend gleichzusetzen.

DER KALTE MARKT

Von den 160 Personen auf Jeff's Bekanntenliste erklärten sich nur fünf Menschen bereit, Rexall beizutreten. Es war ein enttäuschendes Ergebnis. Aber da sich Jeff an Jim Rohn's Rat erinnerte, verdoppelte Jeff seine Anstrengungen. Er richtete seinen Blick auf den kalten Markt – die Gruppe potentieller Interessenten, die sich außerhalb seines persönlichen Einflusses befanden.

Viele MLM-Trainer warnen Einsteiger davor, am kalten Markt zu arbeiten. Fremde können angesichts unerwünschter Verkaufsgespräche besonders grausam sein. „Kalte Telefonate zu führen, ist einer der schnellsten Wege, sich aus dem Geschäft zu bringen," meint Hilton Johnson, Präsident der MLM-University, einer Network Marketing Beratungsagentur aus Lauderdale-by-the-Sea in Florida. „In einem kalten Telefonat stehen sie immer Zurückweisung und Ablehnung gegenüber. Jeden Tag kalte Telefonate zu führen, ist wie eine Gefängnisstrafe." Johnson's Rat trifft auf die meisten Menschen zu. Aber Jeff befand sich in „der Zone", einer Situation, in der ihm Zurückweisung und Ablehnung wenig bedeuteten. Scham und Versagen hatten jedes Gefühl in ihm ausgelöscht, so dass in ihm nur noch ein brennendes Verlangen nach Erfolg vorhanden war.

KALTE TELEFONATE

Eine von Jeff's Taktiken war es, Menschen anhand der gelben Seiten anzurufen. Er rief insbesondere Steuerberatungsbüros an, weil deren Anzeigen oftmals den Namen des jeweiligen Inhabers beinhalteten. „Ich tätigte sechs bis acht Stunden am Tag kalte Anrufe," erinnert sich Jeff, „nur um zu versuchen, Menschen zu einem fünfzehnminütigen Treffen mit mir zu bewegen oder sich eine Audiokassette anzuhören." Solche Telefonate trugen ein hohes Risiko der Zurückweisung mit sich, aber mit dem Namen Rexall setzte Jeff einen psychologischen Fuß in die Tür.

„Ich arbeite für Rexall," begann Jeff sein Gespräch. „Wir erweitern im hiesigen Raum unser Geschäftsfeld der Gesundheitsprodukte. Kennen Sie den Rexall, den Pharmariesen?" Die meisten Angerufenen sagten „Ja". Damit gewann Jeff einen dreifachen Vorteil. Erstens hatte er eine bestätigende Antwort von seinem Gesprächspartner erhalten. Zweitens hatte er sich mit einem anerkannten Markennamen verbunden und für Wiedererkennung gesorgt. Und drittens hatte er sich durch die Erwähnung der pharmazeutischen Industrie auf ein hohes Niveau gehoben, da diese Branche allgemein als prestigeträchtig und lukrativ galt. Trotzdem war es harte Arbeit. Jeff schätzt, dass er, um einen Interessenten einzuschreiben, etwa 250 Gespräche führen musste.

DER LAUWARME MARKT

Nicht alle von Jeff's Telefonaten waren so „eiskalt" wie die obengenannten. Viele seiner Interessentengespräche führte er im Rahmen dessen, was Hilton Johnson als „lauwarmen" Markt bezeichnet. Diese Gruppe beinhaltet die Menschen, mit denen Sie ein- oder zweimal gesprochen haben oder die Empfehlungsadressen von früheren Interessenten oder aber Menschen, die bereits Ihr Informationsmaterial durchgesehen haben und mit denen Sie Nachfassgespräche führen.

Jeff lernte es, seine kalten Telefonate dazu zu nutzen, lauwarme Interessenten zu schaffen. Selbst wenn die Angerufenen ihn abwiesen, fragte Jeff jedesmal nach einer Empfehlung. „Wir suchen in diesem Ort ernsthafte Interessenten, die neuen Geschäftsideen offen gegenüber stehen," lautete seine Ansprache. „Fällt ihnen ein Bekannter ein, der daran interessiert sein könnte, sein eigenes Geschäft aufzubauen?" Oftmals nannten ihm die Angerufenen Namen und Telefonnummern. Als Jeff diese anrief, hatte er bereits einen Anknüpfpunkt, weil er reinen Gewissens sagen konnte, dass er auf Empfehlung eines Freundes anriefe.

KLEINANZEIGEN

Viele Networker berichten von einer hohen Erfolgsquote mit Kleinanzeigen. Solche Anzeigen schaffen eine Vielzahl von lauwarmen Interessenten – Menschen die bereits ein Interesse an Ihrem Geschäft bewiesen haben, indem sie das Telefon in die Hand genommen und Sie angerufen haben. Da Jeff pleite war, setzte er Kleinanzeigen sehr zurückhaltend ein. Er hielt die Wortzahl bei einem Minimum, um Geld zu sparen und achtete genau auf die Rücklaufquoten der unterschiedlichen Anzeigen.

> Viele Networker berichten von einer hohen Erfolgsquote mit Kleinanzeigen.

Jeff machte die Erfahrung, dass die Anzeigen im Stellenteil der Zeitung effektiver waren als in der Rubrik „Geschäftsverbindungen“. Eine typische Anzeige lautete: „Für sofort gesucht: Manager mit Unternehmergeist, der das Angestelltsein satt hat. Wir sind eine Gruppe von Medizinern und Geschäftsleuten und arbeiten am Ausbau eines der größten Gesundheitskonzerne. Faxbewerbung zu Händen von . . . „ Wenn Interessenten anriefen, warnte Jeff, dass er eine Geschäftsgelegenheit und kein Festgehalt anbot. Etwa 10 Prozent der Anrufer reagierten gereizt, wenn sie hörten, dass es um MLM ging. Aber der größte Teil war immerhin bereit, zuzuhören. Jeff gewann zwischen ein und fünf Prozent dieser Anrufer für sein Geschäft.

INTERESSENTENGEWINNUNG DURCH PERSÖNLICHE BEOBACHTUNG

Jeff betrieb auch, was er als „Interessentengewinnung durch persönliche Beobachtung“ bezeichnete. Er suchte sich Umgebungen aus, in der die Wahrscheinlichkeit groß war, auf geschäftsinteressierte Menschen zu stoßen, wie beispielweise Büroausstattungshäuser und Treffen der örtlichen Handelskammer. Dort begann er dann Gespräche mit interessant wirkenden Menschen. Wenn sie vielversprechend wirkten, tauschte er Visitenkarten mit ihnen aus. Aber Jeff machte es zu einem Grundsatz, seine Geschäftsgelegenheit niemals beim ersten Treffen anzusprechen.

„Mein Ziel war es nur, für ein harmonisches Verhältnis zu sorgen,“ sagt Jeff. „Ich erfuhr, das dieses Verhältnis der wichtigste Punkt am kalten Markt ist. Wenn Menschen Sie mögen, dann werden sie Ihnen schließlich auch zuhören.“ Interessentengewinnung durch persönliche Beobachtung wurde zu einer von Jeff´s erfolgreichsten Strategien. Er schrieb etwa 10% der Menschen ein, die er auf diese Weise ansprach.

Die Macht der Hartnäckigkeit

Jeff baute sein Geschäft auf harte Weise auf. Viele Networker ziehen das behaglichere Arbeiten am warmen Markt oder die Anonymität per Internet oder Werbebrief vor. Aber die Verzweiflung hatte Jeff eine Abgebrühtheit eingeflößt, von der er nicht gewusst hatte, dass er sie besaß. Zum ersten Mal in seinem Leben sah er sich einer großen Herausforderung gegenübergestellt und weigerte sich, zurückzustecken. „Die Menschen begannen mich mit anderen Augen zu sehen,“ erinnert er sich.

Wenn er jetzt durch das Land reist, um Seminare oder Geschäftspräsentationen zu geben, erwähnt Jeff, dass er das Publikum oft befragt, wieviele von ihnen schon einmal von Networkern angesprochen worden wären, die das Geschäft innerhalb von sechs Monaten wieder aufgegeben oder die Firma gewechselt haben. Gewöhnlich heben zwischen 50 und 90% der Teilnehmer die Hand. Ihre Erfahrung zeugt vom Image, das MLM in den Köpfen vieler Menschen hat – dasjenige einer Branche, die zum größten Teil aus Verlierern und Aufgebern besteht.

„Als ich anderen Menschen zum ersten Mal erzählte, was ich tat, erwarteten sie, dass ich so sei, wie all die anderen Networker, die sie kennengelernt hatten,“ erzählt Jeff. „Sie dachten, dass ich versagen würde.“ Aber als die gleichen Menschen erkannten, dass Jeff nach einem Jahr oder noch später immer noch im Rennen war, begannen viele, ihren Respekt zu bezeugen. „Nach meinem ersten Jahr begann ich Geld zu verdienen,“ sagt Jeff. „Mein Selbstvertrauen war gestiegen. Ich wusste, dass ich etwas getan hatte, was die meisten Menschen niemals tun würden: Durchzuhalten und nicht aufzugeben.“

Die Bestätigung

Jeff's Vater war einer der ersten, dem seine neue Einstellung auffiel. „Ich weiß zwar nicht, was du da tust,“ sagte sein Vater zu ihm, als er Jeff Monat für Monat in seiner Garage schuften sah. „Aber ich sehe, dass du extrem hart arbeitest und was immer es ist, ich weiß, dass du erfolgreich sein wirst, wenn du es weiterhin so durchziehst."

Sein Vater hatte recht. In seinem ersten Jahr verdiente Jeff 48.000 Dollar – weitaus mehr als die 30.000 Dollar, die er in seiner letzten Anstellung als Ingenieur verdient hatte. Im darauf folgenden Jahr setzte dann das progressive Wachstum ein. „Ich begann zu erkennen, dass die Menschen in meinem Geschäft ihre eigene Vorgehensweise hatten," erinnert sich Jeff. „In meiner Downline waren jetzt schlaue, talentierte Leute – Menschen, die ihre Zeit einsetzten und ihre eigenen Gruppen zum Wachsen brachten." Jeff's Einkommen wuchs dementsprechend – auf 100.000 Dollar, mehr als das Doppelte seines Vorjahreseinkommens. In 1998, seinem siebten Geschäftsjahr, nahm Jeff 833.000 Dollar in Form von Provisionen und Tantiemen ein.

EIN WUNDERVOLLES LEBEN

Als er damals noch in der Garage seines Vaters vor sich hinkämpfte, begann Jeff sich mit einer Frau namens Lisa zu treffen. „Manchmal musste sie die Rechnung übernehmen, wenn wir ausgingen," sagt Jeff. „Wenn ich sie zum Essen einlud, bedeutete das, dass wir bei Burger King aßen." Lisa, die in einer Bank arbeitete, hatte realistische Vorstellungen von einem Geschäft. Sie sah Jeff's MLM-Unternehmung als eine Form von Spinnerei an. „Aber sie unterstützte mich," sagt Jeff. „Eines Tages setzte ich mich zu ihr und sagte, 'Wenn du an mich glaubst, hältst du zu mir und du wirst froh sein, dass du es getan hast."'

Jeff und Lisa heirateten in seinem dritten Rexall-Jahr. Heutzutage leben sie in einem 550-qm-Haus am See mit eigenem Privatstrand. Seine 60 qm große Garage beherbergt einen Cadillac, einen Lexus, und ein Motorrad der Marke Harley-Davidson. Als Jeff bei Rexall anfing, hatte er das Land noch nie verlassen. Heute bereist er – geschäftlich und privat – exotische Städte wie Hong Kong und Osaka. Sein passives Einkommen hat Jeff eine Freiheit ermöglicht, die er sich nie hätte vorstellen können. Neulich, als er von einem Ausflug aus Hawaii zurückkam, nahm sich Jeff ein paar zusätzliche Tage frei, um mit seiner Harley die kalifornische Küste entlang zu fahren.

ES GESCHAFFT ZU HABEN

Für Jeff sind die Tage des „Tun Sie so, als hätten Sie es schon geschafft" seit langem vorbei. Er hat gelernt, dass eisernes Durchhaltevermögen im Network-Marketing die einzige sichere Formel für Erfolg ist. „An einem bestimmten Punkt habe ich erkannt, dass ich echten Erfolg wollte," sagt Jeff. „Ich wollte keiner dieser Jungs sein, die man im MLM immer wieder sieht, die sich verstellen, wichtig daherreden und versuchen, mit der Masse mitzuschwimmen, obwohl ihnen das Wasser in Wirklichkeit bis zum Hals steht. Also ging ich die Verpflichtung ein, dass ich es durchziehen und es zum Laufen bringen würde."

Jeff ist heute dankbar, dass er nach dem Desaster mit seiner ersten Firma nicht aufgegeben hat. „Der Grund, warum die meisten Menschen in diesem Geschäft aussteigen," schließt er, „ist, dass sie enttäuscht werden und aufgeben. Aber dabeizubleiben, wenn sich der Staub gelegt hat, ist 90 Prozent des Spiels."

TEIL FÜNF

WAVE 4

Einen Mentor finden

KAPITEL 23

„Vorbilder“

Das Leben hatte es mit Denson Taylor gut gemeint. Schon drei Jahre, nachdem er sein Excel-Geschäft begonnen hatte, war Denson Millionär. Sein Chauffeur fährt ihn nun zum Flughafen, wenn ihn sein Geschäft in ferne Länder ruft. In seiner Freizeit kann sich Denson zwischen seinem Mercedes 500 SL, seinem Lexus LS 400 oder seinem Sportwagen vom Typ Lincoln Navigator entscheiden. Die meisten Menschen wären mit Densons sechsstelligem Monatseinkommen zufrieden. Aber Denson träumt nicht nur davon, seinen Cash-Flow auf eine Million Dollar im Monat zu erhöhen – er hat sogar einen realistischen Plan dafür.

Wie hat er in solch kurzer Zeit so viel erreicht? Denson wird der Erste sein, der zugibt, dass er kein Geschäftsgenie ist, außerdem wuchs er nicht in einem außergewöhnlichen Elternhaus auf. Er wurde als Sohn einer afroamerikanischen Arbeiterfamilie in Memphis, Tennesee geboren und hat sein College-Studium abgebrochen. Sein Vater war von Beruf Staplerfahrer. Denson's Eltern wären zufrieden gewesen, wenn er eine sichere Anstellung mit einer guten Rentenzusage gefunden hätte. Aber ihr Sohn hatte ehrgeizige Ziele und eine Begabung, diese auch systematisch zu verfolgen. Er schreibt seinen Erfolg am meisten der Wahl seiner Lehrer und der Befolgung ihrer Anleitungen zu.

Die Entscheidung

Denson's erste Vorbilder waren seine Eltern. Es waren bodenständige Menschen, die ihre drei Kinder mit starken Moralvorstellungen und dem Prinzip harter Arbeit erzogen haben. „Meine Eltern waren sehr diszipliniert,“ erinnert sich Denson. „Sie tolerierten Respektlosigkeit meinerseits gegenüber anderen Menschen nicht, besonders nicht gegenüber älteren Menschen. Jeden Sonntag gingen wir in die

Kirche. Wenn es Abendessen gab, war jeder am Tisch anwesend, ob er Hunger hatte oder nicht. Wenn ich eine „Drei" von der Schule nach Hause brachte, wurde ich sechs Wochen lang dafür bestraft."

Denson's Eltern boten ihren Kindern ein gutes Zuhause, aber sie bezahlten auch teuer dafür. Bereits in jungen Jahren merkte Denson, wie seinen Vater die Arbeit in der Fabrik belastete. „Ich sah zu, wie er der Firma sein Leben schenkte und in zwanzig Arbeitsjahren keinen einzigen Tag gefehlt hatte," sagt Denson. „Er war Freitags immer gut gelaunt, weil er wusste, dass er den Samstag frei hatte. Aber bis zum Sonntag verschlechterte sich seine Laune wieder. Er dachte dann schon an die Arbeit am nächsten Morgen." Eines Tages rief Denson's Vater die Familie zusammen und erzählte ihnen, die Fabrik würde schließen. Er war arbeitslos. Die Firma bot ihm eine Lagerstelle an, allerdings nur für die Hälfte seines bisherigen Lohnes. „Er nahm die Stelle, weil er das Gefühl hatte, er hätte keine andere Wahl," erinnert sich Denson. „Ich entschied mich auf der Stelle, dass ich selbständig werden wollte. Ich wollte nicht zur Spielfigur eines Unternehmens werden."

Voranschreiten

Denson hat eine wichtige Erfahrung zum Thema Mentoren gemacht. Egal, wie gut ein Lehrer einem etwas beibringt, oder wie wichtig dessen Lehren sein mögen, es gibt immer einen Punkt, an dem der Student seinen Lehrer übertreffen muss. Nehmen Sie von jedem Ihrer Lehrer mit, was Sie können, aber danach müssen Sie weiterziehen. Wenn Sie sich immer weiter entwickeln wollen, müssen Sie immer wieder neue Lehrer finden, die Sie immer einen weiteren Schritt nach vorne bringen. Von seinem Vater hatte Denson gelernt, hart zu arbeiten, Durchhaltevermögen zu zeigen und Selbstachtung zu empfinden. Aber sein Vater konnte ihn nicht lehren, fortzuschreiten, weil er diese Erfahrung selbst nie gemacht hatte.

Es dauerte nicht lange, bis Denson merkte, dass die Fähigkeiten seiner Professoren am College ebenfalls begrenzt waren. Mit einem naturwissenschaftlichen Talent ausgestattet, und einem Vertiefungslehrgang in höherer Mathematik an der High School, strebte Denson einen Business-Studiengang an der Memphis State University an. Aber mit jeder Vorlesung ebbte seine Begeisterung mehr ab. „Ich hatte das Gefühl, meine Zeit zu verschwenden," erinnert er sich. „Mein Ziel war es, Millionär zu werden, und ich wusste, wieviel die Professoren am College verdienten. Es fiel mir schwer, dort zu sitzen und ihnen zuzuhören." Entgegen dem Rat seiner Eltern erklärte Denson, er würde aufhören zu studieren, um ein Immobilienmakler zu werden. „Sie warnten mich davor, dass ich kein konstantes Einkommen oder eine soziale Absicherung haben würde," sagt Denson. „Aber ich wollte nichts dergleichen. Ich wollte reich sein."

DAS MODELLIEREN DES ERFOLGES

Reichtum hatte Denson schon in seiner Kindheit fasziniert. Wenn er seine wohlhabenden Cousins besuchte, fiel Denson ihr elegantes Haus, die gute Wohngegend und deren glänzende neue Cadillacs auf. „Ich war schon immer ein großer Träumer," sagt Denson. Ständig trug ich mich mit dem Gedanken, reich zu sein." Denson wusste instinktiv, dass der beste Weg reich zu werden sein würde, sich mit Menschen zu umgeben, die dieses Ziel bereits erreicht haben. Er plante seinen Wechsel in die Immobilienbranche ganz gezielt. Er wählte eine renommierte Agentur aus, bei der er wusste, dass er die notwendige Ausbildung und Unterstützung bekommen würde. Als er dort angelangt war, hielt Denson seine Augen nach guten Lehrern und Vorbildern auf. „Ich umgab mich mit Menschen, die bereits das taten, was ich einmal erreichen wollte," sagt er.

> Wenn Sie dauerhaft wachsen wollen, müssen Sie neue Mentoren finden, die Sie auf jedem Schritt Ihrer Reise begleiten.

Als die Firma ihm ein zwölfwöchiges Training anbot, stürzte er sich voller Begeisterung hinein. „Viele von den Leuten hielten den Kurs nicht für wichtig," erinnert er sich. „Sie passten nicht auf und erfüllten auch nicht die geforderten Aufgaben. Aber ich hatte meine Übungen jede Woche erledigt. Egal was sie uns beibrachten, ich habe es solange geübt, bis ich es konnte." Denson lernte die Verkaufsskripte auswendig, als wäre es die Heilige Schrift. Er hörte sich die Kassetten so oft an, bis er sogar die verschiedenen Stimmlagen des Sprechers nachahmen konnte. „Ich fing an, mich genauso anzuhören, wie der Typ auf der Kassette," sagt er. Denson's Mühe hat sich bezahlt gemacht. Innerhalb von sieben Monaten war er der viertbeste Agent des Büros und verdiente sechsstellige Jahresprovisionen.

DIE NÄCHSTE STUFE

Aber Denson wollte mehr. Während er die Kunden durch die Häuser in den feineren Gegenden führte, fing er an, diese Häuser selbst zu begehren. „Ich lief durch sie hindurch und träumte," sagt er. „Ich sagte mir, dass ich eines Tages auch eines dieser Häuser besitzen würde." Aber dieser Traum war noch außerhalb Denson's Reichweite. Er hatte eine Frau und Kinder, die er unterstützen musste. Die Rechnungen häuften sich nur so. Denson's erhielt hohe, aber unregelmäßige Provisionen. In einem Monat nahm er 50.000, im folgenden nur 12.000 Dollar ein. „Ich ließ meine Frau wissen, dass wir jeden Monat 50.000 Dollar verdienen mussten, um all das tun zu können, was wir tun wollten," erinnert sich Denson.

Dann bekam Denson eines Tages den Anruf eines Freundes, einem Immobilienkollegen, der jährlich 400.000 Dollar durch den Verkauf von Häusern verdiente. Dieser Mann lud ihn zu einem Treffen ein, das sich im Nachhinein als eine Geschäftspräsentation der Firma Excel Communications herausstellen sollte. Denson hatte in der Vergangenheit bereits einige Erfahrungen mit MLM gemacht. Seine Mutter hatte ein paar Jahre lang als Verkäuferin für einen MLM-Parfümvertrieb gearbeitet, aber nie ernsthaftes Geld damit verdient. Auch Denson hatte mit 21 Jahren eine Weile für eine Firma, die Produkte zur Körperpflege verkaufte, gearbeitet. „Aber ich hatte das Geschäft nie richtig verstanden und bewegte mich nicht wirklich von der Stelle," gibt er zu.

EIN GLAUBENSSPRUNG

Andere hätten diesen Erfahrungen vielleicht entnommen, dass MLM kein lohnenswertes Geschäft sei. Aber Denson sah seinen Bekannten als Vorbild an. Warum würde er ein Immobiliengeschäft mit 400.000 Dollar Jahreseinkommen aufgeben, um bei Excel einzusteigen? Denson war fasziniert. Seine Strategie war bis zu diesem Zeitpunkt immer gewesen, erfolgreiche Menschen nachzuahmen. Dieser Mann war fast viermal so erfolgreich wie Denson. Wenn er bereit war, MLM auszuprobieren, dann war sein Beispiel vielleicht nachahmenswert. „Ich hatte ein gutes Gefühl," dachte Denson. „Ich wusste so gut wie nichts über das Unternehmen oder die Branche oder überhaupt irgendwas, aber ich verließ das Immobiliengeschäft auf der Stelle und folgte dem Pfad meines Vorbilds."

DIE LINIEN NACH OBEN VERFOLGEN

Wieder einmal hatte Denson ein Vorbild gefunden und war ihm aufgrund seines Vertrauens gefolgt. Aber er musste feststellen, dass auch das Wissen seines neuen Lehrers Grenzen hatte. Denson's Vorbild war fast genauso neu in dem Geschäft wie Denson selbst. Er wusste, dass er erfahrenere Lehrer finden musste, um weiterzukommen. Das bedeutete, dass er nach oben schauen musste, über dem Kopf seines Sponsors hinaus, immer höher in der Hierarchie, bis er eine Führungskraft fand, die bereit war, Zeit mit ihm zu verbringen.

Excel hielt seine Geschäftspartner an, deren potentielle Vertriebspartner zu großen Geschäftspräsentationen in den Konferenzräumen von Hotels einzuladen, bei denen man die Geschäftsgelegenheit vielen Leuten gleichzeitig vorstellen konnte. Die Firma stellte für diese Meetings Flipcharts und vorgefertigte Verkaufspräsentationen zur Verfügung. Das Einzige, was man tun musste, war den vorgegebenen Text Wort für Wort vorzutragen. Aber Denson und sein Sponsor merkten, dass sie Hilfe bräuchten, wenn sie eine wirklich überzeugende Präsentation halten wollten. Also schauten sie wieder in der Hierarchie nach oben. Sie telefonierten, bis sie schließlich eine Führungspersönlichkeit gefunden hatten, die bereit war, bei ihren Meetings zu sprechen. Zu diesem ersten Meeting kamen dreißig Leute und einige von ihnen stiegen auf der Stelle ins Excel-Geschäft ein. Die Resultate waren so gut, dass Denson die Führungskraft überredete, dazubleiben und noch am gleichen Abend ein zweites Meeting durchzuführen.

TROPFEN FÜR TROPFEN

Viele Leute denken an eine über Jahre bestehende Beziehung, wenn sie das Wort Mentor hören. Aber im Geschäftsleben sind solche Beziehungen eher selten. Die meisten Networker müssen ihre Lehren auf die Schnelle, Tropfen für Tropfen, von einer Vielzahl von verschiedenen Lehrern annehmen.

Denson hat nie einen einzelnen Mentor gefunden, der ihn an die Hand nehmen und ihm ein einwandfreies Erfolgssystem anbieten konnte. Aber er hielt sich immer an die oberen Ebenen von Excels Hierarchiestufen. Wenn die Top-Führungskräfte sprachen, verfolgte Denson jedes Wort, egal über welches Medium – ob Newsletter, Kassetten oder Aussagen auf Excel-Treffen. Einige seiner wertvollsten Lehren hat er von Leuten erhalten, die ihn nicht einmal wiedererkannt hätten.

HALTEN SIE ES EINFACH

Einer von Denson's räumlich weit entfernten Lehrern war Paul Orberson, Excel's Spitzenverkäufer. Durch seine Kassetten und sein Training hat Denson das Prinzip der Einfachheit gelernt. Viele der Neueinsteiger bei Excel neigen dazu, ihre potentiellen Vertriebspartner mit zu vielen Informationen zu überhäufen. Sie halten endlose Reden über die Deregulierung der Telekommunikationsindustrie und die riesige Wachstumschance, die diese im einundzwanzigsten Jahrhundert darstellt. Aber Orberson lehrte, dass solche Monologe pure Zeitverschwendung sind. Menschen sind nur aus einem Grund im MLM – nämlich um Geld zu verdienen. Was sie wissen müssen, ist, wie sie es schaffen können.

> **Die meisten Networker müssen Ihre Informationen im Vorbei-gehen von verschiedenen Lehrern aufnehmen, ein wenig hier, ein wenig dort.**

„Man konzentriert sich auf zwei Dinge," erklärt Denson, „finanzielle Unabhängigkeit und freie Zeiteinteilung. Sie müssen wissen, wie sie das Geschäft steuern können, wie sie bezahlt werden, und wie sie dann anderen Leuten helfen können, dass auch diese Geld verdienen." Je einfacher die Präsentation gestaltet ist, umso einfacher lässt sie sich duplizieren – d.h. desto einfacher wird es für Ihre Neueinsteiger überzeugend zu sein, wenn sie selbst reden müssen. Denson vereinfacht das Geschäft, indem er es für seine Neueinsteiger in einfach durchzuführende Einzelschritte aufteilt. Er bringt sie dazu, sich auf einen Schritt nach dem anderen zu konzentrieren. „Ich sage den Leuten, dass wir ihnen helfen werden, in den ersten zwei Wochen 1.200 Dollar zu verdienen," sagt Denson. „Das einzige, was man dazu tun muss ist, drei Neueinsteiger ins Geschäft zu bringen und jedem von ihnen dabei zu helfen, acht Kunden zu gewinnen."

EIN WIRBELWIND DER GESCHÄFTSPRÄSENTATIONEN

Eine andere Möglichkeit, die Sache einfach zu halten ist, seine potentiellen Vertriebspartner zu öffentlichen Geschäftspräsentationen einzuladen. Wenn man zwei Stunden bei ihnen zu Hause damit verbringt, eine persönliche Präsentation zu geben, vermittelt man den falschen Eindruck. Der potentielle Vertriebspartner wird denken, dass es ein Haustürgeschäft ist, welches von ihm erfordern wird, Stunden damit zu verbringen, Klinken zu putzen. Aber wenn man seinen potentiellen Vertriebspartner zu einer 45minütigen Geschäftspräsentation einlädt, ihn für das Geschäft begeistert und er dann wieder innerhalb einer halben Stunde zu Hause ist, wird er ein völlig anderes Bild von diesem Geschäft erhalten. Er wird feststellen, dass er eine Downline aufbauen kann, indem er während der Woche Leute dazu einlädt, ein Treffen am Montagabend zu besuchen.

Motiviert durch den Erfolg seiner ersten Meetings, fing Denson an, jeden Abend Meetings abzuhalten. Sein Erfolg war jedoch durchwachsen. An manchen Abenden hatte er mehr als 120 Gäste. An anderen Abenden stand er vor einem leeren Saal. Denson erinnert sich an ein Meeting, zu dem nur zwei Leute erschienen waren – ein Mitglied seiner Downline und ein einzelner Gast, den er mitgebracht hatte. Pflichtbewusst hielt Denson die gesamte Präsentation ab.

DAS HINDERNIS FEHLENDER SCHLÜSSELFERTIGKEIT

Denson wusste, dass die Meetings prinzipiell funktionierten. Sein Geschäft wuchs. Aber er konnte sich nicht von dem Gefühl befreien, dass er an der eigentlichen Formel vorbeilief. Alles was er gelernt hatte, gab den Anschein, dass das Geschäft einfach zu handhaben war. Aber jede Woche Meetings abzuhalten, war eine Routine und fast schon eine Bestrafung, die ihn psychisch und physisch auslaugte. Er war immer auf Achse, um Überraschungsgäste aus anderen Städten aufzutreiben, damit regelmäßige Besucher nicht das Interesse verlören. Zudem gab es immer die Anspannung vor dem Meeting, wie viele Leute wohl (wenn überhaupt) auftauchen würden. Diese emotionale Achterbahn passte irgendwie nicht mit der zu dem ansonsten so unkomplizierten schlüsselfertigen Geschäft zusammen. Es muss einen besseren Weg geben, dachte Denson.

Er hatte Recht. In der Vergangenheit hatte Denson solche schwierigen Phasen immer überwunden, indem er neue Lehrer fand. Auch dieses Mal sollte die gleiche Vorgehensweise wieder funktionieren. Einer der Top-Leute bei Excel arbeitete bereits an diesem Problem. Die Lösung, die er ausarbeitete, sollte sich als der Schlüssel herausstellen, der Denson's Kindheitsträume endlich wahr werden ließ.

KAPITEL 24

Die schlüsselfertige Präsentation

Vizepräsident der Marketingabteilung bei Excel Communications war ein Mann namens Steve Smith. Wie schon in Kapitel 14 beschrieben, schloss sich Smith 1989 mit dem texanischen Öl-Geschäftsmann Kenny Troutt zusammen, um Excel als MLM-Geschäftsgelegenheit aufzubauen. Im Gegensatz zu Troutt war Smith ein erfahrener Networker. Er wusste um die Macht des MLM und überzeugte Troutt davon, diese innovative Methode einzusetzen, um seine Ferngesprächsanschlüsse zu verkaufen.

Laut James W. Robinson in *Das Excel Phänomen*, rechnete Smith, mit einer gesicherten Festanstellung, falls Troutt seinen Plan annahm. Stattdessen warf Troutt den Ball zurück. „Steve," sagte er, „sie haben so erstklassige Arbeit geleistet, indem Sie mich davon überzeugt haben, dass dieser Plan nicht schiefgehen kann, also wird das auch die Weise sein, wie sie ihr Geld verdienen!" Smith war platt. Troutt machte ihm klar, dass er von nichts anderem als von seinen selbst erarbeiteten Provisionen leben würde. Er war völlig pleite und musste eine Familie ernähren. Aber Smith nahm Troutts Herausforderung an.

Er reiste durch das Land, gab Geschäftspräsentationen und baute die Excel-Downline ohne Hilfe aus dem Nichts auf. Heute ist Smith ein schwerreicher Mann. Aber er hat seine Wurzeln als Network-Einsteiger nie vergessen. Aus diesem Grund hatte die neue Form der Excel-Geschäftspräsentationen, die er im Frühjahr 1998 erschuf, einen ungewöhnlichen Hauch von Autorität.

DAS SWAT-TEAM

Smith hatte die erfolgreichsten Führungskräfte im Excel-Vertrieb studiert und ihre besten Strategien zum Abhalten von großen Geschäftspräsentationen herausgefiltert. Er kombinierte diese Techniken zu einem schlüsselfertigen System mit Namen SWAT, Steve's Wöchentliches Aktions Team (Im Amerikanischen bedeutet SWAT auch das Pendant zum deutschen SEK – Sondereinsatzkommando, Anm. des Übers.). Das 43seitige SWAT-Handbuch legt eine Prozedur dar, wie man sein Excel-Geschäft durch wöchentliche Geschäftspräsentationen aufbaut. Jedes Detail war sorgfältig notiert. Nichts blieb dem Zufall überlassen.

Als Denson Taylor im Frühjahr 1998 zum ersten Mal vom SWAT-System hörte, war er begeistert. Das war genau die Form von Unterstützung, nach der er sich schon immer gesehnt hatte. Aber viele der anderen Excel-Vertriebspartner sahen die Angelegenheit deutlich skeptischer. Sie überflogen das Handbuch, übernahmen die Elemente des Systems, die ihnen gefielen, aber ließen die Dinge außer acht, die ihnen nicht zusagten. Smith hatte beispielsweise genau aufgelistet, welche Stücke zu verschiedenen Zeitpunkten der Präsentation als Hintergrundmusik laufen sollten. Aber viele Vertriebspartner wählten ihre eigene Musik aus. „Viele der Führungskräfte entschieden: 'Ich übernehme diesen, aber nicht jenen Teil'," sagt Denson. „Sie übernahmen den Plan nicht Punkt für Punkt. Wenn sie dann keine sofortige Veränderung in ihrem Geschäft sahen, gingen sie wieder dazu über, die Dinge so zu tun, wie sie es schon immer getan hatten."

DER GUTE SCHÜLER

Für Denson war es wieder so ähnlich wie der 12wöchige Trainingskurs, den er im Immobilienbereich absolviert hatte. Indem er sorgfältig jeden einzelnen Schritt verfolgte und das Programm so ausführte, wie es ihm seine Ausbilder gezeigt hatten, war Denson als Immobilienmakler erfolgreich geworden. Nun beschloss er, im Network-Marketing die gleiche Vorgehensweise einzusetzen. „Wenn jemand, der so erfolgreich war wie Steve Smith, ein Programm zusammenstellte," sagt Denson, „dann beschloss ich, ein guter Schüler zu sein und diese Technik nicht in Frage zu stellen."

In den folgenden Wochen, restrukturierte Denson seine Vorgehensweise anhand des SWAT-Konzeptes. Er kopierte Smith's Vorgehensweise aus der Ferne. Denson's persönlicher Kontakt mit Smith war hier und dort auf wenige Gesprächsminuten bei den Trainingskonferenzen beschränkt. Aber Densons Ausgabe des SWAT-Handbuches zerfledderte durch regelmäßigen Einsatz von Tag zu Tag immer mehr.

EIN KLARES ZIEL

Der Kern von Smith's Konzept war eine subtile, aber entscheidende Änderung der Perspektive. Denson hatte seine Treffen bisher als eine Art von schwungvoller Kundgebung für seine Downline betrachtet. Für Denson war es genauso wichtig, die Präsentation für die Vertriebspartner interessant zu machen, wie es auch für die Interessenten, die als Gäste geladen waren, der Fall war. Folglich investierte Denson viel Energie in die Gewinnung externer Sprecher, um die Präsentation spritzig und die Schar der Vertriebspartner bei Laune zu halten.

Aber Smith schränkte das Ziel ein. Seiner Meinung nach hatten die Präsentationen nur einen einzigen Zweck – neue Vertriebspartner einzuschreiben. Alles andere drehte sich nur um dieses Ziel. Da die Stammgäste bereits eingeschrieben waren, war es nicht mehr nötig, sie zu unterhalten. Sie waren Teil des Teams, nicht des Publikums. Denson war nicht länger gezwungen, neue Sprecher zu finden und neue Präsentationen zu entwickeln. Denson selbst könnte jede Woche der Hauptsprecher bleiben. Die Gäste würden den Unterschied nie bemerken.

BEGEISTERUNG

Indem die Rolle der Stammgäste als Partner des Teams neu definiert wurde, erhielt der Organisator der Präsentation mehr Autorität, um sie zur aktiven Unterstützung heranzuziehen. Jeder Vertriebspartner wurde zu einem der Darsteller in einem durchdachten Projekt, das zum Nutzen der Interessenten gestaltet wurde. Ihre Aufgabe war es, die Begeisterung auf hohem Niveau zu halten. Sie wurden angewiesen, aus sich herauszugehen, über Witze zu lachen (selbst wenn sie dieselbe Pointe schon zum fünfzigsten Mal gehört hatten), zu lächeln, nicken, klatschen und im passenden Moment zu jubeln.

Smith wies die Organisatoren an, für eine ausgelassene Atmosphäre zu sorgen, fast wie bei einer Sportveranstaltung. „Manche Menschen sagen, es sei unprofessionell, während einer Geschäftspräsentation zu klatschen und zu jubeln," sagt Denson. „Aber wir sind hier nicht im klassischen Geschäftsleben. Die meisten Menschen, die einer Anstellung nachgehen, sind pleite – das ist die Norm. Wir versuchen, uns von dieser Norm abzuheben. Wir bringen den Menschen bei, dass es okay ist, Spaß zu haben und begeistert zu sein. Sie müssen nicht steif und pseudoprofessionell auf ihrem Stuhl sitzen.“

DIE MACHT DER MUSIK

> „Wir bringen den Menschen bei, dass es okay ist, Spaß zu haben und begeistert zu sein.“

Die vielleicht wirkungsvollste von Smith's Innovationen war die Idee, zu entscheidenden Zeitpunkten der Präsentation Musik einzusetzen. Smith veröffentlichte im Internet eine Liste von bestimmten Musikstücken und gleichzeitig eine Anleitung, wie sie eingesetzt werden sollten. Denson zog pflichtbewusst los und kaufte jede CD, die auf der Liste stand. „Am ersten Tag, an dem wir den Faktor Musik in die Gleichung einfügten, sahen wir ein sofortiges und umwerfendes Ergebnis,“ erinnert sich Denson. „Im Raum war mehr Stimmung und mehr der Anwesenden wurden Teil dieser Stimmung.“

Viele der Musikstücke, die Smith empfahl, waren energiegeladene Titel mit einem donnernden Tanzrhytmus – wie die Musik, die man bei großen Sportveranstaltungen hört. Wenn die Redner auf die Bühne schritten, spielte Denson Lieder wie „YMCA“ oder „Pump up the jam“ von Technotronic. Er eröffnete die Präsentationen mit „Let's Get Ready to Rumble“ von Michael Buffer und „Get Ready for This“ von Unlimited. Dann gab es besondere Songs für spezielle Anlässe. „Wenn ein erzkonservativer Redner auf die Bühne kommt,“ sagt Denson, „lassen wir 'I'm too Sexy' von Right Said Fred laufen, und alle lachen sich krank. Die Leute haben einfach Spaß daran. Niemand ist gelangweilt.“

EISERNE DISZIPLIN

Hinter dem Spaß und der guten Laune steht jedoch eine strikte Linie und eiserne Disziplin. Die Vorschriften werden rigoros eingehalten. Das bedeutet, dass zukünftige SWAT-Team-Führungskräfte verpflichtet sind, 30 Minuten vor Beginn der Präsentation anwesend zu sein. Jeder, inklusive der Gäste, muss ein Namensschild tragen. Die Präsentation beginnt pünktlich um 19.00 h am Montagabend und darf nicht länger als 45 Minuten dauern. Jeder ist verpflichtet, die notwendigen Unterlagen mitzubringen, um neue Interessenten ins Geschäft bringen zu können.

„Sie gehen von der Erwartung aus, dass Sie die Interessenten am gleichen Abend einschreiben," sagt Denson.

Selbst die Sitzordnung ist vorgeschrieben. Ziel ist es, die vorderen Reihen zuerst zu besetzen, damit die Redner nicht zu Reihen von leeren Sitzen sprechen müssen. Während der Präsentation muss jeder sitzen und unter keinen Umständen darf jemand den Raum mit einem Gast verlassen. Was immer Sie mit einem Gast bereden wollen, es wird weitaus effektiver sein, wenn es innerhalb des Raumes geschieht, in dem die Begeisterung groß ist.

DAS FORMAT

Die Form der Präsentation ist immer gleich. Zuerst beginnt ein Promoter die Präsentation mit einer zwei- bis dreiminütigen Einführung. Dann startet die eigentliche Geschäftspräsentation. Sie dauert zwanzig Minuten und folgt einem vorgeschriebenen Skript. Um die Monotonie zu unterbrechen, wird die Präsentation von zwei Sprechern gehalten, die jeder jeweils zehn Minuten lang sprechen. Während sie reden, spielt ein Projektor Grafiken auf eine 4-m Leinwand – dieselben Grafiken, die Excel-Vertriebspartner auf ihren tragbaren Computern bei Präsentationen in Einzelgesprächen nutzen.

Nach der Präsentation übernimmt der örtliche Gastgeber für ein paar Minuten das Mikrophon, um Denson vorzustellen, der die Präsentation dann mit seinen Schlussbemerkungen beendet. An diesem Punkt arrangieren die Führungskräfte im Raum Stuhlkreise – einen Kreis für jedes „Bein" in Denson's Downline – und eröffnen eine intensive Gruppendiskussion, um die Fragen der Interessenten zu beantworten und sie einzuschreiben. Während die Besprechungen ablaufen, geht Denson durch den Raum, schüttelt Hände, ermutigt die Neueinsteiger und gratuliert ihnen.

DIE BESTEN DER BESTEN

In einem Bereich bricht Smith's SWAT-Vorgehensweise mit einer MLM-Tradition: Es werden keine Testimonials, also Erfahrungsberichte, präsentiert. In klassischen Geschäftspräsentationen wird ein gewisser Zeitrahmen für anwesende Vertriebspartner eingeräumt, die auf die Bühne kommen und ein paar Minuten von ihren Erlebnissen im Geschäft berichten. Manchmal werden zehn oder noch mehr dieser Testimonials in eine einzelne Präsentation gepresst. Smith strich diese Praxis vollständig. Nicht nur, dass es zu lange dauert, es schmälert auch die Qualität der gesamten Präsentation. Persönliche Testimonials sind oftmals ungeschickt und zu gefühlsbetont formuliert. Die Menschen, die sie zum Besten geben, sind eine gemischte Runde, von denen viele oftmals nur mittelmäßigen Erfolg im Geschäft erzielt haben.

„Steve sagt, dass dort vorne nur die Besten der Besten stehen dürfen," sagt Denson. Zwischen den Treffen praktiziert seine Gruppe Übungsrunden, während denen gegenseitige Geschäftspräsentationen gegeben werden. Jeder fällt sein Urteil, wer die beste Präsentation gehalten hat. Nur denjenigen, die außergewöhnliche Qualität liefern, ist es gestattet, das Podium bei einer echten Präsentation zu betreten.

PEITSCHENSCHWINGEN

Disziplin hält sich nicht von alleine aufrecht. Sie muss aufrechterhalten werden. Bei einem Treffen stellte Denson fest, dass nur knapp zweihundert Personen anwesend waren – fast 50 Prozent weniger, als er sonst an einem guten Abend erwartete. Umgehend versandte er eine Nachricht an seine Gruppe. „Ich dachte, dass ich es mit einer ernsthaften Gruppe von Leuten zu tun hätte. Wenn sie sich nicht für die Möglichkeit finanzieller Unabhängigkeit begeistern können, sollte ich vielleicht eine neue Gruppe aufbauen."

Die Reaktion folgte unmittelbar. „Sie erschienen," sagt Denson. „Beim nächsten Treffen waren sie da." Sie können die Menschen nicht zum Kommen zwingen, bemerkt Denson. Aber sie können sie warnen, dass ihre Gleichgültigkeit Folgen haben wird. Wenn sie die Unterstützung ihrer Führungskraft, Denson, verlören, dann würden sie auch die Chance verlieren, in diesem Geschäft erfolgreich zu werden. Das ist eine ernsthafte Bedrohung, welche die meisten von ihnen in Bewegung bringt. Der Schlüssel zur Disziplin, sagt Denson, ist es, ihrer Gruppe zu vermitteln, wie wichtig die Arbeit als Team ist. „Ich sage ihnen, 'Sie können nicht alleine für Begeisterung sorgen. Ich kann nicht alleine für Begeisterung sorgen. Die einzige Chance die wir haben, jede Woche eine aufregende Präsentation zu erzielen, besteht dann, wenn wir alle zusammenarbeiten.'"

DUPLIKATIONSFÄHIGKEIT

Wenn Interessenten zu einer Präsentation kommen, erhalten sie eine aussagekräftige Botschaft über die Duplikationsfähigkeit des Excel-Geschäfts. Jeder Gast kann mit eigenen Augen sehen, wie effektiv das

Treffen zur Mitarbeitergewinnung ist. Er kann ebenfalls erkennen, wie einfach es für seinen Sponsor war, ihn einzuladen, sich dann zurückzulehnen und die Präsentation den Rest der Arbeit übernehmen zu lassen.

Während die Vertriebspartner Erfahrung gewinnen und ihre eigenen Gruppen aufbauen, werden viele von ihnen die Entscheidung treffen, eigene Präsentationen zu organisieren – was aber keine Verpflichtung darstellt. Die meisten werden Nebenberufler bleiben. Deren Aufgabe wird darin bestehen, während der Woche Interessenten zu gewinnen und sie am Montagabend zu der 45minütigen Veranstaltung zu bringen. Für diese Menschen bietet das SWAT-System eine zuverlässige Infrastruktur, um ihr Geschäft in einer Weise aufzubauen, die für sie nur mit geringem Aufwand verbunden ist.

Sofortige Ergebnisse

Als Denson zum SWAT-Format überging, sah man sofortige Ergebnisse. Die Teilnehmerzahlen bei Denson's ursprünglichen Geschäftspräsentationen beliefen sich auf 0 bis 120. Durch das SWAT-Format schossen die Gesamtteilnehmerzahlen auf 300 bis 400 Personen, wobei sich die Zahl der neuen Gäste jeden Abend zwischen 70 und 200 bewegte. Auch Denson's Provisionen schossen in die Höhe. „Ich erkannte ein Muster, durch das mein Einkommen von einem Monat auf den anderen um 20.000 Dollar stieg," erinnert sich Denson. „Es passierte auf einen Schlag. Diese Zahlen kamen wie aus dem Nichts." Heute bewegt sich Denson's Einkommen zwischen 80.000 und 100.000 Dollar pro Monat. „Steve Smith führt mich nun als ein Beispiel dafür vor, was SWAT für ihr Geschäft tun kann," sagt Denson.

> **Der Schlüssel zur Disziplin sagt Denson, ist es, ihrer Gruppe zu vermitteln, wie wichtig die Arbeit als Team ist.**

Die Präsentation des Einundzwanzigsten Jahrhunderts

Viele Networker halten die großen Hotel-Meetings für ein Relikt der Vergangenheit. Neue Technologien haben es uns leicht gemacht, informelle Geschäftspräsentationen mit nur wenigen Gästen im eigenen Wohnzimmer zu halten. Sie können Freunde und Bekannte zu sich einladen, um die Präsentation per Satellitenfernsehen oder via Internet zu betrachten oder sich eine vom Unternehmen gesponserte Telefonkonferenz per Lautsprecher anzuhören. Für viele Menschen scheint dies eine attraktivere Möglichkeit zu sein, als einen Abend damit zu verbringen, sich selbst oder seine Gäste während einer stürmischen, verschneiten Nacht ins örtliche Hotel zu schleppen.

Denson jedoch glaubt, dass es im Network Marketing immer einen Platz für die Live-Präsentation gibt. „Die Menschen werden dadurch von der allgemeinen Begeisterung angesteckt," sagt er. „Wenn sie eine brandneue Person einsteigen lassen und diese verdient in diesem Geschäft in ihrer ersten Woche über 1.400 Dollar, dann will ich, dass jeder in meiner Gruppe diese Person persönlich kennenlernt." Denson befürwortet Excel's Plan, mit Videoübertragungen per Internet zu beginnen, aber er sieht diese neuen Technologien nur als eine Erweiterung, nicht als einen Ersatz für das SWAT-System. „Ich nutze die Übertragungen, um die montagabendliche Präsentation zu meinen Gruppen außerhalb der Stadt zu bringen," sagt er.

EINE FRAGE DES GLAUBENS

Was das Live-Meeting im einundzwanzigsten Jahrhundert so wirkungsvoll werden lässt, sagt Denson, ist die Vorgehensweise des schlüsselfertigen Systems, praktiziert durch Steve Smith's SWAT-System. Das vorgefertigte Format, die vorgefertigten Reden in Skriptform, die Präsentation auf CD-ROM und die streng vorgeschriebenen Regeln helfen, das Verfahren zu standardisieren und Fehler auszumerzen. Wie Denson's Erfahrung klarstellt, bringt das SWAT-System Ergebnisse, wenn man die Regeln Schritt für Schritt befolgt.

„Es ist so, als ob sie einen Kuchen backen würden," erklärt Denson. „Sie mögen das Mehl kosten, bevor sie es einrühren und sich sagen, nun, ich mag diesen staubigen Geschmack nicht, also werde ich kein Mehl verwenden. Aber Mehl ist der Hauptbestandteil eines Kuchens." Ebensowenig können Networker anhand der verschiedenen Komponenten des Erfolgsrezeptes ihres Mentors beurteilen, welche Komponente die wichtigste zum „Kuchen" ihres Erfolges ist. Ein Großteil dessen, was den Networker der vierten Welle ausmacht, ist es, Vertrauen und Mut zu haben, ihrem Mentor zu vertrauen, an sein System zu glauben und diesem eine Chance zu geben, am Markt zu bestehen. Denson Taylor zeigte diesen Glauben. Und er hat seitdem immer wieder seinen Lohn eingefahren.

TEIL SECHS

WAVE 4

Folgen Sie dem System

KAPITEL 25

„Die Suche nach einem System“

John Valenty hatte Angst. Er war mit der Einstellung erzogen worden, harte Arbeit würde seinen Erfolg garantieren, aber jetzt war er sich dessen nicht mehr so sicher. John arbeitete bis an seine körperlichen Grenzen – Tag und Nacht. Aber Monat für Monat verschuldete er sich nur noch tiefer. Schon im Alter von 23 Jahren hatte John es geschafft, über 100.000 Dollar Schulden anzuhäufen. „Ich lebte über meine Grenzen hinaus,“ sagt er. „Und egal, wie sich mein Geschäft entwickelte, mein Nettoeinkommen war nie ausreichend.“

Freunde und Rechtsanwälte hatten ihm geraten, den Offenbarungseid zu leisten. Aber dies ging gegen seine Prinzipien. „Ich bin ein verantwortungsbewusster Mensch,“ sagt er. „Schulden sind für mich kein Spiel. Es war nichts, worüber sich reden ließ. Ich wusste, dass es mich ruiniert hätte, wenn mir jemand $100,000 schulden und Bankrott gehen würde. So etwas könnte ich niemals jemanden antun, auch nicht einem großen Unternehmen.“

John merkte, dass er ein System finden musste, bei dem seine Einsatzkraft vervielfältigt werden könnte. Es war der einzige Weg, wie er ein wachsendes Einkommen aufbauen konnte, das ausreichen würde, sein Leben in die richtige Richtung zu lenken. „Ich wusste, dass es da draußen irgendetwas für mich gab,“ sagt John. „Ich musste es nur finden.“

EIN OPFER DES E-MYTHOS

In Kapitel 13 haben wir Michael Gerber's Konzept des E-Mythos besprochen – der Illusion, dass man dadurch Freiheit erlangt, indem man es alleine versucht und sich selbständig macht. Tatsache ist, dass die meisten Kleinunternehmer das genaue Gegenteil erleben. Ihre Unternehmen werden zu härteren Vorgesetzten als jeder Chef. Dies war mit Sicherheit auch bei John Valenty der Fall.

Er verließ die High School in der elften Klasse vorzeitig, um ganztägig in seiner Werkstatt arbeiten zu können. Innerhalb weniger Jahre hatte John eine ganze Flotte von Lkws, die Reparaturen vor Ort durchführten und ihm monatliche Umsätze von über 30.000 Dollar erbrachten. Jedoch waren die Gewinne mager und John's exzessiver Lebensstil teuer. Bereits mit 21 war er hoch verschuldet und suchte verzweifelt nach einem Ausweg. Eine Zeitlang beschäftigte er sich mit einem Kleinanzeigenvertrieb, der ihm in einer Werbesendung vorgestellt wurde, jedoch erforderte auch diese Geschäftsmöglichkeit viel Zeit und hohe Investitionen. „Was mir am Vertrieb nie gefallen hat, war, dass man immer von seinem eigenen Einsatz abhängig ist," sagt John. „Ich wusste, dass die Lösung für meine Probleme in irgendeiner Form der Vervielfältigung liegt, im Einsatz der Mitarbeit anderer Menschen."

DIE 3. WELLE

Aber wie konnte er diese Vervielfältigung erreichen? John kannte Network-Marketing, da seine Eltern mit der MLM-Firma Shaklee arbeiteten. Aber er hatte sich nie sonderlich dafür interessiert und wusste daher wenig über die Eigenschaften von MLM. Nun fingen ihm jedoch die große Zahl von Zeitungsanzeigen über MLM-Gelegenheiten an aufzufallen. Vielleicht würde es sich lohnen, dem Thema mehr Beachtung zu schenken, dachte sich John. „Das Erste was ich tue, wenn ich etwas Neues beginne, ist in einen Buchladen zu gehen und mir ein Buch zu diesem Thema zu kaufen," sagt John. In diesem Fall war das Buch, das John fand, *Die 3. Welle: Die neue Epoche im Network-Marketing.*

„Ich fing an, Wave 3 zu lesen," erinnert sich John, „und es traf mich wie ein Blitzschlag. Network-Marketing war das, was ich tun musste. Das war, worauf ich schon die ganze Zeit gewartet hatte. Die Führungsarbeit, die Vervielfältigung, die Art, wie es den Einsatz anderer Leute nutzt. Ich fühlte mich, als ob es nur für mich geschaffen wurde."

> Er träumte davon, eine Downline aufzubauen, die per „Autopilot" lief, ein Geschäft, das so gut organisiert ist, dass seine hochtechnisierten Systeme und standardisierten Abläufe die Arbeit praktisch von allein regelten.

DIE VISION VON DER SCHLÜSSELFERTIGKEIT

Besonders interessant fand John in „Wave 3" die Beschreibung der neuen Arbeitsweise im MLM, worin schlüsselfertige Systeme viele Aufgaben des Geschäfts automatisierten. Er träumte davon, eine Downline aufzubauen, die per „Autopilot" lief, ein Geschäft, das so gut organisiert ist, dass seine hochtechnisierten Systeme und standardisierten Abläufe die Arbeit praktisch von allein regelten. Aber existierte eine solch zukunftsorientierte Firma überhaupt? John war entschlossen, es herauszufinden.

Sein erstes Telefonat war entmutigend. John antwortete auf eine der MLM-Anzeigen, aber die Frau, die ans Telefon ging, schien weniger über das Geschäft zu wissen, als er selbst. „Sie benahm sich wie ein Reh im Scheinwerferlicht," erinnert sich John. „Sie war sehr ängstlich, fühlte sich unwohl und wollte offensichtlich nicht mit mir reden." John verstärkte ihre Unsicherheit nur noch, indem er eine Reihe von gezielte Fragen über ihr Geschäft stellte, die sie nicht beantworten konnte.

FOLGE DEM SYSTEM

Es schien, als sei John in einer Sackgasse gelandet. Wie sollte ihn diese Frau unterstützen und ausbilden, wenn sie noch nicht mal grundsätzliche Fragen über ihr eigenes Geschäft beantworten konnte, fragte sich John? Es war eine entmutigende Einführung in das Network-Marketing-Geschäft. John wurde klar, dass ein erfolgreiches Unternehmenssystem für alle Eventualitäten gewappnet sein musste. Wenn MLM tatsächlich funktionierte, dann musste es mit Schritten und Vorgehensweisen ausgestattet sein, die dafür sorgten, dass Missgeschicke oder Hindernisse leicht umgangen werden konnten. Welche Vorgehensweise war in dieser Situation angemessen?

John's Gedanken wanderten zurück zu dem einzigen MLM-System, das er kannte – jenem, das in Wave 3 aufgeführt war. Ihm fiel auf, dass das Buch genau diese Art von Problemen ansprach. Aber was hatte darin gestanden? „Wenn Sie im Network Marketing beginnen, sind Sie in der Regel ein schlechtes Aushängeschild für Ihr eigenes Unternehmen..." erinnert sich John in dem Buch gelesen zu haben. „Was man tun kann? Nach oben schauen. Das bedeutet, einen erfolgreichen Menschen in den Ebenen über einem selbst zu finden, der bereit ist, als Mentor zur Verfügung zu stehen. Dann kann man die Erfahrung und Ausstrahlung dieser Person zur Gewinnung neuer Vertriebspartner nutzen."

Sich nicht selbst zum Thema machen

Das war das Problem, erkannte John. Niemand hatte dieser Frau gesagt, dass sie nach oben schauen sollte, weil sie selbst unerfahren und daher eine schlechte Werbung für ihr Geschäft war – ihre beste Taktik wäre es gewesen, die Aufmerksamkeit von sich weg, hin zu ihrem Mentor zu lenken. „Um die Wahrheit zu sagen," hätte sie sagen können, „ich habe selbst gerade mit diesem Geschäft angefangen. Aber ich kenne jemanden, der sehr erfolgreich ist, der Ihnen helfen kann. Lassen Sie mich versuchen, ihn gleich zu erreichen." Wenn ihr Sponsor Zeit gehabt hätte, hätte sie eine Telefonkonferenz starten können und hätte lediglich zuhören müssen, während ihr Sponsor das Gespräch übernahm. Das war Mitarbeitergewinnung nach den Regeln der 3. Welle.

Wenn dies John bereits klar war, warum wusste sie es dann nicht? John war erstaunt, als er merkte, dass er mehr Einblick in das Geschäft hatte als sie – und das nur, weil er ein Buch gelesen hatte. Er entschloss sich, seine eigene Suche zu starten. „Haben sie einen Sponsor?" fragte er die Frau. Das hatte sie. „Und wie ist sein Name?," fuhr er fort. Es war Terry. Mit ein bisschen Überzeugungsarbeit bekam John auch noch Terry's Telefonnummer. Er hatte seine erste große MLM-Hürde überwunden, und das nur, weil er das System befolgte.

Zum Ursprung gehen

„Terry war ein Dynamo," erinnert sich John. „Er war die Art Sponsor, von denen ich in Wave 3 gelesen hatte, ein Typ wie „Mutter Theresa", der nie selbst etwas erledigt bekam, weil er ständig Dinge für andere erledigte.“ Terry war immer für John verfügbar, er schulte ihn, beantwortete Fragen und führte für ihn Telefonkonferenzen mit potentiellen Vertriebspartnern. John merkte jedoch schnell, dass auch Terry seine Grenzen hatte. „Er hatte viel praktische Erfahrung und er konnte viele meiner Fragen beantworten,“ sagt John, „aber in einigen Bereichen wusste ich mehr über das Geschäft als er – und das nur durch das Lesen von Wave 3“.

John's ehemalige Berufserfahrung war ebenfalls sehr hilfreich. Das System zur Mitarbeitergewinnung, das ihm Terry beibrachte, war der Versand von Werbebriefen. Statt den „warmen Markt“ zu bearbeiten oder kalte Anrufe zu tätigen, erhielt John von Terry den Rat, er solle Adresslisten mieten und an diese Menschen Tonkassetten mit einer Darstellung der Geschäftsmöglichkeit schicken. Diese Vorgehensweise erschien John logisch. Er hatte in seinem ehemaligen Geschäft bereits mit Werbebriefen gearbeitet. Aber er erkannte, dass Terry's Kenntnisse über dieses Thema begrenzt waren.

In der Downline des Unternehmens gab es einen bekannten Werbebrief-Profi namens Charles, der sich drei Ebenen oberhalb von Terry befand. Es war das System von Charles, das Terry weitergab. „Terry dachte es sei tiefschürfend und originell,“ sagt John. „Aber es war nichts anderes als das, was ich bereits schon zu Hause in meinem Geschäft getan hatte; Infopakete und Folgematerial zu versenden. Es war wieder an der Zeit, nach oben zu schauen, erkannte John. Vielleicht hatte Charles das schlüsselfertige System, nach dem er suchte. Vielleicht waren die Werbebriefe der Schlüssel für eine automatisierte Downline.

KAPITEL 26

Die richtige Ausgangsplattform

„Direktwerbeprofis investieren tausende von Dollar, um ihre erstklassigen Werbeaussendungen zu gestalten, testen und zu produzieren ." schreibt Tom „Big Al" Schreiter in seinem Buch *Turbo MLM* „Man braucht Geld, um bei den großen Jungs mitspielen zu können."

Schreiter's Rat zum Thema Network-Marketing per Post ist sehr einfach: Lassen Sie es bleiben! Wenn Sie die Kosten für Werbebriefe, Porto, Informationsunterlagen, Rückantwortumschläge und Adressmiete addieren, können Sie bei einer Aussendung von nur 20.000 Stück leicht auf 30.000 Mark kommen. Und obwohl Direktwerbefachleute gewöhnlich Rückläufe von 2% auf ihre Aussendungen erwarten, gibt es keine Garantie, dass Sie diese Werte erreichen. „Es gibt bei Werbebriefen keine durchschnittlichen Rückläufe," sagt Schreiter, „weil es keinen durchschnittlichen Werbebrief gibt."

HOHES RISIKO, HOHE GEWINNAUSSICHTEN

Aus all den vorhin genannten Gründen rät Schreiter, dass sich Networker – und vor allem Einsteiger – an die althergebrachte Werbemethode des persönlichen Gesprächs halten. Sein Rat ist sinnvoll. Niemand sollte ins Werbebriefgeschäft einsteigen, ohne die Risiken zu bedenken. Es kostet Geld, und wenn Ihr Mailing nicht funktioniert, können Sie Ihr letztes Hemd verlieren.

Aber für diejenigen, die bereit sind, das Risiko einzugehen, kann die Belohnung reich ausfallen. Ein effektives, schlüsselfertiges Werbebriefsystem multipliziert Ihre Duplikationskraft um ein Vielfaches. Es ermöglicht Ihnen den Zugang zu einer hohen Anzahl von Personen in einem unbegrenzten geographischen Bereich. Und es befreit Sie von der psychologischen Hemmschwelle, sich mit Menschen persönlich treffen oder kalte Telefonate führen zu müssen. Der Trick dabei ist es, das Risiko zu minimieren, indem Sie ein System entwickeln, das für hohe Rückläufe sorgt. Das war es, was John Valenty tat.

BEWERBEN SIE IHREN WARMEN MARKT PER AUTOPILOT

Charles war ein Meister des Werbebriefes. Sein System brachte Ergebnisse. Unter seiner Anleitung begann sich John schnell eine Downline durch den ausschließlichen Einsatz von Audiokassetten aufzubauen. „Viele Leute verspotteten uns deshalb," erinnert er sich. „Sie sagten, 'Lerne, am warmen Markt zu arbeiten. Lerne, zu sponsern. Lerne, auf traditionelle Weise aufzubauen.'"

Aber John erkannte, dass sich, wenn man per Werbebrief erfolgreich wurde, der warme Markt von allein entwickelte. Freunde und Familie würden feststellen, dass dein Geschäft abhob. Und die Tatsache, dass du sie nicht wegen der Geschäftsgelegenheit belästigt hattest, würde es für sie noch attraktiver wirken lassen. „Wir sagten den Menschen, 'Sie müssen nicht mit ihren Freunden und Verwandten sprechen,'" erzählt John. „Die Interessentengewinnung geschieht ausschließlich per Werbebrief." Mit diesem Versprechen war John in der Lage, viele Menschen ins Geschäft zu bringen, die an Network-Marketing nicht interessiert gewesen wären, wenn sie gedacht hätten, dass dazu persönliche Werbegespräche notwendig seien.

FINDEN SIE DIE RICHTIGE ZIELGRUPPE

Trotzdem hatte John Probleme mit seiner Firma. Sie verkaufte Gesundheitsprodukte, wie beispielsweise Algenkapseln, an eine hochspezialisierte Nische von Vegetariern, Ex-Hippies und New-Age-Anhängern. „Es war eine seltsame Kategorie von Menschen," erinnert sich John. „Ich passte nicht richtig dazu. Es waren nicht die Menschen, mit denen ich zu Abend essen wollte oder mit denen ich einen warmen Markt aufbauen wollte." John fiel es schwer, die Geschäftsgelegenheit außerhalb dieser Subkultur aufzubauen. „Es war einfach nicht so duplizierbar, wie ich es mir wünschte," sagt er.

Auch fühlte sich John durch die antikapitalistischen Meinungen behindert, die in der Firma vorherrschten. Viele von John's Kollegen im Vertrieb gaben an, mehr um die Natur, als um ihr Einkommen besorgt zu sein. Die Anstandsregeln in der Firma ließen davon Abstand nehmen, frei über seine finanziellen Ziele zu reden. Aber John machte keine Umschweife, was seine Ambitionen anbelangte. Ihm ging es ganz einfach ums Geld. Jede Nacht lag er im Bett und erstellte aufgrund des progressiven Wachstums, wie er es im Buch über die 3.Welle gelesen hatte, mit Stift, Papier und Taschenrechner seine Hochrechnungen. „Mein Ziel war nicht edelmütig," sagte er. „Ich fühlte mich von den großen Zahlen angezogen. Ich musste einfach wissen, ob es möglich war, soviel Geld zu verdienen. Ich stellte buchstäblich jede Nacht eine neue Berechnung auf. Jedesmal, wenn ich frustriert war, tat ich es wieder. Es gab mir Hoffnung."

Steak, nicht nur Bratenduft

John wusste, dass Direktwerbung für ihn funktionieren konnte, aber er brauchte die richtige Plattform. Wenn er nur ein Produkt finden würde, an das er glauben könnte und eine Unternehmenskultur, die seine Ambitionen unterstützte, sagte sich John; dann würde sein Geschäft wirklich abheben. Er begann sich nach nur drei Monaten seines Einstiegs bei der ersten Firma nach einer neuen Gelegenheit umzusehen. Es war eine schwere Suche. John erkannte, dass die meisten Firmen den Bratenduft über das Steak hoben. Bei einer Präsentation war er von der Professionalität der Sprecher beeindruckt. „Ich hatte so etwas nie zuvor gesehen," erinnert er sich. „Ich war vom Zauber gefangen. Ich stand unter Strom."

John war von einer Gruppe selbsternannter „Heavy Hitter" amerik. Ausdruck für Top-Networker) umgeben, die versuchten, ihn für ihr Geschäft zu gewinnen. Aber er erkannte schnell, dass sie es nur „vortäuschten" statt es geschafft zu haben"Diese Jungs trugen 3.000 Dollar-Anzüge und fuhren 1.200 Dollar-Toyotas oder -Volvos. Sie verdienten kein Geld. Es war entmutigend, weil ich so gerne gehabt hätte, dass es wahr wäre."

Keine Kompromisse

John hielt sich nicht zurück, als er seiner Enttäuschung freien Lauf ließ. „Ihr Jungs seid eine Lachnummer," sagte er zu den Selbstdarstellern. „Ich habe hier nichts verloren." John erwartete eine wütende Antwort. Aber überraschenderweise schien John einer der Männer, die er gerade angegriffen hatte, zuzustimmen. Mit erhobenen Händen sagte der Mann, „Das war's. Ich verschwinde ebenfalls. Ich kann es nicht aushalten, wenn Menschen einfach hinausgehen. Das passiert schon die ganze Zeit." John und sein neuer Freund verließen gemeinsam das Treffen.

„Wonach suchen sie wirklich?" fragte ihn der Mann beim Hinausgehen. „Ich habe dieses Buch über die 3. Welle gelesen," sagte John schließlich. „Ich schätze, ich suche nach einer Firma, die so geführt wird, wie Poe es hier als optimal beschreibt." Der Mann hatte nie von der dritten Welle gehört. Aber auf John's Empfehlung ging er sich das Buch besorgen.

Etwa drei Wochen später stand er vor Johns Tür und gab ihm eine Kassette mit einem wunderlichen Namen. Er lautete: *Ich hasse es zu verkaufen, mag es nicht, Menschen anzuwerben, aber ich würde liebend gern durch Network-Marketing reich werden.* Die Kassette war von einem Vertriebspartner der Firma New Vision, einem Hersteller von Nahrungsergänzungen aus Tempe, Arizona, produziert worden. John's Freund versicherte ihm, dass dies die Firma sei, die er gesucht habe, die Plattform, auf der John seine automatische Downline aufbauen konnte. John drehte die Kassette unsicher in seinen Händen hin und her. Aber schon allein der Titel weckte seine Aufmerksamkeit. Das Versprechen eines schlüsselfertigen, betreuungsarmen Geschäfts schien seiner Vision eines Unternehmens der 3.Welle zu entsprechen. Vielleicht, dachte John, vielleicht lohnte es sich, diese Sache zu überprüfen.

KAPITEL 27

Die automatisierte Downline

Seit seiner der Gründung in 1994 hatte das MLM-Unternehmen New Vision International mit seinem Wachstum zu kämpfen. Die Produktlinie der Diät-, Hautpflege- und Vitaminprodukte verkaufte sich schneller als ursprünglich angenommen. Als der Umsatz innerhalb der ersten sechs Monate nach Gründung die monatliche Umsatzschwelle von 500.000 Dollar überschritt, brach das Abrechnungssystem zusammen. Auch die Telefonanlage war durch das rasante Wachstum bis zum Äußersten belastet. Auch Ausbau um Ausbau konnte das Problem nicht lösen. Kaum dass New Vision ein neues Telefonsystem eingeführt hatte, stieg die Zahl der Anrufe wieder in einem Maß, welches die Anlage wieder überholt sein ließ. Fast ein ganzes Jahr lang waren die Leitungen permanent besetzt. Bestellungen wurden verzögert, weil die New Vision's Lieferanten der Nachfrage nicht gerecht werden konnten.

Aber Jason und B.K. Boreyko – die beiden Brüder, die das Unternehmen gegründet hatten – lernten aus ihren Fehlern. Sie waren in der Welt des Network-Marketing großgeworden. Ihre Eltern waren Vertriebspartner von Matol und Amway gewesen. Die Boreyko-Brüder wussten, dass der Erfolg von MLM davon abhängt, dass man seine Vertriebspartner unterstützt. Sie investierten viel Geld in die modernste Technologie und verwandelten New Vision damit in ein Vorbild der Automatisation des einundzwanzigsten Jahrhunderts.

Vertriebspartner haben vierundzwanzig Stunden am Tag Zugriff auf das Computersystem, entweder per Telefon oder über eine interaktive Website. Eine 8.000 Quadratmeter große, vollautomatisierte Lagerhalle sichert die schnelle und zuverlässige Ausführung der Bestellungen. Heute generiert das in Arizona ansässige Unternehmen mehr als 200 Millionen Dollar Umsatz pro Jahr. Wegen ihres blitzartigen Wachstums erhielten die Boreyko-Brüder die Auszeichnung „Emerging Enterpreneurs“ des Jahres 1998 von einer der weltweit größten Unternehmensberatungen, der Ernst & Young AG.

FILET MIGNON

Als John Valenty dem Unternehmen beitrat, befand sich ein Großteil der „Technologie des 21. Jahrhunderts” noch in der Entwicklung. Aber John konnte darin ein schnell wachsendes Unternehmen der Zukunft erkennen. „Ich fühlte mich zu Hause,“ erinnert er sich. „New Vision hatte viel mit der 3. Welle gemeinsam. Man musste keinen Lagerbestand halten, die Firma lieferte direkt an die Kunden. Sie hatten einen Unilevel-Vergütungsplan, der bereits auf den oberen Ebenen gute Provisionen auszahlte. John war sich jedoch, was seine Upline betraf nicht ganz so sicher. Der Mann, der die Kassette „Ich hasse es zu verkaufen, mag es nicht, Menschen anzuwerben, aber ich würde liebend gern durch Network Marketing reich werden“ produziert hatte, erschien ihm zu glatt, als er ihn das erste Mal traf. Sein Name war Bob.

„Als ich ihn das erste Mal in einem Hotel sprechen hörte,“ erinnert sich John, „war ich abschreckt. Er hatte ein perfektes, poliertes Auftreten und auf jeden Einwand eine perfekte Antwort.“ John hatte gelernt, solchem Auftreten zu misstrauen. Er wollte das Steak – nicht den Bratenduft. „Ich stellte ihn zur Rede und fragte ihn, wie viel Geld er verdienen würde,“ sagt John.

Der Mann hatte gerade erst bei New Vision angefangen. Er hatte in diesem Monat nur 3.500 Dollar verdient und 2.000 Dollar im Monat davor. Dann zog Bob jedoch seine Steuererklärung des Vorjahres aus der Tasche. Diese belegte den Verdienst in seiner ehemaligen MLM-Firma: 900.000 Dollar. Das war kein Bratenduft, erkannte John, das war Filet Mignon. Auf der Stelle überwand er seinen Stolz. „Ich hatte noch nie jemanden kennengelernt, der so viel Geld verdiente,“ gibt er zu. „Ich sagte, „Bob, sage mir, was ich tun muss. Ich bin verzweifelt. Ich werde jede Anleitung befolgen.’“

ZWANZIG KASSETTEN, ZWANZIG LEUTE

Bob’s System war einfach. „Nimm zwanzig von diesen Kassetten,“ sagte John’s neue Upline, „und gib sie den nächsten zwanzig Leuten, die du triffst. Wenn keiner von ihnen einsteigt, dann solltest du es vielleicht auch nicht tun. Vielleicht ist es dann nicht das richtige Geschäft für dich."

Die Vorstellung, mit zwanzig Kassetten zwanzig neue Vertriebspartner anwerben zu können, erschien John unmöglich. Aber er hatte sich vorgenommen, das System zu befolgen. „Ich verteilte alle zwanzig Kassetten," sagt John, „und ich blieb mit den Leuten in Kontakt, um sicher zu gehen, dass sie die Kassetten auch anhörten." Nur vier stiegen ein. Ich fühlte mich wie ein Verlierer," sagt John. Aber zu seiner Überraschung meinte Bob er hätte erstklassig gearbeitet. Seine nächste Aufgabe sei es, weitere zwanzig Kassetten zu verteilen! Mit diesem Tempo würde er mit Sicherheit eine mächtig große Downline aufbauen, meinte Bob.

Ein Schritt vor, Zwei Schritte zurück

Das System war überraschend einfach nachzuahmen erkannte John. Anstatt seine Zeit und seine Energie zu verschwenden und sein Selbstwertgefühl zu ruinieren, indem er versuchte, Menschen dazu zu überreden, der Firma beizutreten, gab er ihnen einfach eine Kassette zu hören. Diejenigen, die Interesse hatten, stiegen ein. Dann schickte man diese wiederum ebenfalls mit zwanzig Kassetten los, um den Prozess zu wiederholen. Der Versand der Waren wurde von der Firma geregelt. Man wusste noch nicht einmal, wieviele Produkte die eigenen Kunden bestellt hatten, bis man am Ende des Monats seine Provisionsabrechnung bekam.

Auch wenn sich alles einfach anhört, gab es einen Haken. John's Provisionen wuchsen lediglich im Schneckentempo. „Mein erster Scheck betrug 187 Dollar," sagt er, „aber meine Telefonrechnung betrug 500 Dollar. John versuchte das Tempo durch Werbebriefe zu beschleunigen. Er verschickte 100 Kassetten auf einmal, bei einer durchschnittlichen Reaktion von ca. 2%. „Von diesen Interessenten würde ich schlussendlich ungefähr die Hälfte einstellen," sagt John. Das bedeutete, dass aus 100 Mailings ein neuer Vertriebspartner entstand, der im Schnitt eine Erstbestellung von nur 56,85 Dollar aufgab.

Tiefere Ebenen, Höhere Provisionen

Es schien hoffnungslos. Aber eines Abends setzte sich John an seinen Taschenrechner. Er wusste, dass Erfolg in Network-Marketing nicht von der Anzahl der Personen abhängt, die man persönlich ins

Geschäft bringt, sondern davon, wie viele Personen diese Menschen ins Geschäft bringen und wieviel wiederum diese Leute leisten. Die ernstzunehmenden Provisionen entstanden auf den tieferen Ebenen, auf denen die Anzahl der Leute größer, der Provisionssatz höher und das exponentielle Wachstum stärker war.“ Ich fing an, dass progressive Wachstum auf den unteren Ebenen zu berechnen und erkannte, das es wichtiger ist, mehr Leute dazu zu bringen, Kassetten zu verteilen, als es selbst zu tun.“

> Die ernstzunehmenden Provisionen entstanden auf den tieferen Ebenen, auf denen die Anzahl der Leute größer, der Provisionssatz höher und das exponentielle Wachstum stärker war.

Das Einzige, was er tun müsste, erkannte John, war, ein paar Leute dazu zu bringen, genau das zu tun, was er tat – aus 1000 Mailings zehn bis zwanzig Leute zu gewinnen – und dann diese zwei Prozent dazu zu bringen, wiederum zwei Prozent zu gewinnen, die das Gleiche täten. Wenn er diesen Einsatz in seiner Organisation einige Ebenen tief duplizieren könnte, schloß John, würde ihn das progressive Wachstum reich machen.

DAS WILLKOMMENSPAKET

Eine kleine Innovation erwies sich für den Wandel in John's Geschäft als ausschlaggebend. Mit Hilfe seiner Direktmailing-Erfahrungen stellte John ein Willkommenspaket für die Leute zusammen, die auf seine Sendung reagiert hatten. Die meisten von ihnen hatten entweder wenig oder gar kein Interesse an dem Aufbau eines Geschäftes. Sie traten lediglich als Vertriebspartner bei, um sich für den Großhandelsrabatt zu qualifizieren, um also die Produkte günstiger beziehen zu können. Aber John fiel auf, dass diese Menschen, die eigentlich nur Großhandelskunden sein wollten, ein Potential an neuen Vertriebspartnern mit sich brachten. Er entwarf das Willkommenspaket, das genau auf ihr träges Verhalten zugeschnitten war.

Dieses Paket beinhaltete ein Willkommensschreiben, eine Visitenkarte des jeweiligen Sponsors und einige Verkaufsmaterialien, die

die Geschäftsgelegenheit von New Vision darstellten. Aber am wichtigsten war wohl die beigefügte schriftliche Bitte, die vier bis sechs beiliegenden Kassetten, die den gesundheitlichen Nutzen der Produkte erläuterten, an Menschen auszuhändigen, die ihnen wichtig waren. „Es war vielleicht nur einer von zehn, der es getan hat," sagt John. „Das reichte aber aus, um für zusätzliche Duplikation zu sorgen."

DIE SANFTE FORM DER ANWERBUNG

Das neue System passte perfekt in das 3.Welle-Modell der „sanften Anwerbung" – nämlich Menschen mit einem Minimum an Anstrengung ins Geschäft zu bringen. Als er anfing, das Willkommenspaket zu verschicken, schöpfte John das Konzept der sanften Werbung bis ins Extrem aus. „Wir würden gar nicht erst mit den Leuten über die Geschäftsgelegenheit sprechen," sagt er. „Wir würden einfach das Willkommenspaket die Arbeit übernehmen lassen."

Inzwischen spricht John die Empfänger noch vor dem Versand des Pakets auf das Geschäft an. „Ich habe herausgefunden, dass es besser ist, sie gleich zu fragen," sagt er. Am Ende des ersten Gesprächs fragt John, „sind Sie daran interessiert, etwas zusätzliches Geld zu verdienen? Ich baue gerade ein neues Geschäft auf und ich könnte etwas Hilfe gebrauchen." Auch wenn sie nein sagen, erhalten die Leute ein Willkommenspaket. John hat herausgefunden, dass seine Vorabgespräche die Einstellungsquote noch steigern.

DAS DISQUALIFIZIEREN VON INTERESSENTEN

Disqualifikation ist eine wirkungsvolle Strategie, die von vielen Networkern zur Partnergewinnung eingesetzt wird. Es bedeutet, seine Zeit nicht damit zu verschwenden, indem man die Leute anfleht, seiner Downline beizutreten. Wenn man auch nur einen Hauch von Ablehnung verspürt, wird der potentielle Neueinsteiger sofort disqualifiziert. Man beendet das Gespräch höflich und fährt beim Nächsten fort. Diese Strategie erspart einem nicht nur Zeit und Mühe, sondern kann auch verhindern, dass man Menschen einstellt, die hinterher lediglich Problemfälle darstellen. Leute, die man überreden muss, der Gruppe beizutreten, werden am ehesten Menschen sein, die oft nörgeln oder vorzeitig aufgeben.

John entdeckte die Strategie der Disqualifikation per Zufall. Immer noch mit seinen Schulden kämpfend und beim Versuch, seine Werkstatt vor dem Untergang zu bewahren, war John überarbeitet und unterbezahlt. Seine Verzweiflung sorgte bei seinen Telefonaten für eine dementsprechende Intensität. „Zwang sorgt für radikale Maßnahmen," sagt John. „Ich übte sehr viel Druck aus. Ich schmeichelte den potentiellen Vertriebspartnern nicht. Es hieß, entweder er will oder er will nicht." Inzwischen hat John einiges von dieser rauen Art abgelegt, aber er sucht sie in seinen Mitarbeitern. „Ich suche Leute, die den Erfolg so dringend brauchen, dass sie alles tun würden, um ihre Ziele zu erreichen," sagt er. Ich ziehe einen hochmotivierten Idioten jederzeit einem mäßig interessierten Intelligenzbolzen vor."

DER SCHRITT IN DIE VOLLZEITTÄTIGKEIT

Bereits zwei Monate später, nachdem John die Willkommenspakete eingeführt hatte, fing die Macht des geometrischen Wachstums an, einzuschlagen. Er hatte es lediglich geschafft, acht Menschen dazu zu bewegen, seinem System zu folgen, aber das reichte aus. In diesem Monat verdiente John 2.087 Dollar an Provisionen, bei einem Gesamtumsatz von 25.000 Dollar.

„Es war wie eine Maus, die einem Tyrannosaurus Rex gegenübersteht, aber es war gerade genug, um mir klarzumachen, dass wir auf dem richtigen Weg waren." sagt er. In seinem dritten Monat vervierfachte sich das Umsatzvolumen auf 100.000 Dollar, und John's Provisionsabrechnung stieg auf 8.200 Dollar. Er entschied sich, seine Werkstatt zu schließen und in Vollzeit ins MLM einzusteigen. „Ich verkaufte meine Lkws und vergab meinen Kundenstamm", erinnert sich John. „Das war für die Leute, die ich ins Geschäft gebracht hatte, sehr motivierend, denn sie sahen zu, wie ich ein Geschäft abstieß, das im Monat 30.000 Dollar eingebracht hatte." Heute ist John einer der Top-Vertriebspartner bei New Vision und verdient pro Jahr über eine Million Dollar an Nettoprovisionen.

DER PIONIER DER 4. WELLE

John erreichte seinen unglaublichen Erfolg durch das Verfolgen des Systems. Als er eine sinnvolle Methode gefunden hatte, hielt er mit eiserner Bestimmung daran fest, bis sich die Gewinne einstellten. John's Verpflichtung, die Gesetze der 3. Welle zu beherzigen, hat ihn zu einem Pionier der 4. Welle gemacht. Nach vier Jahren bei New Vision hat ihn seine Suche nach dem perfekten schlüsselfertigen System deutlich weiter als nur zu einer Audiokassette gebracht. Heute wird John von hochtechnisierten Systemen wie *Earnware* unterstützt – ein von ihm entwickeltes Mitarbeitergewinnungssystem. Mit Earnware können sogar die grünsten Vertriebspartner in John's Downline zusammenhängende Verkaufspräsentationen geben und ihre Ergebnisse wie die Profis verfolgen.

John's Vertriebspartner ziehen neue Leute mit ganz einfachen MLM-Methoden an Land, wie beispielsweise Mund-zu-Mund Propaganda, Visitenkarten, Postkarten, Flyern, Internetseiten, Infomercials oder Werbetafeln an Autobahnen. Aber auch jeder von John's Mitarbeitern verfügt über eine für den Anrufer kostenlose Telefonnummer. Wenn potentielle Vertriebspartner aufgrund einer Anzeige anrufen, werden sie automatisch durch das elektronisch gestützte Earnware-System weitergeleitet.

Eine aufgenommene Nachricht stellt die Geschäftsgelegenheit oder eines der New Vision-Produkte vor. Am Ende der Ansage kann der Anrufer entscheiden, ob er eine Bestellung aufgeben, oder einen Rückruf erhalten möchte. In diesem Aspekt ähnelt das Earnware-System dem herkömmlichen Voicemail-Marketing. Aber hier endet die Ähnlichkeit auch schon.

Automatische Verfolgung

Bei den meisten Voicemail-Systemen legen die Anrufer auf, ohne eine Nachricht zu hinterlassen. Man weiß nie, ob sie überhaupt angerufen haben. Earnware speichert jedoch jede Telefonnummer. Die Informationen werden an eine interaktive Website weitergeleitet, auf der man anhand einer Art Anzeigetafel nachlesen kann, wer angerufen hat und wie lang der Anrufer der aufgenommenen Verkaufspräsentation zugehört hat. Diese wichtigen Informationen ermöglichen es, die Rückrufe nach der richtigen Priorität zu tätigen. Beispielsweise ist ein Anrufer, der drei Minuten zugehört hat, wahrscheinlich ein besserer Kandidat, als einer, der nur 30 Sekunden von der fünfminütigen Ansage angehört hat.

„Mit der Hilfe von Earnware kann der durchschnittliche Networker schnellstens überdurchschnittliche Ergebnisse erzielen," sagt John. „Da das System automatisiert ist, bietet es Networkern bessere Möglichkeiten, sich auf die Beziehungen zu und die Ausbildung von den neuen Vertriebspartnern zu konzentrieren." John verkauft das System inzwischen durch sein eigenes Unternehmen Earnware (www.earnware.com), das in Carlsbad, Kalifornien angesiedelt ist

Seine Träume leben

Heute führen John und seine Frau Shelleen ein traumhaftes Leben. Aber John wird niemals vergessen, wie hart er dafür arbeiten musste, um es zu verwirklichen. „Es war die einsamste Zeit meines Lebens," sagt er über seine Anfangstage bei New Vision. „Für mich war jeder nur ein potentieller Kunde. Ich benutzte jedermann. Ich hatte keine wirklichen Freunde. Ich lieh mir Geld von meiner Mutter, meiner Oma, meinem besten Freund, um gerade überleben und meine Marketingmaterialien bezahlen zu können." Aber diese Tage sind vergangen. „Seitdem habe ich die meisten von ihnen zu Millionären gemacht," sagt er. „Also kann ich nachts doch gut schlafen."

John hofft, dass die anderen Menschen in seiner Downline nicht so hart kämpfen müssen, wie er es tun musste. Immer wieder grübelt er darüber nach, wie er sein Mitarbeitergewinnungssystem noch verbessern und erleichtern kann. John's Earnware-System hat seine Vorstellung von einer automatisierten Downline zur Wirklichkeit werden lassen gemacht. Aber ein elegantes Softwareprogramm ist kein Allheilmittel. Die Lektion, die John vom ersten Tag an lernte, ist auch zu Zeiten des Internet noch so wahr, wie zu den Zeiten, als er noch Kassetten mit 1-2prozentigem Rücklauf verschickt hat. Die Regel lautet: Finde ein System, das funktioniert, und funktioniere, bis du erschöpft bist.

TEIL SIEBEN

WAVE 4

Erzählen Sie Ihre Geschichte

KAPITEL 28

Die Macht der Geschichten

Kalyn Gibbens aus Eugene in Oregon war eine erfolgreiche Networkerin. Mit 2.500 Menschen in ihrer Downline und monatlichen Provisionen zwischen 2.500 und 3.000 Dollar, wusste Kalyn, dass sie besser war als die meisten anderen. Warum dachte sie dann daran, aufzugeben? Kalyn war sich nicht sicher. Sie wusste nur, dass sich in den letzten Jahren ein dicker Schleier über ihr Geschäft gelegt zu haben schien. Ihre Downline war träge und gleichgültig. Monat um Monat verging – ohne jegliches oder mit nur geringem Wachstum.

„Mein Einkommen war seit eineinhalb Jahren nicht mehr gestiegen," erinnert sich Kalyn. „Es stagnierte. Es ging nicht vorwärts. Ich begann ernsthaft zu denken, dass dies nicht die richtige Firma für mich war." Kalyn besprach die Angelegenheit mit ihrem Sponsor. Nachdem er geduldig zugehört hatte, sagte er, „Du kannst diese Firma verlassen und zu einer anderen gehen, wo andere Leute schneller Geld verdienen. Aber das bedeutet nicht, dass DU mehr Geld verdienen wirst. Zu welcher Firma du auch gehen wirst, du nimmst dich immer selbst dort mit hin."

Gewissensprüfung

Kalyn fühlte sich von den Worten ihres Sponsors hart getroffen. Sie hatte ihr MLM-Geschäft immer als Charaktertest gesehen. Seit ihrem achzehnten Geburtstag war Kalyn auf der Suche nach Erfolg von einer Network-Firma zur nächsten gezogen. Manche hatten sich als Betrügereien herausgestellt. Andere hatten ihr die Arbeit mit hohen monatlichen Pflichtverkäufen schwergemacht. Aber seit 24 Jahren hatte sich Kalyn geweigert, aufzugeben. Würde sie jetzt weich?, fragte sich Kalyn. Begann sie an der Schwelle zum Erfolg jetzt ihren Mut zu verlieren?

„Ich begann mich zu fragen, über wieviel Ausdauer ich wirklich verfügte," sagt Kalyn, „wie sehr ich in der Lage war, es anzugehen und es wirklich durchzuziehen." Zumindest würde die Entscheidung dabeizubleiben, ihren Charakter stärken dachte sich Kalyn. Und wenn ihr Sponsor recht hatte, dann würde sie in ihrem Geschäft umso besser, je stärker ihr Charakter wurde. Kalyn entschied sich, ihrer Firma noch eine Chance zu geben. Es stellte sich als eine der besten Entscheidungen heraus, die sie je in ihrem Leben getroffen hatte.

Eine Geschichtenerzählerin

Kalyn war eine Geschichtenerzählerin. Sie baute ein harmonisches Verhältnis mit ihren Interessenten auf und zog sie in ihr Geschäft, indem sie Erzählungen ihrer persönlichen Erlebnisse im MLM zum Besten gab. „Ihre persönliche Geschichte ist das mächtigste Rekrutierungswerkzeug, das sie haben," sagt Kalyn.

> „Ihre Geschichte ist das mächtigste Rekrutierungswerkzeug, das Sie haben".

Es ist auch das am leichtesten einsetzbare Werkzeug. Ihre Geschichte zu erzählen, ist so natürlich wie zu essen oder zu atmen. Kalyn erzählte ihre Geschichte gewöhnlich in ein paar kurzen Sätzen. Es war die Geschichte einer Frau, die ihr ganzes Leben damit verbracht hatte, finanzielle Unabhängigkeit zu suchen. Sie war vielen Arbeiten nachgegangen, vom Modell eines Künstlers, hin zur Visagistin in Hollywood. Sie gründete Firmen, hatte ihre eigene Model-Agentur in Los Angeles, dann wieder ein Entspannungszentrum in Arizona. Aber nur Network-Marketing hatte Kalyn gegeben, was sie suchte: Ein passives Einkommen. Und nur ihre derzeitige Firma, Neways Inc., hatte die Produkte, den Vergütungsplan und die Unterstützung die Kalyn brauchte, damit MLM für sie funktionierte.

GESUNDHEITSBEWUSSTSEIN

Kalyn und ihr Mann Douglas waren äußerst gesundheitsbewusst. Sie ernährten sich von organischen Lebensmitteln, beschäftigten sich mit Vegetarismus und statteten ihr Haus mit natürlichen Reinigungsmitteln und Körperpflegeprodukten aus. Vor Neways war Kalyn für eine Network- Marketing-Firma tätig, die Nahrungsergänzungen auf Kräuterbasis vertrieb. Deren Fokus auf natürliche Heilmethoden passte perfekt zu Kalyn's Interessen. Als ein Freund versuchte, sie zu einer Firma namens Neways Inc. zu locken, wollte Kalyn nicht zuhören. Sie war mit ihrem derzeitigen Status völlig zufrieden.

Aber der Freund blieb hartnäckig. Wenn Kalyn nicht am Geschäft interessiert wäre, wie sähe es dann mit den Produkten aus? „Weißt, du, dass in den Körperpflegeprodukten, die du und deine Kinder benutzen, potentiell giftige Stoffe enthalten sind?“ fragte er. Kalyn wurde zornig. „Nein, sind es nicht,“ widersprach sie. „Ich kaufe mein Shampoo und meine Gesichtscreme in Gesundheitsläden.“ Mit einem wissenden Lächeln händigte der Mann ihr eine Liste mit den Namen chemischer Stoffe aus, die für den Körper als schädlich gelten. Er forderte sie auf, diese Liste zuhause mit den Angaben der Inhaltsstoffe auf den Etiketten ihrer Produkte zu vergleichen.

DAS DOPPELTE ANGEBOT

Kalyn tat, was ihr vorgeschlagen wurde. Sie war schockiert, als sie erkennen musste, dass die meisten ihrer Shampoos, Gesichtscremes und anderer Körperpflegeprodukte mindestens eine der schädigenden Substanzen enthielten. „Ich warf Produkte im Wert von etwa 500 Dollar in den Müll,“ sagt sie. „Ich war fuchsteufelswild, dass ich in Gesundheitsläden einkaufte und keine gesundheitlich unbedenklichen Inhaltsstoffe erhielt.“ Neways jedoch garantierte, dass ihre Produkte frei von Giften und störenden Substanzen waren.

„Wann immer ich die Geschäftsgelegenheit vorstelle, stelle ich jedesmal auch die Produkte vor,“ sagt Kalyn. „Und wann immer ich die Produkte vorstelle, stelle ich auch jedesmal die Geschäftsgelegenheit vor.“ Eines von beidem wird ihren Interessenten zum jeweiligen Zeitpunkt mehr ansprechen und sie wissen nie, was es ist. In Kalyn's Fall waren es die Produkte, die ihr Interesse weckten. Schon lange bevor sie bereit war, ihre damalige MLM-Tätigkeit an den Nagel zu hängen, war sie von Neways' Produktlinie gefangen, die aus zu 100% natürlichen

Feuchtigkeitscremes, Haarsprays und Kosmetika bis hin zu ökologisch unbedenklichem Motoröl und Treibstoffzusätzen für ihr Auto bestand.

EINE WIRKUNGSVOLLE GESCHICHTE

Zuerst versuchte Kalyn zwei Herren zu dienen. Sie benützte und verkaufte die Produkte von Neways, fuhr aber fort, Mitarbeiter für ihre andere Firma zu werben. Mit der Zeit erkannte Kalyn jedoch, dass die Neways-Story wirkungsvoller war. Alles, was Kalyn tun musste, war, ihre Erfahrung mitzuteilen, wie sie nach Hause gekommen war und in ihrem Badezimmer ausschließlich giftige Substanzen vorfand. Ihre Interessenten waren jedesmal gebannt. Dann händigte sie ihnen die Liste mit den gefährlichen Substanzen aus und ließ der Sache freien Lauf.

Die Produkte waren leicht zu verkaufen, aber wie sah es mit der Geschäftsgelegenheit aus? Kalyn und ihr Mann suchten eines Tages Neways' Firmenzentrale in Salem im Bundesstaat Utah auf und waren von der Integrität der Menschen beeindruckt. Der Vergütungsplan sprach Kalyn an – eine Mischung aus Unilevel und einem „sanften" Breakaway-Plan, der in den tieferen Ebenen großzügige Provisionen bot, aber gleichzeitig auch den Teilzeitmitarbeitern ermöglichte, auf den oberen Ebenen gutes Geld zu verdienen. „Wir gingen nach Hause und entschieden uns, in Vollzeit für Neways zu arbeiten," sagt Kalyn. „Und wir haben nie wieder zurückgesehen."

NACHGEDANKEN

Nie, das bedeutet, bis zu dem Zeitpunkt, als das Geschäft nach drei Jahren zu stagnieren begann. Nachdem sie ihre Frustration mit ihrem Sponsor besprochen hatte, durchdachte sie tagelang seine Worte. *Zu welcher Firma du auch gehen wirst, du nimmst dich dort immer selbst mit hin.* Wenn es also nicht der Fehler des Unternehmens war, fragte sich Kalyn, was machte sie dann falsch?

Kalyn besprach das Problem eines Tages mit einem anderen Neways-Vertriebspartner. „Ich will im Network-Marketing erfolgreich werden, aber mein Geschäft wächst nicht in die Tiefe!" sagte sie zu ihm. Es war hart. Kalyn schien einfach nicht die Form von Duplikation zu erhalten, die sie benötigte. Es fiel ihr leicht, neue Partner ins Geschäft zu bringen, aber schwer, diese dazu zu motivieren, eine eigene Downline aufzubauen. Kalyn hatte den Eindruck, dass sie versuchte, Menschen durch Treten und Schreien über die Ziellinie zu schleppen.

Durstige Pferde

„Ich schätze, du kannst ein Pferd zur Tränke führen, aber du kannst es nicht zwingen, zu trinken," bemerkte ihr Kollege. Diese simple Erkenntnis rüttelte Kalyn auf. „Natürlich", sagte sie sich. „Das ist das Problem. Was ich brauche, sind durstigere Pferde!"

Statt zu versuchen, ihre Downline zu motivieren, bessere Ergebnisse zu bringen, musste sie ihre Aufmerksamkeit darauf richten, Menschen für ihr Geschäft zu gewinnen, die bereits motiviert waren. Menschen, die schon Erfolge im Network Marketing nachweisen konnten. Wenn sie einige weitere Führungskräfte in ihrer Gruppe hätte, dann musste das zwangsläufig für Wachstum sorgen, entschied Kalyn. „Aufgrund der Tatsache, dass dort draußen mit Sicherheit durstigere Pferde waren, erweiterte sich meine Vorstellungskraft," sagt sie. Die Frage war nur, wie man sie gewinnen konnte. Dazu fiel Kalyn wieder eine einfache, aber hocheffektive Technik ein, die ihr in der Vergangenheit schon wertvolle Dienste geleistet hatte.

KAPITEL 29

Der große Durchbruch

Kalyn war schon lange von der Macht der Zielsetzung überzeugt gewesen. Jahre zuvor hatte sie erfolgreich einen Ehemann gefunden, indem sie ähnliche Visualisierungstechniken anwendete, wie sie von Sportvereinen oder Managern bekannt sind. Ihr Experiment war so erfolgreich, dass sie später sogar das Buch *Marrying Smart* darüber schrieb.

Kalyn entschied sich mit 32 Jahren, dass sie heiraten wollte. Sie fing an, ihr Ziel auf professionelle Art und Weise zu verfolgen. Zuerst begann sie, alle Vorzüge aufzuschreiben, die ihr zukünftiger Ehemann aufweisen sollte. Dann fing sie an, ihn in ihrer Vorstellung zu visualisieren. Daraufhin erzählte sie jedem von ihrem Ziel. Schon das Erzählen änderte Kalyn's Auftreten ungemein. Selbstzweifel schwanden und ihr Leben drehte sich mehr und mehr um das Ziel, das sie verfolgte. Die Leute in Kalyn's Umfeld fingen auch an, sie in einem anderen Licht zu sehen. Freunde und Bekannte unterstützten sie sogar in ihren Bemühungen, und versuchten, sie mit den in ihren Augen geeignetsten Kandidaten zu verbandeln.

Das Erkennen von Ritualen

Ob man Beten nun als das Anzapfen einer höheren Macht, oder als Form der mentalen Konzentration ansieht – nur wenige Menschen bezweifeln, dass es funktioniert. Kalyn betete für die Erreichung ihres Ziels nicht nur auf herkömmliche Weise, sondern auch mit bestimmten Ritualen, die ihrem Auftrag Fokussierung und Intensität verliehen. Ein

Geschäftsfreund hatte Kalyn von einem indianischen Ritual erzählt, bei dem man seine Gebete auf ein Stück Papier schrieb, das Papier dann verbrannte und dem Rauch in alle vier Himmelsrichtungen aufsteigen ließ. Kalyn verfolgte die Anweisungen des Mannes und las ihre Gebete täglich drei Mal laut vor, drei Tage hintereinander und verbrannte das Papier dann am dritten Tag. Unglaublicherweise traf Kalyn ihren zukünftigen Ehemann, Douglas, gleich am nächsten Tag. Zu Anfang war Kalyn die Bedeutung ihres ersten Treffens gar nicht bewusst. Erst viele Monate danach fingen sie an, miteinander auszugehen. Später, als Kalyn dann durch ihr Tagebuch blätterte, wurde ihr der Zufall ihrer Begegnung erst deutlich.

DIE SCHATZKARTE

Die Leser mögen selbst entscheiden, wie sie Kalyn's Erfolg werten möchten. Für Kalyn war es eine Bestätigung, dass Beten, Visualisieren und Zielsetzung starke Instrumente für die Erreichung ihrer gewünschten Ergebnisse waren. Die gleichen Methoden wendete sie auf ihre Karriere im Network-Marketing an. Eine Woche, nachdem Kalyn gedacht hatte, dass sie ehrgeizigere Leute in ihrer Downline bräuchte, fing sie an, ihre alten Ambitionen wieder zu verspüren. "Ich begann wieder, Ziele auszuarbeiten," sagt Kalyn. "Große Ziele."

Eine der Methoden zur Visualisierung, die Kalyn verwendete, war die sogenannte Schatzkarte. Kalyn durchforstete Zeitschriften und schnitt die Abbildungen, die ihre größten Begehren darstellten, aus und verarbeitete sie zu einer Kollage. Ihre Schatzkarte beinhaltete Fotos von einem großen Haus, einem neuen Auto, einen symbolischen Eine-Million-Dollar-Schein, ein Ausflug mit ihren Kindern ins Disneyland und vieles mehr. Kalyn hängte die Kollage an die Wand und sah sie jeden Tag an. Alleine schon das Zusammenstellen der Bilder hatte Kalyn geholfen, sich ihre Ziele klar zu machen. Es dauerte nicht lange, bis ihre neue Leidenschaft auch unerwarteten Erfolg in ihr Geschäftsleben brachte.

VORBEREITUNG

Chancen ergeben sich immer wieder – ohne Vorankündigung. Aber nur wenige Menschen sind in der Lage, diese zu erkennen. Und noch weniger sind bereit, diese zu nutzen. "Wenn man nicht bereit ist, von seinen Vorteilen zu profitieren," schrieb einst der Motivationstrainer des Jahrhunderts, Orison Swett Marden, "wird diese Chance sie einfach nur lächerlich machen. Eine gute Chance ist nur in dem Maße wertvoll, wie man sich beigebracht hat, diese zu nutzen."

Kalyn's Methode beinhaltete einiges mehr, als nur für das Glück zu beten. Eine gute Chance wäre wertlos gewesen, wenn sie sich nicht jahrelang auf dem Gebiet des Downlineaufbaus weitergebildet hätte. Unter den Fähigkeiten, die Kalyn sich angeeignet hatte, befand sich die Fähigkeit, in jeder Situation die richtige Geschichte zu erzählen. Bald tat sich eine Chance auf, bei der Kalyn diese Fähigkeit zum Einsatz bringen konnte. Dank beständigem, jahrelangen Bemühen war Kalyn darauf vorbereitet.

> **Chancen ergeben sich immer wieder. Aber nur wenige Menschen sind in der Lage, diese zu erkennen. Und noch weniger sind bereit, diese zu nutzen.**

Vertriebspartnergewinnung in Chatrooms

Mit den Jahren hatte Kalyn eine Werbemethode entwickelt, die zu einem hohen Maß auf den "Chatrooms", den Diskussionsforen im Internet, basierte. Chatrooms ermöglichen Menschen mit ähnlichen Interessen per geschriebener Nachricht sofort miteinander zu kommunizieren. Kalyn würde neue Bekanntschaften in den Chatrooms schließen und potentielle Vertriebspartner in ihrer Buddy-List aufnehmen – ein Merkmal beim Internetdienstleister AOL – welches einem ermöglicht, zu erkennen, ob eine der eingetragenen Personen gerade online ist oder nicht. Wenn einer der "Buddies" online ist, kann man ihm ein "Telegramm" senden. Ein Fenster mit dieser Nachricht erscheint auf seinem Bildschirm und er kann unmittelbar antworten, indem er seine Nachricht direkt in das Fenster unterhalb des ursprünglichen Telegramms schreibt. Diese "Unterhaltung" kann solange dauern, wie man es möchte.

"Die Vorgehensweise ist, dass man sie immer wieder mit Telegrammen erinnert," sagt Kalyn. "Man fragt, ob sie schon die Website besucht haben oder den Autoresponder (eine Art Anrufbeantworter für E-mails) abgerufen haben." Der schwierige Teil ist, den potentiellen Einsteiger vom Onlinekontakt zu einem persönlichen Kennenlernen am

Telefon zu bewegen. " Wenn man ihre Telefonnummer hat," sagt Kalyn, "dann kann man die herkömmlichen Methoden anwenden, wie beispielsweise telefonische Dreierkonferenzen."

INSIDERINFORMATIONEN

"Das Geheimnis des Geschäftslebens," sagt der Milliardär und Industiemagnat Aristoteles Onassis, "ist, etwas zu wissen, was niemand anderer weiß." Die Chance für Kalyn kam durch interne Informationen, die einen der Hauptkonkurrenten von Neways betrafen. Dieses Unternehmen hatte großen Erfolg mit dem Verkauf von Wachstumshormonen, die im Ruf standen, verjüngend zu wirken. Kalyn hatte den Durchbruch einiger MLM-Unternehmen beobachtet, die alternative Gesundheitsprodukte verkauften, welche dann wie eine Bombe auf dem Massenmarkt eingeschlagen hatten.

"Es war das meistgefragte MLM-Produkt des Jahres," sagt Kalyn. Im Januar 1999 brachte Neways ein Konkurrenzprodukt namens Biogevity zum halben Preis auf den Markt. Während ihrer Chatroomwerbung versuchte Kalyn die großen Fische von der Konkurrenzfirma für sich zu gewinnen. "Wir boten größere Abfüllmengen und gleichzeitig war unser Produkt höher dosiert," sagt sie. "Es war alles in allem einfach das bessere Geschäft für den Kunden. Aber sie glaubten mir nicht."

CHIRURGISCHER EINGRIFF

Per Zufall fand Kalyn durch interne Quellen heraus, dass das konkurrierende Unternehmen kurz davor stand, Konkurs anzumelden. Die Informationen waren präzise, detailliert und völlig zuverlässig. Sie wusste sogar das genaue Datum, an dem die Bekanntgabe erfolgen sollte. "Es war Donnerstagabend," erinnert sich Kalyn, "und ich wusste, dass die Firma am nächsten Tag untergehen würde."

Kalyn ging entschlossen vor. Sie ging ins Internet und suchte nach Websites, die von den Vertriebspartnern des Konkurrenzunternehmens erstellt worden waren. Zwölf der Seiten führten Telefonnummern auf. Am nächsten Morgen rief Kalyn alle zwölf Leute auf ihrer Liste an. Sie hatten schon die schlechten Nachrichten gehört. Die meisten waren wütend und mürrisch. Aber Kalyn überging ihre Abwehrhaltung mit einem chirurgischen Eingriff – durch den meisterhaften Einsatz ausgewählten Geschichtenerzählens.

DIE RICHTIGE GESCHICHTE ZUM RICHTIGEN ZEITPUNKT

Der Clou beim Geschichtenerzählen in einer bestimmten Situation ist, zu wissen, wie viel und welchen Teil man von seiner Geschichte erzählt. Kalyn wusste, dass ihre zwölf potentiellen Vertriebspartner keine Lobeshymnen über die Vorteile von MLM hören wollten. Sie alle waren bereits erfolgreiche Networker und kannten das Geschäft gut genug. Dazu kam noch, dass sie zu diesem Zeitpunkt allesamt nicht gut auf MLM zu sprechen waren.

"Ich habe gehört, was mit Ihrer Firma passiert ist," sprach Kalyn mit einer Frau. "Wie fühlen Sie sich?"

"Ich fühle mich ...," antwortete sie, unter Anwendung von eines unfeinen Wortes. "Ich fühle mich betrogen."

"Ich weiß, wie Sie sich fühlen," sagte Kalyn. "Ich weiß, wie es sich anfühlt, wenn man von seinem Unternehmen betrogen wird. Ich habe es selbst schon erlebt." Das war alles, was Kalyn zu diesem Zeitpunkt sagen wollte, aber ihre kleine Geschichte hatte schon genug ausgesagt. Es verriet sowohl Mitgefühl als auch Hoffnung – Mitgefühl für die Situation der Frau und Hoffnung für eine schnelle Erholung von dem Desaster, wie es Kalyn erlebt hatte. "Ich habe etwas, was Sie vielleicht interessieren könnte," führte Kalyn fort. Ihre Geschichte hatte ihre Arbeit getan. Die Frau sagte zu, Kalyn's Geschäftspräsentation anzuhören und schloss sich ihrer Downline an.

EINE SOFORTIGE GUTE BEZIEHUNG

Kalyn benutzte die gleiche Geschichte konsequent auch für alle anderen potentiellen Vertriebspartner, die sie an diesem Morgen anrief. Diese Vorgehensweise sorgte sofort für eine gute Beziehung. Aber viel wichtiger noch, sie stellte Kalyn als einen Menschen dar, der schon einige Jahre im Geschäft war und wusste, wovon er sprach. "Die Menschen sind heutzutage nicht mehr so naiv, wenn sie sich einen Sponsor aussuchen," sagt sie. "Sie wollen einen Sponsor, der schon einiges durchgemacht hat und das hatte ich wir definitiv."

In der Vergangenheit war es die Regel gewesen, dass derjenige, der Ihnen das Geschäft vorgestellt hatte, das Recht hatte, Sie zu sponsern. Aber heute suchen sich die Leute ihre Sponsoren genauso vorausschauend aus, wie sie sich auch das Unternehmen aussuchen. Kalyn erinnert sich an einen Mann, der auf einem der Schwarzen Bretter von Neways nach einem Sponsor suchte. "Es war für unsere Online-

Gesellschaft sehr unangenehm," sagt Kalyn, "weil wir alle gegeneinander geworben haben. Wir diskutierten lange darüber und baten die potentiellen Vertriebspartner, dies nicht mehr zu tun."

DAS PARETO-PRINZIP

Network-Marketing Downlines funktionieren nach dem Pareto-Prinzip: Zwanzig Prozent der Leute erledigen achtzig Prozent der Arbeit. Diese Leute bauen das Geschäft auf, sind die Führungskräfte, die großen Fische – Leute, die bereit sind, das zu tun, was nötig ist um seine Bemühungen zu vervielfältigen, also Menschen zu suchen, die bereit sind, dies ebenfalls zu tun. Wenn das Geschäft funktionieren soll, muss man Führungspersönlichkeiten aufbauen. Aus diesem Grund rät Kalyn dazu, die Aussortierregel anzuwenden, wenn es darum geht, potentielle Führungskräfte zu finden.

Mit den meisten potentiellen Vertriebspartnern verschwendet Kalyn keine Zeit. Wenn sie kein Interesse zeigen, beendet sie das Gespräch höflich, aber bestimmt und zieht weiter. Bei potentiellen Führungskräften ändert Kalyn ihre Taktik. Eine Spitzenkraft von einem anderen Unternehmen ist ein Gewinn, auf den es sich zu warten lohnt. Man hat die Möglichkeit dessen gesamte Downline auf einmal in die eigene Organisation zu übernehmen. In solchen Fällen spart sich Kalyn keine Mühe. Sie verfolgt ihre Beute ohne aufzugeben und wartet Monate, sogar Jahre darauf, dass der Ansprechpartner seine Meinung ändert. "Beständigkeit ist 90% des Geschäfts," sagt sie.

> **Wenn Ihr Geschäft erfolgreich sein soll, müssen Sie Führungskräfte für Ihre Gruppe gewinnen.**

DIE GROßEN FISCHE FANGEN

Einer der potentiellen Partner der pleite gegangenen Firma schien Interesse an Neways zu haben. Aber er wollte nicht bei Kalyn's Frontline einsteigen. Der Mann hatte eine solch gute Beziehung zu seiner Upline, dass er nur in eine neue Firma eintreten würde, wenn sein Sponsor zuerst ging und ihn wiederum sponserte. Auf dieser Weise hätte er bei Neways den gleichen Sponsor, den er in seiner alten Firma gehabt hatte. Es war eine ungewöhnliche Bedingung. Aber die Geschichte wurde noch seltsamer. Als Kalyn mit dem Sponsor des Mannes in Kontakt trat, stellte er, seine Upline betreffend, die gleiche Forderung.

Kalyn arbeitete sich fünf Ebenen durch die Organisation hoch und bekam überall die gleiche Bedingung gestellt. "Das gesamte Team wollte in der gleichen Konstellation zusammenbleiben, in den gleichen Positionen in denen sie gewesen waren," schwärmt Kalyn.

Ein solches Maß an Loyalität war ein Beweis für die Führungsqualität des obersten Partners. An der Spitze dieser Downline stand der Hauptgewinn. Es stellte sich heraus, dass der Mann ein erfolgreicher Unternehmer war, der einige Wochen zuvor sein Bauunternehmen aufgegeben hatte, um ganztägig im MLM tätig sein zu können. Das plötzliche Scheitern der Firma war ein schwerer Schlag für ihn gewesen. Er hatte die schlechte Nachricht nicht sofort erfahren. Als die Firma pleite ging, war er auf einem Skiausflug in Aspen gewesen. Er war tagelang nicht zu erreichen. Als Kalyn ihn schließlich ans Telefon bekam, hatte er bereits mehrere Anrufe von den Leuten seiner Downline erhalten, die ihn anflehten, mit zu Neways zu wechseln. "Ich habe nicht einmal eine Wahl," sagte er zu Kalyn. "Meine Downline zwingt mich dazu. Hier ist meine Sozialversicherungsnummer. Schreiben Sie mich ein."

Der Knackpunkt

Indem sie sich auf die wichtigen Leute konzentrierte, bekam Kalyn mehr für ihre Mühe. "Ich selbst brachte nur fünf Leute in meine Frontline," sagt sie. "Aber diese brachten alle anderen. Der Schneeballeffekt setzte ein." Drei Wochen später hatte Kalyn in ihrer Organisation fünf neue Arme aufgebaut, brachte dadurch hunderte von neuen Leuten ins Geschäft, und verdreifachte ihr bisheriges Einkommen. "Dies ist der Umstand, für den Menschen beten," sagt Kalyn. "Dies ist, was Network Marketing verspricht, aber selten einhalten kann, weil die Leute einfach nicht lange genug dabeibleiben, um herauszufinden, wer sie wirklich reich machen wird."

Kalyn glaubt, dass der Erfolg unabdingbar ist, wenn man immer wieder neue Leute ins Geschäft bringt. Es kann sein, dass man 2000 Leute sponsern muss, bevor man einen großen Fisch findet, der einen an die Spitze bringt – es kann aber auch sein, dass 50 ausreichen. "Für jeden gilt eine andere Zahl," sagt sie. Und man weiß nie, wie viele es sein müssen, bis man den Durchbruch zum Erfolg erlebt. Das ist der Knackpunkt." Aber die Networker, die sich durch jahrelange, geduldige Arbeit vorbereitet haben, werden bereit sein, die große Chance zu nutzen, wenn sie sich ergibt.

Eine bessere Geschichte

Jetzt hat Kalyn eine noch bessere Geschichte, die sie erzählen kann. Es ist die Geschichte, die davon handelt, wie sich ihr Geschäft um 180 Grad gewandelt hat, indem sie ihre Geschichte immer und immer wieder erzählt hat. Jahr für Jahr, bis sie sie schließlich den richtigen Leuten erzählt hat. Kalyn's neuer Erfolg hat sich auch in ihrer Downline ausgebreitet, sowohl in den alten Armen, als auch in den neuen. Ihre Organisation wurde durch die Macht von Kalyn's neuer Geschichte zu neuen Leistungen angespornt.

Kalyn ist auf dem besten Weg, die Ziele zu erreichen, die sie auf ihre Schatzkarte gezeichnet hat. Der Ausflug zum Disneyland hat bereits stattgefunden. Sie und Douglas haben sich für einen Firmenwagen von Neways qualifiziert. Und sie sind auf der Suche nach einem neuen Haus. "Wir haben vorher schon ganz gut gelebt," sagt sie. "Nach viereinhalb Jahren als Vollzeit-Networker waren wir selbständig und konnten vom Neways-Einkommen leben. Aber es war nicht das große Geld." Jetzt hat sich für Kalyn eine neue Ebene aufgetan. Sie weiß jetzt, dass der MLM-Traum auch für sie funktionieren kann. Ihre Organisation wächst so schnell, dass sie noch nicht einschätzen kann, wohin sie die Vervielfältigung noch bringen wird. Aber sie sieht im Spekulieren auch wenig Sinn. Kalyn fährt fort, ihre Geschichte zu erzählen, Tag für Tag, und wartet auf den nächsten großen Coup.

TEIL ACHT

WAVE 4

Halten Sie es einfach

KAPITEL 30

Von Angesicht zu Angesicht

„Es gibt da ein Phänomen, das unsere Branche in Reaktion auf die neuen Technologien überschwemmt und das ich als den 'Wahn der 3. Welle' bezeichne," kommentiert Chuck Huckaby, Präsident des MLM-Beratungsunternehmens *Profit Now,* in der 97er November/Dezember-Ausgabe des amerikanischen Magazins *The Network Trainer*. „Auf einmal ist die öffentliche Geschäftpräsentation Schnee von gestern und jeder will ein schlüsselfertiges Mitarbeitergewinnungssystem der 3.Welle." Auf diese Weise, sagt Huckaby, werden viele Menschen aus der Bahn dessen geraten, was der größte Vorteil von Network-Marketing ist – die Arbeitsweise von Angesicht zu Angesicht.

Huckaby sagt, so sehr er ein Fan der Revolution der dritten Welle sei, sehe er auch eine Schattenseite. „Obwohl wir hundertmal effektiver sind als in den alten Tagen, wird es dadurch gleichzeitig immer unwahrscheinlicher, dass wir einen persönlichen Kontakt zu den neuen Vertriebspartnern aufbauen." Huckaby weist daraufhin, dass ein Networker der alten Garde zwanzig Stunden und 200 Dollar in die Gewinnung eines neuen Vertriebspartners investieren mag, während ein Networker der 3.Welle dafür nur 50 Dollar und 5 Stunden seiner Zeit investiert. Der Networker vom alten Schlag hat härter gearbeitet und mehr Geld ausgegeben, aber seinen neuen Partnern auch gleichzeitig mehr Zeit gewidmet.

„Es war in den alten Tagen schon umständlich," sagt Huckaby. „Man musste Produkte zwischenlagern, sie an die Vertriebspartner ausliefern, die Vertriebspartner von seinem Bonusscheck bezahlen und der einzige Weg, Vertriebspartner zu gewinnen, war in den meisten Fällen eine Geschäftspräsentation in einem großen Hotel oder im Haus eines Vertriebspartners. Aber es war ein Vorgehen, das dafür sorgte, dass man viel gemeinsame Zeit mit seinen Vertriebspartnern verbrachte."

DER LEIM

Die Manie der dritten Welle droht, MLM zu einem „beziehungslosen Geschäft" werden zu lassen, warnt Huckaby. Diese Tatsache könnte Networkern in vielen Bereichen schaden. Der Einsatz von automatisierten Werbemethoden wie E-mail, Webseiten und Faxabruf führt, so sagt Huckaby, dazu, dass „Menschen mit Downlines von 10.000 Personen enden, die nur einmal Waren bestellen, von denen man dann jedoch nie wieder hört. So baut man aber kein passives Einkommen auf."

> **Network-Marketing funktioniert am besten, wenn man es einfach hält.**

Network Marketing funktioniert am besten, wenn man es einfach hält, sagt Huckaby – indem man täglich mit Menschen von Angesicht zu Angesicht und von Herz zu Herz arbeitet. „Der einzige Leim, der ein Network für lange Zeit zusammenhalten lässt, besteht aus Freundschaft, Loyalität und persönlichen Beziehungen," sagt er. Aus diesem Grund, sagt Huckaby voraus, wird die 4.Welle aus einer Rückkehr zum persönlichen Kontakt bestehen – in Kombination mit dem Einsatz technischer Hilfsmittel wie beispielsweise dem Internet.

FAUSTKEILE UND KEULEN

„Einstein sagte, dass der 3. Weltkrieg mit Atomwaffen, der 4. Weltkrieg jedoch wieder mit Faustkeilen und Keulen ausgetragen würde," ließ mich Huckaby kürzlich wissen. „Das trifft auch auf MLM zu. Die vierte Welle wird uns Faustkeile und Keulen zurückbringen. Die Menschen werden wieder in die Schützengräben zurückkehren und irgendwo echte Kunden finden müssen."

Ich stimme ihm zu. Nicht alle Arbeit kann durch schlüsselfertige Systeme ersetzt werden. Diese automatisieren die Routineaufgaben und setzen mehr Zeit für die Vertriebspartner frei. Aber wenn Sie eine starke Downline aufbauen wollen, dann muss diese Zeit in produktive Bereiche kanalisiert werden, wie beispielsweise durch Verkäufe und Trainingsseminare, die von Mensch zu Mensch durchgeführt werden. „Reinvestieren Sie einen Teil ihrer ersparten Zeit und ihres Geldes in die Beziehung," drängt Huckaby.

DER INFORMATIONSÜBERSCHUSS

Viele dieser Einblicke wurden in der 3. Welle bereits angedeutet. Das Buch enthielt ein Kapitel mit der Überschrift „Die 4. Welle und die Zeit danach," worin ich voraussagte, dass der Networker aus Fleisch und Blut eine unverzichtbare Komponente des interaktiven Marktes sein würde. Wave 3 wurde in den Jahren 1993 und 1994 geschrieben – bevor das Internet groß wurde. Aber die amerikanische Wirtschaft schwärmte bereits vom „ Informations-Superhighway" und sprach schon über interaktives Fernsehen.

In diesem Kapitel zitierte ich Wayne McIlvaine, den früheren Marketingdirektor der Werbeagentur McCann-Erickson. Nach seinem Ruhestand begann er als Berater für große Konzerne wie General Foods, Campbell's Soup, Phillip Morris und Nabisco zu arbeiten. Er wurde auch zu einem überzeugten Verfechter von Network-Marketing.

„Network-Marketing ist die Welle der Zukunft," sagte er zu mir. „Große Konzerne müssen bereits den Umstand anerkennen, dass sie nicht mehr nur vier Fernsehkanäle für ihre Werbung zur Verfügung haben, sondern über hundert davon. Sie stehen der Tatsache gegenüber, dass sie sich jetzt sechs Stunden Verkaufszeit zur lehrreichen Unterhaltung ihrer Kunden statt nur 30 bis 60 Sekunden langer Werbespots leisten können . . . Hierin liegt die große Chance für Network-Marketing. Weil es für viele Menschen schwer sein kann, ohne die Hilfe eines Networkers die wichtigsten Informationen aus dieser Masse herauszufiltern."

DAS INTERAKTIVE PARADOXON

Was McIlvaine meinte, war, dass allein die Anzahl der Produkte und Dienstleistungen, die durch die interaktiven Medien beworben werden, Kunden nur verwirren und erschrecken würden. Die Konsumenten würden unter einem Überschuss an Information leiden. Je mehr Wahlmöglichkeiten sie hätten, desto unwahrscheinlicher wäre es, dass sie eine sinnvolle Entscheidung träfen. Und auf der Seite des Herstellers wäre das Problem, dass es für die Firmen, die ihre Produkte über interaktive Medien vermarkten, schwieriger wäre, die Aufmerksamkeit des

Konsumenten zu gewinnen. Ihre Botschaft würde in der Masse untergehen. Hierin liegt das Marketing-Paradoxon des einundzwanzigsten Jahrhunderts.

Mehr als je zuvor, brauchen wir einen Menschen, der uns durch den Dschungel der digitalen Aufforderungen geleitet und der uns zeigt, wie wir den Zugang zu den gewünschten Informationen und die besten Angebote finden. McIlvaine sprach von einhundert Fernsehkanälen, heute haben wir Millionen von Angebotsseiten im Internet. Und das Problem wächst von Jahr zu Jahr.

Zurück zu den Grundlagen

In der Ära der 4. Welle werden Networker zu Safariführern, die Kunden auf der Suche nach ihrer Beute durch die digitale Wildnis leiten. Die Zeit, die Networker durch schlüsselfertige Systeme einsparen, reinvestieren sie wieder in ihr Geschäft. Sie werden mehr Zeit dafür aufwenden, eine anhaltende Beziehung zu ihren Kunden und Geschäftsinteressenten aufzubauen.

Wie wir im nächsten Kapitel sehen werden, entsteht bei den technisch fortgeschrittensten MLM-Firmen bereits eine neue Gattung von helfenden und Anleitungen bietenden Networkern. In vielen Bereichen kehren sie wieder zu den Grundlagen des MLM zurück – zur persönlichen Zusammenarbeit von Angesicht zu Angesicht mit Kunden und Geschäftsinteressenten – und bieten damit genau die Form von menschlicher Zuneigung, die Menschen in einer digitalen Gesellschaft suchen und ersehnen. „Die Menschen werden sich darin wiederfinden, nach Beziehungen zu suchen," sagt Huckaby, „in denen sie fühlen, dass sie anderen Menschen vertrauen können, persönliche Unterstützung in der Entwicklung ihres Geschäfts erhalten und einfach in einer Gruppe von Menschen arbeiten, die sie mögen und respektieren."

KAPITEL 31

Der Faktor Menschlichkeit

Als im September 1999 *Quixtar.com*, Amways Internetshop, vorgestellt wurde, wurde die Amway Corporation über Nacht zu einem Internet-Giganten. Amway hatte schon seit langem seine massiven finanziellen Kapazitäten dazu genutzt, um sicherzustellen, dass alle Vertriebspartner mit den neuesten Systemen der 4. Welle ausgestattet sind. Diese Neuheiten haben aber nichts an den Grundlagen des Geschäfts verändert. Persönliche Beziehungen stellen noch immer das Rückgrat eines erfolgreichen Amway-Geschäfts dar. Trotz des Ansturms neuester Hochtechnologie ist und bleibt es die Menschlichkeit, die für den Aufbau und den Erhalt einer Downline sorgt.

Joe und Doris Shaw verkörpern das Vorgehen von „Angesicht zu Angesicht", das Network Marketing in der Epoche der 4. Welle funktionieren lässt. Sie halten die Dinge einfach. Joe und Doris bauen Freundschaften auf und helfen ihren Freunden dabei, im Amway-Geschäft erfolgreich zu werden. Da Joe und Doris Pensionäre in den Sechzigern sind, können sie aus einem reichen Erfahrungsschatz im Aufbau und Erhalt von Beziehungen schöpfen. Sie gewinnen und trainieren ihre Neueinsteiger mit der gleichen Fürsorge, mit der sie ihre sechs Kinder großgezogen haben. Hightech beeinflusst zwar ihr Geschäft, aber Joe und Doris glauben immer noch an die Macht eines warmen Lächelns und einer fürsorglichen Einstellung. Wie auch Millionen anderer Network Marketer, tragen sie zur Menschlichkeit auf dem digitalen Markt bei.

SEI DU SELBST

Joe Shaw fing das Geschäft als pensionierter Lehrer ohne jede Verkaufserfahrung an. Aber er merkte schnell, dass er ein Einzelhandelsgeschäft erfolgreich führen konnte, indem er einfach nur er selbst war. Einer von Joe's Söhnen war Arzt, der ganzjährig in einer Ambulanzstation wohnte. Nachdem er Reinigungsmittel an die Firma seines Sohnes verkauft hatte, wurde Joe zum festen Lieferanten. Dabei fiel ihm ein, dass er andere örtliche Unternehmen ebenfalls auf die gleiche Art und Weise bedienen könnte. „Ich belieferte sowieso schon alle vier Ecken des Landes," sagt Joe, „also dachte ich mir, ich könnte ja auch noch leicht die Lücken dazwischen entlang der Autobahn füllen."

> Auch auf dem Höhepunkt der Hochtechnisierung ist es der Faktor Menschlichkeit, der Downlines entstehen und bestehen lässt.

Joe fing an, bei den Firmen anzuhalten, an denen er sonst vorbei fuhr. Nachdem er sich beim Geschäftsführer vorgestellt hatte, würde er sagen, „Ich habe eine geschäftliche Lieferroute, und ich habe mich für die Amway-Produkte entschieden, weil es eine gute Firma mit guten Produkten und einer Geld-zurück-Garantie ist." Die Reaktionen waren unterschiedlich. Manche Leute nahmen an, Joe würde versuchen, sie für das Amway-Geschäft zu werben. In solchen Fällen würde John sie beruhigen. „Ich bin nicht hier um Sie zu anzuwerben," würde er sagen. „Ich bin hier, um Ihnen Produkte zu verkaufen, ich komme alle zwei Monate. Wenn ich hier bin, und Sie gerade Produkte benötigen, dann habe ich einen Verkauf gemacht."

SANFTER DRUCK

Sanfter Druck ist der Schlüssel zu Joe's Ansatz. Er verpflichtet seine potentiellen Kunden zu nichts. Bevor er geht, fragt Joe höflich, ob sie was dagegen haben würden, wenn er auf seiner nächsten Tour bei ihnen vorbeischauen würde. Die meisten stimmen zu. Er lässt sich den Namen, die Adresse und die Telefonnummer geben und hinterlässt ihnen einen Amway-Katalog und eine kostenlose Packung mit antibakterieller Seife.

„Die Seife entfernt Gerüche," sagt Joe. „Bei nur einer Anwendung verschwinden Zwiebel-, Knoblauch-, Benzin- und Dieselgeruch." Reinigung und Instandhaltung sind Aufgaben, die alle kleinen Firmen gemein haben. In den meisten Fällen werden die potentiellen Kunden sich kaum zurückhalten können, die Seife irgendwann, während den zwei Wochen bis zu seinem nächsten Besuch, zu benützen. „Dadurch," sagt Joe, „haben wir etwas, worüber wir sprechen können, wenn ich wieder da bin."

Ein freundliches Gesicht

Joe verspürt keinen Druck, einen Verkauf abzuschließen und übt auch keinen Druck auf seine Kunden aus. Er weiß, wenn er immer wieder auftaucht, dass er eines Tages in dem Moment erscheinen wird, wenn der Kunde etwas braucht. „Die meisten Vertriebspartner wollen ihren Verkauf schon beim ersten Treffen abschließen, aber viele der Käufer wollen erst beim fünften Besuch etwas kaufen," sagt Joe. „Ich baue einfach immer weiter eine Beziehung auf."

Joe zielt darauf ab, ein Teil der Routine seiner potentiellen Kunden zu werden. Indem er alle zwei Wochen pünktlich erscheint, baut er sich den Ruf eines zuverlässigen und pünktlichen Mannes auf. „Die Beziehung wird irgendwann entspannter," sagt er. „Wenn sie den Punkt erreicht haben, dass sie auf mich zählen können, dann fangen sie an, zu bestellen. Ich bin das freundliche Gesicht, das alle zwei Wochen vorbei kommt und die Bestellungen entgegennimmt."

Persönlicher Kundenbetreuer

Technisch gesehen, brauchen die Kunden Joe gar nicht zur Aufgabe einer Bestellung. Wenn sie einmal einen Amway-Katalog haben, können sie alles telefonisch bestellen und in zwei Tagen geliefert bekommen. Sie benutzen Joes PIN-Nummer, um die Bestellung aufzugeben, also wird er immer bezahlt, auch wenn er die Kunden nie wieder sieht. Aber Joe mag es, die Rolle des persönlichen Kundenbetreuers zu spielen. Seine Besuche erinnern die Kunden immer wieder daran, dass es Zeit ist, mal wieder etwas zu bestellen. Joe beantwortet Fragen und gibt seinen Rat bezüglich der Produkte. Sein persönliches Auftreten sichert, dass die Kunden den Katalog nicht einfach in die Ecke werfen und vergessen.

Durch seine regelmäßigen Besuche hat Joe auch die Möglichkeit, die Kunden zu bewerten und zu entscheiden, wann die richtige Zeit gekommen ist, ihnen das Amway-Geschäft vorzustellen. Über den Daumen gepeilt, sagt Joe, müsse er warten, bis die Kunden 162 Dollar für Produkte ausgegeben haben – den Gegenwert für ein Amway-Einsteigerpaket. Joe weist die Kunden dann darauf hin, dass ihn die gleichen 162 Dollar, die er im Einzelhandel ausgegeben hat, bei Amway ins Boot gesetzt hätten und ihm ermöglicht hätten, zum Großhandelspreis einzukaufen. Während er gleichzeitig hätte zusätzliches Geld verdienen können, indem er die Produkte an Dritte weiterverkauft hätte. Wie immer, setzt Joe keinen Druck ein. „Manche tun es, manche nicht," sagt Joe. „Ca. 23% treten dem Unternehmen bei."

SEIN EIGENES TEMPO FINDEN

Für Joe bietet die Geschäftsroute eine Arbeitsweise, die gut zu seiner Persönlichkeit passt. Auf seiner Route kann Joe seine Dienste anbieten, ohne die Zeit oder Geduld der Kunden zu strapazieren. Der schwierigste Teil der Arbeit wird von der Firma übernommen. Amway nimmt die Bestellungen an, liefert die Ware aus und rechnet Provisionen durch ihr elektronisches Buchhaltungssystem ab. Das Einzige, was Joe tun muss, ist er selbst zu sein.

„Als Lehrer konnte ich nie das Klassenzimmer verlassen," sagt Joe. „Ich war zweiunddreißig Jahre lang an dieses Klassenzimmer gebunden und habe mir jeden Tag die gleichen Gesichter angeschaut. Auf meiner Geschäftsroute kann ich umherfahren und mit unterschiedlichen Leuten sprechen. Es macht mir Spaß." Während Joe sich entspannt und die frische Luft genießt, baut er gleichzeitig ein ernstzunehmendes Geschäft auf. Er hat schon über 175 Stammkunden auf seiner Route.

IRGENDWO UND ÜBERALL

„Nicht alle Vertriebspartner müssen Einzelhändler sein," sagt Doris, „und nicht alle Einzelhändler müssen Vertriebspartner sein." Doris hatte sich dafür entschieden, einen aggressiveren Ansatz für den Aufbau ihres Geschäfts zu nutzen. Vor ihrem Eintritt bei Amway hatte sie bereits einige erfolgreiche Firmen aufgebaut, unter anderem ein Versicherungsunternehmen, ein Maklergeschäft für Sicherheitsdienstleistungen, ein Buchhaltungsunternehmen, und eine Immobilienagentur, die Grundstücke im Wert von ca. 4 Millionen Dollar managte. Als eine ihrer Töchter Joe und Doris die Amway-Gelegenheit näherbrachte, war es Doris, die das Potential für ein steigendes Einkommen sah und den Aufbau des Unternehmens in die Hand nahm.

Ihr Vorgehen ist einfach. Doris präsentiert das Geschäft überall, jedem der zuhören will. „Ich mache keine Werbung," sagt sie. „Meine gesamte Werbung läuft durch Mundpropaganda." Edmore in Michigan, die kleine landwirtschaftliche Gemeinde, in der die Shaws leben, ist wohl kaum ein Herd für kommerzielles Treiben. Aber unter Freunden, Familie und örtlichen Geschäftsleuten hat Doris keinen Mangel an potentielle Kunden gefunden. Sie begrenzt ihre Vertriebspartnergewinnung aber nicht nur auf die Einheimischen. Doris erzählt von einem Mann, den sie auf einem Langstreckenflug ins Geschäft gebracht hat. Der Mann ging nach Hause und baute einen neuen Arm von Doris´ Downline in Deutschland auf. „Man muss sich aus der Bequemlichkeitszone herausbewegen," sagt sie, „sowohl geografisch, als auch psychologisch."

Eine helfende Hand

Doris läuft nicht Gefahr, der Panik der 4. Welle zu verfallen. Trotz des riesigen Aufgebots bei Amway an modernster Technik weiß Doris, dass ihre Downline ihre persönliche Aufmerksamkeit braucht. Sie hat relativ früh erkannt, dass ihr sehr viel von ihrer Zeit verloren ging, indem sie ihre Vertriebspartner einzeln schulte, und dass sie viel Zeit spart, wenn sie sie in einem regelmäßigen Kurs alle gemeinsam ausbildet. Heute bietet Doris einen achttägigen Lehrgang an, der vier Monate lang an jeweils einem Wochenende im Monat stattfindet. Die Kurse bestehen aus fünfzig bis achtzig Teilnehmern und decken Zielsetzung, Vertriebspartnergewinnung und Strategien zum Erreichen der verschiedenen Provisionsstufen im Amway-Vergütungssystem ab. „Wir bringen den Leuten bei, Unternehmer zu sein," sagt Doris.

Sie bietet auch jeden Mittwochabend Telefonkonferenzen an, in denen sie die Punkte Verkaufstraining und Motivation abdeckt. „Wir haben ca. 180 Standorte, die an diesen Telefonkonferenzen teilnehmen," sagt Doris. Gruppen von Leuten treffen sich an jedem Standort und hören per Lautsprechertelefon zu. „Sie können sich entweder in den eigenen Häusern oder bei ihrer Upline oder ihrer Downline zusammensetzen und den potentiellen Neueinsteigern dann den Plan erklären."

High Tech, High Touch

Während dieses Buch herausgegeben wird, ist Amway gerade dabei, Quixstar.com auf den Markt zu bringen. Die Shaws freuen sich schon darauf, im Cyberspace neue Märkte zu erschließen. Aber sie erwarten nicht, dass ihnen das Internet die ganze Arbeit abnehmen wird. „Es wird kein Allheilmittel sein," sagt Doris. „Es wird nicht ausreichen, den Kunden zu sagen, Wir sind im Internet zu finden, das ist meine Codenummer, benutzen Sie sie'. Dieser Ansatz wird nie die Ergebnisse erzielen, auf die wir aus sind."

Genauso, wie Joe durch sein freundliches Auftreten die Kunden auf seiner Route aktiv hält, haben die Shaws vor, Quixtar.com durch den Einsatz ihrer Menschlichkeit zu ergänzen. „Das Internet kann sehr verwirrend sein," sagt Doris. „Ich werde alles tun, um es für die Menschen einfacher zu machen. Ich werde mit ihnen reden, ihre Bedürfnisse herausfinden und ihnen zeigen, wie sie in Quixtar.com das finden können, was sie suchen. Ich werde mit ihnen jede Funktion durchgehen, so dass sie sich damit während der Benutzung wohlfühlen können."

UNWAHRSCHEINLICHE VORBILDER

Die Shaws stiegen im Jahr 1995 bei Amway ein. Ihr Erfolg war meteoritenhaft gewesen. Nach zwei Jahren wurden sie Executive Diamonds – die höchste Provisionsstufe in Amways Vergütungsplan. Nach dem dritten Jahr hatten sie ihr vorheriges Einkommen verdreifacht. „Es hat einen großen Unterschied in unserem Leben gemacht," sagt Doris, „Unsere Rente gestattete uns keine großen Reisen. Aber jetzt fahren wir überall hin. Wir waren schon auf Hawaii. In Puerto Rico, St. Thomas, und auf Aruba."

Doris möchte andere an ihrem Erfolg teilhaben lassen. „Ich will, dass die Leute merken, dass dies keine große, schwere Sache ist. Andere Leute können erfolgreich sein, wenn sie die gleiche Arbeit leisten, die wir geleistet haben." Die beiden Rentner aus Edmore, Michigan scheinen kaum die typischen Vorbilder des einundzwanzigsten Jahrhunderts zu sein. Aber es sind Leute wie sie, die die Menschlichkeit einbringen, welche die interaktive Wirtschaft funktionieren lässt.

TEIL NEUN

WAVE 4

Filtern und Sortieren

KAPITEL 32

Disqualifikation von Interessenten

Carla Mannes war entzückt. Endlich hatte sie einen richtig dicken Fisch an der Leine – einen Spitzenverkäufer, der als Börsenmakler schon mehr als 150.000 Dollar im Jahr verdient hatte. Nachdem er seinen Arbeitsplatz verloren hatte, war er gezwungen, Propangas zu verkaufen, eine Tätigkeit, die er hasste, weil es beinharte Arbeit war und ihn der Außendienst von seiner Familie fernhielt. Der Mann war jung, energiegeladen und stand einem Wechsel offen gegenüber. Als Carla ihm von der Shaklee-Geschäftsgelegenheit erzählte, stimmte er sofort zu, als sie ihm ein persönliches Gespräch anbot.

Leider bot das erste Treffen Grund für eine Enttäuschung. Wie immer, begann Carla ihren Interessenten nach seinen Zielen zu fragen. „Ich will innerhalb von zwei Jahren 100.000 Dollar pro Jahr verdienen,“ sagte er. Also begann Carla ihm zu erklären, was notwendig wäre, um dieses Ziel mit dem Shaklee-Vergütungsplan zu erreichen. Er würde mindestens zehn ernsthafte Führungskräfte gewinnen und entwickeln müssen, ließ ihn Carla wissen, von denen jeder auf die Koordinator-Ebene aufsteigen müsse, was wiederum für jeden von ihnen einen Durchschnittsverdienst von 60.000 Dollar bedeutete. Als Carla fortfuhr, fiel ihr auf, dass dem Mann irgendetwas unangenehm zu sein schien. „Das heißt, dass ich wirklich dafür arbeiten muss,“ sagte er unzufrieden. „Ich dachte, Network-Marketing bedeute, dass ich nur ein oder zwei gute Leute finden müsste, die dann eine Gruppe für mich aufbauen."

ALARMGLOCKEN

Carla war schon lang genug im Geschäft, um Schwierigkeiten frühzeitig zu erkennen. Die Worte dieses Mannes ließen all ihre geistigen Alarmglocken erklingen. Trotz seines professionellen Auftretens war er kein potentieller Interessent. Er sah Network-Marketing als ein Spiel, nicht als Geschäft. Er war nicht bereit, dafür zu arbeiten. Carla's Verdacht verstärkte sich nur noch mehr, als sie ihn aufforderte, eine Liste seiner persönlichen und geschäftlichen Kontakte aufzustellen. „Ich habe eine Liste mit einhundert Menschen, die ich kenne," tönte er großspurig. Aber als Carla versuchte, ihn festzunageln, wen er denn als ersten kontaktieren wolle, wich er aus. Keiner seiner Kontakte sei für MLM geeignet, erklärte er. In Wirklichkeit schämte sich der Mann, vor seinen Bekannten zuzugeben, dass er Network-Marketing betreiben würde.

„Ich glaube nicht, dass dieses Geschäft für sie das richtige ist," sagte Carla schließlich zu ihm. „Ich denke, dass sie sich nicht ernsthaft engagieren werden und dass es nicht ihr gewünschtes Ergebnis bringen wird. Weil sie nicht bereit sind, eine echte Verpflichtung einzugehen." Damit beendete sie das Gespräch. Carla hatte eine Stunde ihrer Zeit vertan, aber das war gar nichts, verglichen mit dem Ärger, den sie gehabt hätte, wenn sie diesen Mann eingeschrieben hätte. Carla wusste aus ihrer Erfahrung, dass solche Menschen eine Menge Zeit damit verbringen, sich zu beschweren, aber nur für geringe Ergebnisse sorgen. Das Beste war, sie gleich zu disqualifizieren. Indem sie das Problem sofort erkannte, war Carla in der Lage, ihre Verluste zu begrenzen und sich vielversprechenderen Interessenten zuzuwenden.

FILTERN UND SORTIEREN

Professionelle Networker sind Meister im „Filtern und Sortieren" – im Trennen der guten von den schlechten Interessenten und darin, mit den Letztgenannten möglichst wenig Zeit zu verschwenden. Carla's scharfes Urteilsvermögen im Durchleuchten ihrer Interessenten hatte sich im Lauf der Jahre durch eine Reihe von einzigartigen Erfahrungen eingeschliffen, die sie in ihrer Arbeit gemacht hatte. Seit ihrer jüngsten Kindheit war Carla in die Welt des MLM involviert. Ihre Eltern waren hochrangige Führungskräfte bei Shaklee. Heutzutage hat Carla deren Geschäft übernommen – allerdings nicht, bevor sie zuerst Erfahrungen in der Welt des klassischen Verkaufs gemacht hatte.

> **Professionelle Networker sind Meister im „Filtern und Sortieren" – im Trennen der guten von den schlechten Interessenten und darin, mit Letzteren möglichst wenig Zeit zu verschwenden.**

„Ich wuchs im Network-Marketing auf," sagt Carla. „Aber ich verstand nie den positiven Einfluss, den es auf das Leben der Menschen hatte. Erst als ich in der Tretmühle des Wirtschaftlebens auf mich selbst gestellt war, lernte ich Shaklee zu schätzen." Heutzutage sucht Carla nach Menschen, die dieselbe Lektion gelernt haben wie sie. Ihre besten Interessenten sind diejenigen, die versessen darauf sind, der Tretmühle zu entgehen, die aber auch die Stabilität zu schätzen wissen, die durch die Zusammenarbeit mit einer der ältesten, ausgereiftesten MLM-Firmen gewährleistet ist.

Ein Leben für MLM

Die Shaklee Corporation mit Sitz in San Francisco ist eine der Handvoll von Network-Marketing-Firmen, deren Geschichte sich schon über vier Jahrzehnte erstreckt. Shaklee wurde 1956 von Dr. Forrest C. Shaklee sen. gegründet, einem frühen Verfechter von natürlicher Gesundheitsvorsorge. In den 70ern stiegen Shaklee's Umsätze von 20 auf über 320 Millionen Dollar. 1973 wurde das Unternehmen zur Aktiengesellschaft, wurde 1977 an der New Yorker Börse notiert und 1989 von einem japanischen Konzern, der Yamanouchi Pharmaceutical Company, übernommen. Heute bietet Shaklee über zweihundert Körperpflege- und Haushaltsprodukte an, die ausschließlich aus natürlichen Inhaltsstoffen bestehen. Im Jahr 1998 wurde erstmals die Umsatzgrenze von 750 Millionen Dollar überschritten.

Carla's Eltern traten der Firma in den frühen 60ern bei und wuchsen mit dem Unternehmen. Sie wurden zu Legenden in der MLM-

Branche und gleichzeitig zu Multimillionären. Ihr Ruf war ihnen soweit voraus, dass er Carla viele Türen öffnete, als sie erwachsen wurde. Nach dem Studium begann Carla als PR-Beraterin für eine MLM-Firma in Salt Lake City zu arbeiten. „Es verblüffte mich, dass die Menschen dort bereits von meinen Eltern gehört hatten," sagt Carla. „Ich stellte fest, dass ich sehr gefragt war und dass mir Menschen nur aufgrund der Tatsache zuhörten, weil ich die Tochter meiner Eltern war. Ich gehörte schon zu den Großen und alle kannten mich bereits."

DER ALLEINGANG

Als diese erste Firma in Konkurs ging, arbeitete Carla für einige andere MLM-Firmen. Aber ihre Sicht erstreckte sich nicht auf den Vertriebsbereich des MLM. Sie träumte davon, in der klassischen Wirtschaft ganz groß herauszukommen. „Ich wollte unabhängig von meinen Eltern und unabhängig von der Network-Marketing-Branche sein," erinnert sich Carla. „Ich dachte, es würde bezaubernd werden in Amerikas freier Wirtschaft. Ich wollte dieses sechsstellige Einkommen und ich wollte eine anerkannte Position erreichen. In den Augen vieler Menschen bedeutet Network-Marketing lediglich, Pillen und Seifen zu verkaufen. Es hat einfach nicht den Status, der damit einhergeht, Teil eines großen Konzerns zu sein."

Carla verwirklichte ihren Traum. Sechs Jahre verbrachte sie als Finanzplaner, Investmentberater und Aktienhändler für große Unternehmen wie American Express und Merrill Lynch. In einigen Bereichen, fand Carla, glich die Finanzdienstleistungs- der Networkbranche. „Es gab Ähnlichkeiten," sagt sie. „Je weiter sie ihre Kundenbasis ausbauen, je mehr Aktivposten sie haben, umso mehr bezahlt man ihnen. Sie bauen ihr Geschäft auf Empfehlungen auf. Jeder Kunde empfiehlt sie an den nächsten Kunden." Aber es gab auch Unterschiede. Carla war begeistert, wenn sie bei der Erwähnung der Firmen, für die sie gearbeitet hatte, die Wertschätzung in den Augen ihrer Gesprächspartner erkannte. „Endlich erhielt ich den Klaps auf die Schulter, den ich mir immer gewünscht hatte," sagt sie.

DER KONZERN – EIN SCHMAROTZER

Trotzdem verwandelte sich Carla's Traum in einen Alptraum. In der letzten Firma, für die sie arbeitete, wurde sie sich ihrer misslichen Lage bewusst. „Ich hatte mein sechsstelliges Einkommen, aber ich hatte keine Zeit, etwas damit anzufangen," sagt sie. „Ich war Eigentum der Firma.

Ich tätigte wöchentlich 250 kalte Telefonate." Nicht nur, dass die Firma einen Großteil ihrer Provision einstrich, der Prozentsatz stieg sogar mit Carla's Einkommen. „Je härter ich arbeitete, umso mehr nahmen sie," sagte sie. Und wenn sie jemals kündigen sollte, wusste Carla, dass sie ihre Kunden dort lassen müsste. „Ich begann zu erkennen, dass es idiotisch war, so hart zu arbeiten und nichts vorzuweisen zu haben, was du wirklich dein Eigen nennen kannst."

Die hässliche Wahrheit ihrer Situation wurde Carla eines Tages bewusst, als sie einen Anruf von einem Freund und Kollegen erhielt. Der Freund berichtete von einem gemeinsamen Bekannten, einem Händler, der dreißig Jahre für die Firma gearbeitete hatte und dem jetzt gekündigt worden war. Die Unternehmensführung hatte versucht, ihm einige seiner Kunden wegzunehmen und sie neuen, jüngeren Händlern zu übergeben. Als der Mann Einspruch erhob, wurde er gefeuert. Er und sein Sohn hatten eine Kundenbasis im Wert von über 400 Millionen Dollar aufgebaut. „Aber als er durch die Tür ging," sagt Carla, „verließ er den Raum mit nichts. Ich konnte es nicht glauben. Ich hielt es für Wahnsinn." Darüberhinaus erkannte Carla, dass es ihr genauso ergehen könnte, wie es diesem Mann ergangen war. Sie beschloss, dass sie nicht stillsitzen und warten würde, bis sie ebenfalls vom Fallbeil getroffen würde.

KAPITEL 33

Die Vorausschau

1997 war das härteste Jahr in Carla's Leben. Ihr Vater erlitt einen Herzanfall, der ihn zwang, sein Shaklee-Geschäft zum größten Teil aufzugeben. Kurz darauf ließ Carla sich nach fünfzehnjähriger Ehe von ihrem Mann scheiden. Mit vier Kindern und einer Vollzeittätigkeit sah die Zukunft als alleinstehende Mutter düster aus. „Ich war so unglücklich," sagt Carla. „Ich wollte nicht für 70.000 - 90.000 Dollar im Jahr arbeiten und dafür meine Kinder niemals zu Gesicht bekommen."

Aber die Lösung lag bereits auf der Hand. Ihr Vater verfügte nicht mehr über die Energie, seine Shaklee-Gruppe zu führen, die mittlerweile 30 Millionen Dollar im Jahr umsetzte. Kurz nach seinem Herzanfall hatte er Carla gebeten, diese für ihn – gegen eine geringe Pauschalvergütung – zu leiten. Carla könne die Gelegenheit nutzen, ihre eigene Shaklee-Downline und damit ein passives Einkommen aufzubauen. Es war nicht nötig, sie zu überzeugen. Carla's Ehe war ohnehin gescheitert und von ihrer Arbeit war sie zutiefst enttäuscht. Vorbei waren die Tage, als es sich eine verwöhnte junge Carla leisten konnte, auf Network-Marketing herabzusehen. Das Leben hatte ihr eine neue Perspektive vermittelt. Nach der Trennung von ihrem Mann hatte Carla 3 Monate lang nur unfähig im Bett gelegen, ohne etwas zu arbeiten. Aber jetzt war die Zeit des Jammerns vorüber. Die Shaklee-Gelegenheit stand ihr zur Verfügung, erkannte Carla, und jetzt war die Zeit, das Beste daraus zu machen.

Eine solide Firma

Shaklee's solider Ruf sollte sich als wichtiges Verkaufsargument in Carla's Geschäft herausstellen. Viele Networker vermeiden den Einstieg bei älteren Firmen, weil sie glauben, dass der Markt gesättigt und das

Wachstum zu langsam wäre. Reife Firmen neigen zu langsamerem Wachstum als neue Firmen – solange diese neuen Firmen überleben. Aber der größte Teil der neugegründeten MLM-Firmen geht in den ersten zwei Jahren in Konkurs. Carla hatte während ihrer Tage in Salt Lake City ausreichend Gelegenheit, auf die andere Seite des Zaunes zu sehen, als sie in der Verwaltung verschiedener MLM-Firmen gearbeitet hatte. Einige ihrer ehemaligen Arbeitgeber hatten den Offenbarungseid geleistet. Und Carla hatte das Leid und die Verbitterung gesehen, die sie bei den Vertriebspartnern hinterlassen hatten.

„Menschen stiegen mit ihren letzten Ersparnissen ein," erinnert sie sich, „ohne die Firma wirklich zu überprüfen." Carla war von der Unordnung schockiert, die sie im Management einiger dieser Firmen antreffen musste. „Probleme in der Lagerhaltung, im Kapitalfluss, in der Kontrolle der Finanzen. Im Vergleich dazu wurde Shaklee so professionell geleitet. In all den Jahren, in denen meine Eltern involviert waren, hörte ich sie nie sagen, dass ein Bonusscheck falsch ausgestellt war oder zu spät eintraf." Aus diesem Grund, erkannte Carla, waren diejenigen Menschen am einfachsten für das Geschäft zu gewinnen, die früher schon von Shaklee gehört hatten oder deren Verwandte bereits involviert waren. Die Vorzeigbarkeit der Firma bewies sich als ein machtvoller Gefährte in der Gewinnung neuer Mitarbeiter.

PRODUKTORIENTIERTE MENSCHEN

Das Gleiche galt für die Produkte. „Wenigstens in 95 Prozent der Fälle," sagt Carla, „sind die Leute, die in den Reihen aufsteigen und das Geschäft aufbauen wollen, Menschen, die auch gute Erfolge mit den Produkten haben." Carla lernte frühzeitig, begeisterte Produktanwender als potentielle Geschäftspartner zu erkennen. „Die besten Interessenten sind für mich diejenigen, die für drei bis sechs Monate die Produkte angewandt und anderen Leuten davon erzählt haben."

Carla berichtet von einer Dame in ihrer Downline namens Ellen, deren Baby ernsthafte gesundheitliche Probleme hatte. „Sie war von Arzt zu Arzt gezogen," sagt Carla. „Sie war in der Mayo-Klinik gewesen, bei einem Kinderhospital in Pittsburgh, und man konnte nicht herausfinden, was mit diesem Kind nicht stimmte." Mit sechs Monaten krabbelte das Kind noch immer nicht. Es hatte einen Hautausschlag und eine pilzähnliche Infektion auf der Zunge. „Als das Kind ein Jahr alt war," berichtet Carla, „hatte man 26 verschiedene Medikamente ausprobiert. Zweimal hatte man Schläuche in seine Ohren geschoben. Es musste jeden Tag 40 Pillen schlucken, aber es wurde nicht besser."

DIE MACHT DER ERLEBNISBERICHTE

Ein Freund von Ellen war einer der Shaklee-Vertriebspartner aus Carla's Downline. Dieser Freund gab Ellen eine Audiokassette von Dr. Linda Rodriguez, einer Kinderärztin aus Virginia Beach (ebenfalls Shaklee-Vertriebspartnerin), die viele Leiden durch eine natürliche Diät auf Basis der Shaklee-Produkte behandelt. Die Mutter kontaktierte Dr. Rodriguez und beschrieb die Symptome ihrer Tochter. Nachdem sie auf eine spezielle Diät gegen Pilzinfektion gesetzt wurde, erholte sich das Kind schnell. „In nur drei Tagen konnten sie einen Wandel bei ihrer Tochter erkennen," sagt Carla.

Was folgte, war ein Bilderbuchbeispiel für Vermarktung durch Erlebnisberichte. Ellen's Ehemann war ein hochbezahlter Finanzdienstleister, der sie tatkräftig unterstützte. Unter gewöhnlichen Umständen wäre Ellen nie auf die Idee gekommen, ins MLM einzusteigen. Aber sie konnte gar nicht aufhören, von ihrer Shaklee-Erfahrung zu berichten. Ellen teilte ihre Geschichte jedem mit, der ihr zuhörte. Kurz darauf begannen die Menschen, Produkte zu bestellen. „Innerhalb von achtzehn Monaten wandelte sich Ellen von einer Kundin, die monatlich Produkte im Wert von 300 Dollar bestellte, zu einer Vertriebspartnerin, die ein Umsatzvolumen von 6.000 -8.000 Dollar im Monat bewegte," sagt Carla. „Sie kann in diesem Jahr mit einem Einkommen von 50.000 Dollar rechnen."

LAUFKUNDSCHAFT

Im Gegensatz zu den meisten MLMlern hat sich Carla entschieden, aus einem Ladengeschäft heraus zu arbeiten. Sie unterhält ein 50 qm großes Servicecenter in Sioux Falls, South Dakota, aus dem sie ihr Shaklee-Geschäft koordiniert und Produkte im Einzelhandel verkauft. „Mein Vater hatte immer ein Büro," sagt Carla. „Er hatte das Geschäft nie zuhause. Ich mag es ebenfalls so. Am Ende des Tages kann ich die Tür schließen, nach Hause gehen und es ist vorbei."

Carla schätzt, dass sie monatlich Produkte im Wert von etwa 10.000 Dollar durch ihr Einzelhandelslokal verkauft. Die Laufkundschaft bietet ihr eine ungewöhnlich gute Quelle von Interessenten. Praktisch jeder ist an den Produkten interessiert, was bedeutet, dass sie Carla's wichtigstem Kriterium eines potentiellen Geschäftspartners entsprechen. Aber manche Menschen sind für ihre Botschaft empfänglicher als andere. Carla hat einen scharfen Sinn dafür entwickelt, die Ernsthaften von den Schwätzern zu trennen.

„SHAKLEE-ISIERUNG“

„Wenn ich mich mit jemandem zusammensetze, spreche ich nie vom Geschäft,“ sagt Carla. „Wir reden über die Produkte.“ Der erste Schritt in Carla's Filterprozess ist es, den Menschen Shaklee's Philosophie über natürliche Gesundheit und über die Shaklee-Produkte nahezubringen. Stammkunden, die Erfolg mit den Produkten gehabt haben, werden dazu ermutigt, ihr Haus zu „Shaklee-isieren“ – das bedeutet, ihre bestehenden Haushaltsprodukte durch die Waren von Shaklee zu ersetzen.

Carla drängt Menschen selten gleich beim ersten Mal dazu, sich Gedanken über das Geschäft zu machen. Aber während sie eine Beziehung zu ihren Kunden aufbaut, achtet sie auf unauffällige Merkmale die darauf hinweisen, dass es jetzt passend wäre, die Geschäftsgelegenheit anzusprechen. „Wenn ein Kunde nach Rabatten fragt,“ sagt Carla, „dann ist das ein guter Zeitpunkt, unser Programm zu erklären. Wir erzählen ihm, dass er, wenn er fünf Kunden findet, die eine bestimmte Anzahl an Produkten kaufen, seine Produkte durch die Bonuszahlung umsonst erhält. Den Menschen gefällt die Vorstellung, ihre Produkte kostenlos zu erhalten.“

AUSFALLQUOTE

Ein gewisser Prozentsatz von Kunden disqualifiziert sich von vornherein. Manche Menschen haben so schlechte Erfahrungen mit Network-Marketing, dass sie nichts mehr damit zu tun haben wollen,“ sagt Carla. Sie drängt sie nicht. Aber sie schreibt sie auch nicht ab. Menschen können ihre Einstellung ändern, wenn sich mit der Zeit ihre finanziellen Umstände ändern. Und selbst der verschlossenste Mensch kann einen aufgeschlossenen Freund haben. „Sie wissen nie, wen diese Person durch eine Empfehlung zu ihnen bringen kann,“ sagt Carla. Sie bemüht sich, dass wirklich jeder Kunde eine gute Erfahrung mit den Shaklee-Produkten macht, damit sie immer wieder zurück kommen.

Am anderen Ende der Leiter stehen die Menschen, die sich nach dem Geschäft erkundigen, die aber wenig Interesse an den Produkten haben. „ Auf diese Menschen geben wir nicht zuviel,“ sagt Carla. „Wir schreiben niemand ab, aber wir verbringen auch nicht zuviel Zeit damit, sie zum Aufbau eines Geschäfts zu ermuntern.“

Ein Frühwarnsystem

Wenn Carla ihre Interessentengruppe auf die Personen eingeschränkt hat, die auf das Geschäft neugierig und von den Produkten begeistert sind, dann versucht sie, zum Abschluss zu kommen. Carla setzt sich mit ihren Interessenten zusammen und erklärt ihnen den Shaklee-Vergütungsplan. Diejeningen, die dann einen interessierten Eindruck machen, werden durch einen dreistufigen Zielsetzungsprozess geführt. Dieser dient als ein Frühwarnsystem, mit dem sie die Ernsthaften von den Dillettanten trennt.

„Ich verbringe nicht einmal eine Minute mit Menschen, die nur meine Zeit verschwenden," sagt Carla. „Man kann es einfach nicht, weil es einen nur auslaugt. Wenn ich Menschen den Plan erkläre, bitte ich sie um drei Dinge, bevor ich bereit bin, meine Zeit in sie zu investieren: Eine vierundzwanzigmonatige Verpflichtung; eine schriftliche Aufstellung ihres Lebensziels, ihrer Vision und eines Geschäftsplans."

Klare Grundlagen

Die Erklärung des Lebensziels stellt die wichtigsten Wünsche des Interessenten dar. Sie zeigt Carla, wo er sich spirituell befindet, was ihn des Morgens aus dem Bett treibt. Die Aufstellung seiner Vision skizziert seine spezifischen Ziele für das Shaklee-Geschäft. Wieviel Geld will der Interessent verdienen? Wieviel Freizeit will er mit seiner Familie verbringen? Welche Art von Haus, Auto oder Traumreise würde er sich gerne leisten können? Schlussendlich listet der Geschäftsplan ein Schritt-für-Schritt-Programm auf, wie der Interessent diese Ziele im Rahmen des Shaklee-Vergütungsplanes erreichen kann. Es lässt genau erkennen, wieviele Vertriebspartner der Interessent gewinnen muss und welchen Umsatz jeder einzelne Partner Monat für Monat bewegen muss, damit die Ziele des Interessenten erreicht werden.

Dieses schriftliche Dokument liefert einen sofortigen Überblick über den Antrieb und die Ernsthaftigkeit des Interessenten. Carla stellt fest, dass viele Menschen nicht einmal klare Ziele definieren können. Sie wissen buchstäblich nicht, was sie wollen. Solche Menschen stellen sich grundsätzlich als schlechte Investition heraus. „Diejenigen ohne Ziele sind dieselben, die nicht zurückrufen oder die nicht mit Menschen reden wollen," erklärt sie. „Ihre Begeisterung ebbt sofort ab." Andere Interessenten scheiden aus, wenn sie erkennen, wieviel Arbeit ihr Geschäft verlangt – eine Entdeckung, die sie gewöhnlich dann machen, wenn sie ihren Geschäftsplan aufstellen. „Wenn es einmal schwarz auf weiß geschrieben steht, sind die Menschen entweder begeistert oder stattdessen überwältigt und sagen, ‚Ich kann es nicht,'“ sagt Carla. „Die Letzteren sind die Menschen, mit denen ich keinerlei Zeit verbringe.“

Die Erklärung des Lebensziels stellt die wichtigsten Wünsche des Interessenten dar.

EINE SOLIDE DOWNLINE

Durch methodisches Aussieben und Sortieren hat Carla eine Downline aus hart arbeitenden Führungskräften und soliden Produktkonsumenten aufgebaut. Sie hat es geschafft, das Einkommen aus der Gruppe ihrer Eltern auf etwa 35.000 Dollar pro Monat auszubauen – eine Steigerung von 10.000 Dollar in nur zwei Jahren. In ihrem eigenen Geschäft, das sie nebenbei aufbaut, hat sie den Status eines Vertriebsleiters erreicht, in welchem sie durch ihre Gruppe von vierzig Personen nochmals etwa 1.000 Dollar monatlich dazu verdient.

Als sie mit Shaklee begonnen hatte, vermisste Carla oftmals den Glamour und das Prestige, den das Leben einer leitenden Angestellten mit sich brachte. Doch das ist Vergangenheit. Heutzutage sind es die leitenden Angestellten, von denen sie beneidet wird. „Die typische früher so beliebte amerikanische Führungsposition hat ihren Reiz verloren,“ sagt sie. „Menschen legen immer längere Wege zur Arbeit zurück, verdienen immer weniger Geld und verbringen immer weniger Zeit mit ihrer Familie zuhause.“ Carla jedoch kann ihr Leben so gestalten, wie sie es will. Während ihr Geschäft wächst, nimmt sie an Gemeindeaktivitäten und am Leben ihrer Kinder teil. Vor kurzem nahm Carla ihre beiden ältesten Söhne mit auf eine Europareise. „Network-Marketing hat einen unauslöschlichen Eindruck in meinem Leben hinterlassen,“ sagt sie. „Die Möglichkeiten, die es mir bietet, sind unglaublich.“

TEIL ZEHN

WAVE 4

Unterstützen Sie Ihre Downline

KAPITEL 34

Optimierte Zeitnutzung

„Ich werde niemals wieder einen Chef haben," sagte sich Evan Runde. Es war Sonntagabend. Am folgenden Morgen, wusste Evan, würde man von ihm erwarten, dass er wie üblich zur Arbeit erschien. Aber Evan hatte andere Pläne. Das Bankgeschäft hatte es gut mit ihm gemeint. Im Alter von 30 Jahren verdiente Evan 100.000 Dollar jährlich und leitete ein 600-Millionen-Dollar umsatzstarkes Gebiet für einen Multi-Milliarden-Dollar-Konzern. Aber seit die Bank vor 3 Monaten mit einer anderen Bank fusioniert hatte, ging es nur noch abwärts.

In seiner ursprünglichen Tätigkeit hatte Evan freie Hand, sein Portfolio so zu verwalten, wie er es für richtig hielt. Manchmal sah er seinen Chef zwei oder drei Monate lang überhaupt nicht. Unter diesem dezentralisierten Management florierten die Geschäfte. „Maryland stand in der Mitte der Achtziger Jahre unter Strom," sagt Evan. „Reagan stopfte das Geld nur so in das Verteidigungsbudget. Im Bankgewerbe hieß es Wein, Weib und Gesang." Aber nach der Fusion im Jahr 1990 gingen die neuen Manager schärfer vor. Evan verlor drei Assistenten. Sein Arbeitspensum verdreifachte sich. Er war gezwungen, täglich Berichte über seine Fortschritte abzuliefern. Evan's Arbeitswoche stieg von 50 auf 80 Stunden. Er sah seine Frau und seine zwei Töchter nur noch selten. „Eines Tages luden sie einen eins fünfzig hohen Stapel mit Kreditanträgen in meinem Büro ab, die ich durchsehen sollte," sagt Evan. „Sie waren in erbärmlicher Schrift erstellt und armselig dokumentiert. Es war für mich offensichtlich, dass sich in diesem Portfolio Millionen von Dollar an zweifelhaften Forderungen befanden." Irgendwie, erwartete man, würde Evan es schon geradebiegen. Er jedoch entschied, dass er genug hätte. An diesem Wochenende beschloss Evan zu kündigen.

FREIE ZEITEINTEILUNG

Evan empfand den neuen Managementstil in der Bank als Betrug. Seine neuen Chefs behandelten ihn wie eine Maschine statt wie einen Kollegen. Statt seine Zeit wertzuschätzen, überhäuften sie ihn mit Arbeit. Evans Erfahrungen bei der Bank hatten ihn gelehrt, dass Zeit der wertvollste Aktivposten eines Geschäftsmanns ist. Und die einzige Möglichkeit, frei über seine Zeit zu bestimmen, war sein eigener Chef zu werden.

Evan machte sich auf den Weg der Selbstständigkeit, aber der Weg zeigte sich steiniger als erwartet. Er erwarb eine TCBY Franchise (Konzession für eine Eisdielenfiliale – Anm. d. Übers.) die innerhalb von zwei Jahren pleite machte und Evan mit 200.000 Dollar Schulden dastehen ließ. Danach war er bei einer Network-Marketing-Firma eingestiegen, deren hohe Verkaufsvorgaben Evan immer in den roten Zahlen bleiben ließen, wieviele Produkte er auch bewegte. Fünf Jahre später warf er das Handtuch. „Der höchste Scheck den ich je erhielt, belief sich zwischen vier- und fünftausend Dollar,“ sagt er, „und ich musste drei- bis viertausend Dollar ausgeben, um ihn zu erhalten.“

> **. . . dass Zeit der wertvollste Aktivposten eines Geschäftsmannes ist. Und die einzige Möglichkeit, frei über seine Zeit zu bestimmen, war, sein eigener Chef zu werden.**

DEN KURS HALTEN

Doch keiner dieser Rückschläge brachte Evan von seinem Ziel ab. „Wir verloren alles,“ sagt er. „Doch ich blieb meiner Verpflichtung, selbstständig zu sein, treu – komme, was da wolle.“ Evan's Verpflichtung führte ihn schließlich zu einer Tätigkeit, welche die meisten erwachsenen Männer ablehnen würden – zum Zeitungen austragen. „Wir übernahmen einen großen Zeitungsvertrieb,“ sagt er. „Meine Frau übernahm die Verwaltung und des Nachts lieferte ich die Zeitungen in einem Transporter aus. Von einem sechsstelligen Jahresgehalt hatte ich es nun zum Zeitungsjungen gebracht."

Überflüssig zu sagen, dass Evan einer Alternative offen gegenüberstand. Aber als ihn ein Freund auf eine Network-Marketing-Firma mit Namen *Life Plus* aus Batesville in Arkansas ansprach, wollte er nichts davon hören. „Ich hatte MLM abgeschworen," sagt er. Aber trotzdem stimmte Evan zu, die Produkte auszuprobieren. Seit 1994 litt er an Lupus, einer Immunschwäche, die ihn unter Anfällen von Depression, Müdigkeit, Sonnenüberempfindlichkeit und Arthritis leiden ließ. „Ich befand mich in meinen Mittdreißigern, aber ich hatte Gelenke wie ein Achtzigjähriger," sagt er. „Meinen Händen ging es so schlecht, dass ich des morgens weder mein Hemd zuknöpfen noch meine Schuhe schnüren konnte." Seit zwei Jahren hatte Evan seine Krankheit mit Nahrungsergänzungen behandelt. Evan's Freund behauptete, dass ihm die Produkte von Life Plus enorm gegen seine Allergien geholfen hätten. „Ich dachte, wenn es sein Immunsystem verbessert hat, dann könnte es auch mir helfen," sagt Evan.

ÜBER DIE 3. WELLE HINAUS

Life Plus war das Geisteskind des Apothekers J. Robert Lemon. 1970 ein Pionier der Naturheilkunde, versuchte Lemon einige seiner Ernährungsprodukte durch MLM zu vermarkten. Im Jahr 1982 gründete er eine Firma mit Namen Multiway Associates. Allerdings waren die Verkäufe eher schleppend. Der unübersichtliche Vergütungsplan, erschwert durch harte monatliche Umsatzvorgaben, schreckte viele ansonsten begeisterte Produktanwender ab. Daher setzte sich Lemon 1992 mit zwei Partnern zusammen, um eine neue Vorgehensweise für Network-Marketing zu finden. Die Firma, die sie schufen – Life Plus – war dazu bestimmt, ein Modell für die Revolution der 4. Welle zu werden.

Der Gedanke war, alle psychologischen Barrieren abzubauen, die MLM für viele Menschen so schwer umsetzbar sein ließ. Zuallererst würde es keine Einstiegsgebühren für die Mitglieder geben. Jeder Kunde konnte einen Großhandelsrabatt erhalten, indem er sich nur einschrieb. Es gab weder hohe monatliche Umsatzvorgaben, um diesen Rabatt aufrechtzuerhalten, noch gab es irgendeinen Druck, an Freunde und Bekannte verkaufen zu müssen. Das computergesteuerte Versandprogramm von Life Plus, 1992 seiner Zeit weit voraus, ermöglichte den Vertriebspartnern, ihr Geschäft ausschließlich per Telefon zu betreiben. Sie empfahlen die Produkte lediglich an andere Menschen und nannten ihnen die gebührenfreie Rufnummer der Firma sowie ihre Identifikationsnummer. Wenn diese später die Produkte an andere Menschen weiterempfahlen, bekamen sie ebenfalls automatisch eine Provision auf die Umsätze der entstehenden Kunden und Geschäftspartner. Life Plus explodierte in nur 2 Jahren auf 250.000 Mitglieder, die für einen Jahresumsatz von 60 Millionen Dollar sorgten. „Wir sind schon weiter als Welle 3," sagte Lemon im Juni 1996 zum Success Magazin. „Das ist eine Flutwelle."

Massive Aktionen

Zuerst lehnte es Evan Runde ab, etwas aus der Life Plus-Gelegenheit zu machen. Aber nachdem er die Produkte einen Monat lang benutzt hatte, bemerkte er eine auffällige Verbesserung seiner Lupus-Symptome. Fasziniert vom Produkt, warf Evan einen neuen Blick auf das Life Plus-Geschäft. „Es verdrehte mir den Kopf," sagt er. „Meine Vorstellung von der Branche war die von Kartenspielertricks, von Menschen, die Produkte für 5.000 Dollar kaufen und diese mit sich herumschleppen mussten, um dann zu versuchen, sie an ihre Freunde und Bekannten zu verkaufen und vielleicht – wenn sie Glück hatten – ein paar Menschen zu finden, die das Gleiche taten." Evan erkannte, dass das Life Plus-System weitaus duplizierbarer war als alles, was er bisher gesehen hatte. „Es gab keine Einschreibegebühr, keine Warenhaltung," sagt er, „nur einen einfachen Empfehlungsmechanismus und den Einsatz des Versandhandels. Ich sah es mir an und sagte, 'Das kann ich tun.'"

Evan schloss sich mit einem alten Freund aus seiner letzten MLM-Firma, Todd Burrier, zusammen. Sie stiegen bei Life Plus als Partner ein. Verzweifelt, seinen Erfolgstatus wiederzugewinnen, verpflichtete sich Evan zu einer Strategie der „Massiven Aktionen" – einem Rund-um-die-Uhr-Werbefeldzug, der dazu diente, das Geschäft so schnell wie möglich aufzubauen. „Sechs Monate lang arbeitete ich an sieben Tagen in der Woche täglich achtzehn Stunden," sagt Evan. „Ich hatte immer noch meinen Zeitungsvertrieb, also verließ ich des Morgens um 1:30 h das Telefon, sprang in meinen Transporter um meine Ladung Zeitungen aufzunehmen. Ich lernte, pro Woche mit fünfzehn bis zwanzig Stunden Schlaf auszukommen."

Der Engpass

Evan's Geschäft wuchs schnell. In den ersten zweieinhalb Jahren schrieben die Partner mehr als zwanzigtausend Mitglieder ein und erreichten ein monatliches Einkommen von 40.000 Dollar, das sie zur Hälfte untereinander aufteilten. Evan war begeistert, aber er bezahlte auch den Preis für seinen Erfolg. Die freie Zeiteinteilung, die Evan begehrte, lag immer noch in weiter Ferne. Nacht für Nacht fand er sich am Telefon wieder, wiederholte die gleichen Geschichten, die selben Verkaufssprüche, immer und immer wieder – nicht nur bei seinen eigenen Interessenten, sondern auch in Dreier-Telefonkonferenzen für seine Downlinepartner.

Evan hatte sich in eine Sackgasse manövriert. Je größer seine Downline wurde, umso mehr persönlicher Aufmerksamkeit bedurfte sie. Nicht nur, dass Evan's Zeit aufgefressen wurde, auch seine Vertriebspartner waren gezwungen, Schlange zu stehen, um in den Genuss seiner Unterstützung zu kommen. In mancher Weise erinnerte Evan das Ganze daran, wieder bei der Bank zu sein und auf den eins fünfzig hohen Stapel mit Kreditanträgen zu starren. „Wir erkannten, dass wir einen Weg finden mussten, die Zeitnutzung zu optimieren – für uns selbst und für unsere Leute," erinnert er sich. „Wir mussten Systeme einsetzen, die uns als Führungskräften Hebelwirkung ermöglichten und die unserer Gruppe halfen, effizienter zu sein." Durch ihre Arbeit, dieses Problem zu lösen, würden Todd und Evan neue Methoden der Downlineunterstützung entwerfen, welche im neuen Jahrtausend für eine Innovation der 4. Welle sorgen würden.

KAPITEL 35

Automatisierte Unterstützung

Für Evan tauchte der letzte Strohhalm auf, als er eines Abends am Telefon mit einer seiner Vertriebspartnerinnen sprach. Sie war ein echter Tatmensch. Jeden Abend, wenn sie von ihrer Arbeit als Sekretärin nach Hause kam, setzte sich diese Frau von 19.00 bis 23.00 h ans Telefon und baute ihre Downline auf. Sie hatte Evan angerufen, nachdem sie gerade ihr letztes abendliches Gespräch beendet hatte. „Nun," seufzte sie nach ein paar Minuten, „Ich schätze, ich mache jetzt besser weiter. Ich muss noch 15 Kassettenaussendungen verpacken. Es werden noch eineinhalb Stunden vergehen, bis ich ins Bett komme."

Als sie das sagte, war es 23.00 h. Evan konnte in dieser Nacht nicht schlafen, als er daran dachte, wie diese Frau bis in die Nachtstunden knechtete und Päckchen packte. Was für eine dumme Verschwendung ihrer Zeit, dachte er. Schließlich stiegen Menschen ins MLM ein, um genau dieser Art von Schinderei zu entgehen. Mit all den Optimierungen und Automatisierungen, die Life Plus schon umgesetzt hatte, belastete es Evan, dass solche steinzeitlichen Methoden noch immer die Produktivität seiner Downline einschränkten. Als er sich über das Problem Gedanken machte, dachte Evan auch über all die anderen Engpässe nach, die er und Todd in diesem Geschäft identifiziert hatten. Er beschloss, jetzt und hier, etwas dagegen zu tun.

Die Plackerei wird ausgelagert

Der Schlüssel, so erkannte Evan, war es, soviel als möglich von dieser hirnlosen Plackerei auszulagern. Er und Todd verbrachten die nächsten sechs Monate damit, Systeme zu entwickeln, um ihre Leute von sich wiederholenden, zeitfressenden Aufgaben fernzuhalten. Bei diesem Vorgehen schaufelten sie auch einiges ihrer eigenen Zeit frei.

Ihre ehrgeizigste Innovation war eine ausführende Abteilung, die dazu diente, die Vertriebspartner vom Verpacken und Versenden der Informationspakete zu befreien. Ein Vertriebspartner, der einen „heißen" Interessenten gefunden hatte, konnte jetzt ein kurzes Bestellformular ausfüllen und an die Abteilung schicken. Innerhalb von 24 Stunden würde diese Abteilung ein Informationspaket inklusive einer Audiokassette direkt an den Interessenten versenden. Neben der Zeit- und Arbeitsersparnis, half diese Abteilung den Vertriebspartnern, Abstand von Verkaufsgesprächen zu nehmen – ein attraktiver Punkt für Menschen, die zu schüchtern waren, ihren warmen Markt zu kontaktieren. „Jetzt können sie Menschen anrufen, die sie kennen und zu ihnen sagen, 'Ich habe gerade die unglaublichste Kassette zum Thema Gesundheit und Ernährung gehört und ich lasse dir durch diese Firma ein Exemplar zukommen,' sagt Evan. „Es lässt sie zur dritten Person in der Sache werden, was für die Neueinsteiger deutlich angenehmer ist."

DIE GAP-LEITUNGEN

Eine weitere Innovation, die die beiden Partner ins Laufen brachten, war ein Menü von 18 aufgezeichneten Nachrichten, die durch eine gebührenfreie Rufnummer zugänglich waren und Themen wie beispielsweise Produkt- und Firmeninformationen sowie Evan's persönliche Erfolgsgeschichte beinhalteten. Das löste einen großen Engpass, da die Partner derzeit buchstäblich Schlange stehen mussten, um Evan oder Todd in ein persönliches Gespräch mit den Interessenten einzubinden.

Die Idee kam Evan eines Nachts, als er einem Interessenten am Telefon das Aufbauprogramm für Schnellstarter erklärte, eine Art Einsteigerpaket für Geschäftspartner, das Produkte und Trainingsmaterialien im Wert von 300 Dollar enthielt. Als Evan fertig war, sagte der Interessent, „Ach hätte ich das nur aufgezeichnet! Sie haben das so kurz und bündig erklärt." Evan erkannte, dass er sein Präsentationsgespräch ausgefeilt hatte, indem er es Monat für Monat fünf bis sechs Mal täglich wiederholte.

„Hey, warum zeichne ich es nicht auf?" fragte sich Evan. Jetzt sind seine Texte für jeden Interessenten auf den Druck der Telefontasten verfügbar. Evan nennt das System GAP, der Abkürzung von Grab a Pen (Nimm einen Stift). „Wenn ich mit Ihnen über das Geschäft rede," erklärt Evan, „dann kann ich sagen, 'Hey, bevor wir hier viel Zeit investieren, lassen sie uns erst sehen, ob das wirklich für sie interessant ist. Nehmen sie einen Stift und notieren sich diese beiden Telefonnummern.' Nur die ernsthaften Interessenten werden sich die Mühe machen, zurückzurufen, nachdem sie die beiden Aufzeichnungen angehört haben. „Es ist ein großartiges Filterwerkzeug," sagt Evan. „Es ermöglicht den Partnern, sich durch eine große Zahl von Interessenten durchzufiltern und nur Zeit mit denjenigen zu verbringen, die ernsthaft interessiert sind."

Angst vor dem Telefon

Genauso helfen die GAP-Leitungen in anderen Fällen. Evan erinnert sich an eine sechsundsiebzigjährige Frau in seiner Downline, deren Geschäft recht gut lief. Sie hatte erstklassige Resultate mit den Produkten erzielt und ihr persönlicher Erlebnisbericht half, viele Partner zu gewinnen. Darüberhinaus war diese Frau unglaublich kontaktfreudig. „Sie war bereit, loszuziehen und morgens um 6:30 h an einer belebten Kreuzung auf die Autos zuzugehen um den Menschen Flugblätter auszuhändigen," sagt Evan. Es gab nur ein Problem. Die Dame verkrampfte sich völlig, wenn sie Menschen telefonisch über das Geschäft informieren musste.

„Vor allem neue Partner haben oftmals Angst vor dem Telefonieren, weil sie nicht wissen, was sie sagen sollen," erklärt Evan. „ Diese Angst überwindet man durch Übung. Aber die Angst hält die Leute oft davon ab, es zu üben." Nachdem die GAP-Leitungen eingeführt worden waren, schossen die Umsätze der Dame durch die Decke. „Plötzlich sprach sie täglich mit fünfzehn bis zwanzig Leuten," sagt Evan. „Sie kümmerte sich nicht mehr darum, was sie sagen sollte. Alles, was sie tun musste, war mit den Gesprächspartnern für ein gutes Verhältnis zu sorgen und ihnen die GAP-Nummern zu nennen." Ihre Umsätze verdoppelten sich in kurzer Zeit.

Zeitersparnis

Evan's Partner können Informationen auch per Internet oder per Faxabruf beziehen. Eine zwanzigminütige Internetpräsentation stellt den Interessenten per Mausklick folgende Themen zum Abruf: Informationen zum Life Plus-Geschäft; Profile der Führungskräfte; Firmen- und Produktinfos; ein Verzeichnis, wer im Unternehmen welche Funktion hat und wie er erreichbar ist; sowie Informationen über das Trainingssystem und die verschiedenen Möglichkeiten zur Interessentengewinnung und zum Geschäftsaufbau, die den Partnern von Evan's Downline zur Verfügung stehen. Viele dieser Daten können auch automatisch per Faxabruf oder einfach durch Anwählen einer gebührenfreien Rufnummer bezogen werden..

All diese Systeme dienen einem Ziel – Zeit zu sparen. In den früheren Tagen, erklärt Evan, war das erste, was man tat, Produkte zu bestellen. Es konnte vier oder fünf Tage dauern, bis die Ware eintraf. Nachdem man die Produkte benützt und einer Telefonkonferenz zugehört hatte, konnte man sich entscheiden, einhundert Audiokassetten zu bestellen, um das Geschäft zu bewerben. Bis man die Kassetten erhalten, verpackt und versandt hatte, konnte leicht ein Monat verstreichen, ein Zeitraum, in dem nur wenig für das Geschäft getan werden konnte. Evan's neues System bot jedoch die Chance, gleich am ersten Tag loszulegen, Kassettenbestellungen an die ausführende Abteilung zu senden und Menschen die Internetseite, den Faxabruf oder die GAP-Leitung zu empfehlen. „Es geht hierbei nur um Zeitersparnis," sagt Evan.

GESTEIGERTE FÜHRUNGSQUALITÄT

„Je mehr Werkzeuge wir einsetzen," sagt Evan, „umso weniger Routinearbeiten müssen durch die Führungskräfte erledigt werden. Das bedeutet nicht, dass die Systeme Führungsqualitäten ersetzen. Es bedeutet, dass sie die Führungsqualität steigern." Heutzutage merkt Evan beispielsweise, dass er viel weniger Zeit damit verbringt, wiederholte Werbetelefonate zu führen und viel mehr Zeit in die Ausbildung seiner Top-Führungskräfte investiert.

> „Wir geben Teilzeitnetworkern die Unterstützung, die sie brauchen, damit sie in einer relativ kurzen Zeitspanne echte Erfolge erzielen können."

Aber die echten Niesnutzer, glaubt er, sind die kleinen Networker in seiner Downline, der Großteil, der das Geschäft nebenberuflich betreibt. „Heutzutage sind in immer mehr Ehen beide Partner berufstätig," sagt Evan. „Sie haben weniger Zeit als je zuvor. Wenn sie nach

Hause kommen, sind sie ausgebrannt. Sie sind um sechs, sieben oder acht Uhr abends zuhause und es ist unwahrscheinlich, dass sie dann noch für drei Stunden das Telefon ergreifen, wie sie es vielleicht in den 70ern oder 80ern noch getan hätten.“ Evan's System bietet genau die Möglichkeit, die wenige Zeit dieser Paare zu komprimieren, damit das Geschäft für sie umsetzbar wird. „Wir geben Teilzeitnetworkern die Unterstützung, die sie brauchen, damit sie in einer relativ kurzen Zeitspanne echte Erfolge erzielen können.“

Auflösung eines Mythos

Der aussagekräftigste Test eines jeden Geschäftssystems ist das Endergebnis. Und hier haben Todd's und Evan's Innovationen ihre Feuertaufe bestanden. Sechs Monate nach der Installation waren die Umsätze um 30 Prozent gestiegen, verglichen mit 15 bis 20 Prozent der letzten 6 Monate. „Unsere Verkaufszahlen sind gestiegen wie verrückt,“ sagt Evan. „Und wir sehen, dass unsere Partner immer unabhängiger von uns werden.“

Evan sieht sein System als Teil einer branchenweiten Bewegung. Während die Revolution der 4.Welle Formen annimmt, straucheln die meisten Unternehmen bei dem Versuch, das anhaltende Problem im MLM zu lösen: Wie man das Geschäft für den Nebenberufler durchführbar macht. Evan glaubt, dass Life Plus mit seinem optimierten Vergütungsplan und dem Direktversand viele der großen Fragen gelöst hat. Aber seine automatisierten Unterstützungssysteme gehen noch einen Schritt weiter. „Es gibt einen Mythos in dieser Branche, der besagt, ‚Wenn du nur eine Liste mit einhundert Namen von Bekannten aufstellst, dann wird das Geld nur so hereinfließen',“ sagt er. „Nun, das wird es nicht. Die meisten Networker werden mit tausenden von Menschen reden müssen, bevor sie ein ernstzunehmendes Geschäft aufbauen können. Die Firmen, die wirklich die auf die nächste Welle in dieser Branche aufspringen werden, sind diejenigen, die schlüsselfertige Systeme entwickeln können, um den Nebenberuflern zu helfen, schnellstens soviele Interessenten wie nur möglich durchzufiltern.“

TEIL ELF

WAVE 4

Die 5. Welle und darüber hinaus.

CHAPTER 36

„Der E-Commerce“

Der erste elektronische Geldtransfer der Geschichte wurde im Jahr 1864 per Telegramm von der Postkutschen-Gesellschaft Wells Fargo Co. getätigt. An den rauhen amerikanischen Grenzen, an denen bewaffnete Banditen wie „Schwarzbart” regelmäßig Geldkoffer von vorbeifahrenden Postkutschen raubten, war das Telegramm eine sichere Möglichkeit für Wells Fargo, Geld zwischen seinen weitauseinanderliegenden Büros hin und her zu transferieren. Diese Dienstleistung schlug auch bei der Bevölkerung wie eine Bombe ein und viele Wells Fargo-Agenten wurden gleichzeitig als Telegrafisten tätig, um der Nachfrage nach den Übermittlungen per „singendem Kabel” gerecht zu werden.

Die Kabel singen heute im einundzwanzigsten Jahrhundert immer noch. Sie bestehen aber heute i.d.R. aus Glasfaserleitungen und alle Banken, Makler, Börsen, Unternehmen und Wechselstuben der Welt tauschen täglich Unmengen von Geld darüber aus. Am Anfang des neuen Millenniums , hat sich Electronic Commerce – auch E-commerce genannt, als der neueste geschäftliche Grenzbereich entwickelt. Niemand weiß wirklich, wieweit sich dieser Markt entwickeln oder wie schnell er sich ausdehnen wird. Im Jahr 1998 haben ca. 17 Millionen Amerikaner 7 Milliarden Dollar für Einkäufe per Internet ausgegeben. Manche Experten sagen voraus, dass sich diese Zahl bis 2002 mehr als verdreifachen wird, dass mindestens 58 Millionen Menschen bis zu $41 Milliarden bei Onlinekäufen ausgeben werden. Networker haben schon eine führende Rolle in der wachsenden Explosion des E-commerce eingenommen.

Der interaktive Alptraum

Das Buch *Wave 3*, die 3. Welle, das ich 1994 herausgab, enthielt ein Kapitel mit der Überschrift „Wave 4 und die Zukunft." In dem Kapitel habe ich versucht, bildhaft darzustellen, wie Network-Marketing in eine Welt integriert werden kann, in der fast alle Einkäufe über das Internet getätigt werden. „Stellen Sie sich vor es ist das Jahr 2010," schrieb ich. „Sie tätigen alle ihre Einkäufe über den Monitor. . . Schalten Sie ihren Bildschirm ein und bewegen Sie den Cursor zum Symbol für Lebensmittel. Plötzlich laufen Sie durch einen Supermarkt, der so groß ist, wie die hängenden Gärten von Babylon. Gänge voller Produkte dehnen sich bis zum Horizont. Von jedem Regal tanzen genetisch hergestellte Lebensmittel und sprechen Sie mit Ihrem Namen an."

> Niemand weiß wirklich, wieweit sich dieser Markt entwickeln oder wie schnell er sich ausdehnen wird.

Der Punkt, den ich mit diesem Kapitel deutlich machen wollte ist, dass elektronisches Einkaufen genausogut ein Alptraum, wie auch ein Traum sein kann. Ich habe vorausgesagt, dass allein die Menge der Produkte und die Masse an Informationen den Einkauf unglaublich verkomplizieren würde. Ohne Frage wird jedes virtuelle Produkt mit einer Vielzahl von Vorteilen ausgestattet sein, dass es von den anderen Produkten abheben soll. Das Ergebnis wäre ein Wirrwarr von wahnsinnserregenden Werbebotschaften.

Elektronische Überdosis

„Eine versiegelte Packung bestrahlter Bohnen lässt stroboskopartige Blitze auf Ihre Netzhaut strahlen," schrieb ich in Wave 3, „während eine hypnotische Stimme in perfekter Abstimmung auf die Alphawellen ihres Gehirns ‚Kauf mich, Kauf mich,' flüstert. . . Nebenan in der Gemüseabteilung erzählt eine Ladung überdimensionaler Gurken schlechte Witze: ‚Ich bin nicht Deine Nase! Ich bin eine genetisch veränderte Gurke! Hahaha!' Sie werden rot, während sie an einem mit reifen Tomaten gefüllten Regal vorbeigehen, die ihnen eindeutige sexuelle Botschaften ins Ohr flüstern."

„Jedes Produkt hat seine eigene, einzigartige Verhaltensweise. Aber alle haben sie das gleiche Ziel. Sie wollen, dass Sie sie mit Ihrem Cursor anklicken. Vorsicht! In dem Moment, wenn Sie sie anklicken, werden Sie unter ihrer Kontrolle sein. Ihr Bildschirm wird sich in eine Fantasielandschaft von interaktiven Programmen verwandeln, die sich mit diesem bestimmten Produkt befassen. Es werden Ansagen und Aufforderungen zu den Themen ‚Kundenaussagen', ‚Beschwerden und Gerichtsverfahren' und ‚Ernährungshinweise' sein, die sich in blendenden Farben, mit blinkenden Lichtern und rhythmischen Geräuschen über ihren Bildschirm ausbreiten, um ihre psychologische Abwehr zu beeinflussen. Um es kurz zu machen – im Jahr 2010 wird es ein Alptraum sein, einzukaufen."

Die Krise im Kundendienst

Hinter meiner überzogenen Vision steckt in Wirklichkeit ein großes Problem, nämlich wie man interaktives Einkaufen wirklich kunden- und benutzerfreundlich machen kann. Im einundzwanzigsten Jahrhundert fangen die Branchenführer an zu erkennen, dass der Dienst am Kunden die große Prüfung sein wird, wenn sich die zukünftigen E-Commerce-Imperien von den Eintagsfliegen abheben wollen. Die Anzahl der Kundenbeschwerden steigt fast noch schneller als die Zahl der Verkäufe. „Im Moment ist der Kundendienst im Internet fast nicht existent," schreibt Ken Allard, der Analyst von Jupiter Communications, in einem Artikel des Louisville Courier Journal im Februar 1999.

Jupiter Communications besuchte über 100 Einkaufswebsites und verschickte Kundenanfragen per E-mail. Viele der Website-Inhaber reagierten gar nicht, und 42% der Testkandidaten brauchten mehr als fünf Tage, um zu antworten. Kein Wunder, dass laut der *New York Times* vom 28. Juni 1999 zwischen 33 und 66% der e-commerce Kunden ihre Aufträge stornieren, bevor die Transaktion beendet ist. Ohne einen leibhaftigen Menschen, der Fragen beantwortet oder Probleme löst, kann die Kauflust sofort erlöschen.

Die Zukunft findet jetzt statt

Aus diesem Grund kämpfen Einzelhändler im Internet darum, ihren elektronischen Einkaufsmeilen einen persönlichen Hauch zu verleihen, indem sie Chatrooms und Internet-Telefonie anbieten. Chris McCann, der stellvertretende Geschäftsführer des größten amerikanischen Blumenversandes, der Firma 1-800-Flowers, beschreibt den telefonischen Hilfe-Service seiner Firma im Internet als „Stützrad für Neukunden" – einen Weg, um Käufer durch ihre ersten Erfahrungen mit der Website zu führen, bis sie sich sicher genug fühlen, um in Zukunft alleine navigieren zu können. Es ist ein toller Gedanke. Aber der beste Weg, um neuen Kunden eine Website vorzustellen, ist ohne Frage das Konzept, das ich bereits im Jahr 1994 vorgeschlagen habe: Network-Marketing. Während dieses Buch herausgegeben wird, haben die vor kurzem eingetretenen Ereignisse meine Vorhersage bestätigt. Sie haben deutlich gemacht, wie zutreffend ich die Welt des E-Commerce visualisiert habe, und wie wichtig Networker sein würden, um diese Welt zu „vermenschlichen".

Am 3. März 1999 kündigten Amway und Microsoft an, dass sie sich zusammenschließen würden, um das anzubieten, was vielleicht einmal die größte Einzelhandelswebsite im Internet sein wird: *Quixtar.com.* Mit geplantem Verkaufsstart im September 1999 wird Quixtar laut Amway-Quellen mehr als zehntausend verschiedene Produkte und Dienstleistungen zur Verfügung stellen. Zusätzlich zu seinen eigenen Markenprodukten wird erwartet, dass Quixtar.com eine umfassende Auswahl der bestehenden Amway-Katalogartikel anbieten wird, angefangen bei Adidas-Turnschuhen und Panasonic-Anlagen bis hin zu Amways SA8 Reinigungsmitteln und Kosmetika der Marke Artistry.

Virtuelle Gänge und Regale

Amway übt eine strikte Geheimhaltung, was die Details der Quixtar-Website vor deren Eröffnung anbelangt. Aber einige Andeutungen über die Gestaltung sind doch durchgesickert und lassen erkennen, wie genau ich damals im Jahr 1994 das Einkaufszentrum der Zukunft beschrieben habe.

Stephen McCarty, Microsofts führender Berater im Quixtar-Projekt, hat gegenüber der Zeitschrift Network Marketing Lifestyles (NML) im Juni 1999 angedeutet, wie eines der in Erwägung gezogenen Szenarien für Quixtar aussehen könnte: Dem Kunden das Gefühl zu geben, er würde durch einen riesigen, interaktiven Supermarkt schlendern, „vielleicht sogar eine visuelle Darstellung der Gänge mit Regalen, von denen man die Produkte durch einen Mausklick direkt in seinen Einkaufskorb befördern kann," schreibt Reporter Coy Barefoot in NML.

Ein neues Muster

„Das was an Quixtar wirklich aufregend und der Grund, warum es so wichtig ist," sagt Bridget Fahrlanf, Mitglied der Direktion von Fry Multimedia (die an dem Design von Quixtar arbeitet), in NML, „dass schon ein riesiger und treuer Kundenstamm besteht, dass also ein riesiger Vorsprung gegenüber allen anderen Sites vorhanden ist, bevor die Site eröffnet wird... Das ist im E-commerce ein völlig neues Muster."

Seitdem das Stichwort E-commerce auch bei den Analysten der Wall Street Einzug gehalten hat, ist es die schwerste Aufgabe geblieben, Kunden anzuziehen und diese zu halten. Sogar Amazon.com schreibt trotz seines erfolgreichen Empfehlungssystems (siehe Kapitel 11) und riesiger Kapitalschübe vom Aktienmarkt noch rote Zahlen. Quixtar wird der erste Neuling im E-Commerce sein, der mit einem bereits vorhandenen Kundenstamm von 3 Millionen Amway-Vertriebspartnern auf das Parkett tritt. NML berichtet, dass sich schon drei Monate vor der offiziellen Eröffnung von Quixtar mehr als 200.000 Leute auf einer Amway-Website haben registrieren lassen, um Neuigkeiten über den neuen Internet-Auftritt zu erhalten

Die Wunderwaffe

Was den Unterschied bei Quixtar wirklich ausmacht, ist der hohe Menschlichkeitsfaktor – die Möglichkeit für Kunden, persönliche Hilfe und Unterstützung von dem Quixtar-Mitarbeiter zu bekommen, der ihnen die Website vorgestellt hat. „Das Problem mit Online-Kaufhäusern," sagt MLM-Internetprofi Rod Cook, „war schon immer, dass sie zu groß und zu kompliziert sind. Hunderte von verschiedenen Geschäften können in einem einzigen Kaufhaus sein. Die Menschen müssen es erst genau kennen, um damit umgehen zu können. Sie müssen wissen, was es gibt und wie sie es bekommen können."

Network-Marketing – wie es durch Quixtar vorgeführt wird – könnte die Wunderwaffe darstellen, die den E-Commerce für jedermann verständlich machen wird. „Die Macht der menschlichen Stimme ist schon immer unser wichtigstes Instrument gewesen," sagt Cook. „Das Internet wird dies nicht verändern. Die erfolgreichsten Online-Unternehmen werden diejenigen sein, die das Telefon in Zusammenarbeit mit dem Internet verwenden. Network-Marketing ist perfekt dafür ausgestattet, um diese Lücken zu füllen."

(Anm. d. Übers.: Bereits 200 Tage nach Eröffnung wurden über die Quixtar-Website 250 Millionen US-Dollar umgesetzt, das derzeitige tägliche Umsatzvolumen beträgt 2 Millionen Dollar, wobei täglich 14 Millionen Menschen auf diese Website zugreifen. Dadurch stellt Quixtar die drittgrößte Internet-Plattform der Welt dar – mit dem Ziel, die Nr. 1 zu werden)

KAPITEL 37

Das Tor erweitern

Zu dem Zeitpunkt, als dieses Buch herausgegeben wird, haben fast 50% aller Haushalte der USA einen Computer. Laut der International Data Corporation nutzen ca. 159 Millionen Menschen weltweit das Internet – davon alleine 62 Millionen in den USA. Diese Zahlen werden in den nächsten Jahren hoffnungslos veraltet sein. Heutige Schätzungen sagen, dass sich die Internetnutzung jedes Jahr um ein Drittel erhöht. Network-Marketing spielt bei diesem Wachstum eine große Rolle. Immer mehr MLM-Unternehmen tragen zur Erweiterung des Tors zum Cyberspace bei, indem sie ihren Kunden den Zugang zum Internet anbieten.

Selbst dem größten Technikhasser wird es schwerfallen, den Schmeicheleien der MLM-Truppen und ihrem "Mund-zu-Mund Cyber-Evangelismus" zu widerstehen. Es wird kein Trick ausgelassen, kein Hebel bleibt unbenutzt, um die Unvernetzten zu vernetzen. Networker bieten hohe Rabatte auf Internet-Dienstleistungen, unwiderstehliche Prämien, Geld-zurück-Garantien und persönliches "Händchenhalten", während die Kunden ihre ersten Erfahrungen im Internet sammeln. Und wenn das nicht funktioniert, bieten sie einfach Geld – die Chance, Geld durch eine onlinegestützte MLM Gelegenheit zu verdienen. Das Ergebnis dieser Verkaufs- und Anwerbungsaktivitäten ist eine zufällige Synergie – gut für das Internet, gut für Network-Marketing.

Die MLM-Internet-Allianz

Die guten Ergebnisse dieser MLM Internet-Allianz können am deutlichsten am Wiederaufleben der Nu Skin Enterprises Inc. aus Provo in

Utah beobachtet werden. Das 1984 vom 24jährigen Blake Roney gegründete Unternehmen wurde zu einer der legendären Erfolgsgeschichten im Network-Marketing. Bis 1991 hatten die jährlichen Umsätze die $500 Millionen-Grenze erreicht. Aber auf dem Höhepunkt des Umsatzes begann die Zahl der neuen Vertriebspartner zu sinken. In Übersee hielt das Wachstum an, aber es ging das Gerücht um, dass Nu Skins Markt zumindest in den USA gesättigt war. Ehrgeizige Networker begannen, nach neuen, aufregenderen Chancen zu suchen. Einige Beobachter der Branche schrieben Nu Skin als ein Strohfeuer ab – als ein MLM-Unternehmen, das nicht genügend Kraft hatte, sich über die erste Momentumphase hinaus zu stabilisieren.

Das Ergebnis dieser Verkaufs- und Anwerbungsaktivitäten ist eine zufällige Synergie – gut für das Internet, gut für Network-Marketing.

Aber Roney und seine Kollegen hatten andere Pläne. Sie starteten eine gewagte Strategie der Diversifikation, die weit über die herkömmliche Pflegeserie von Nu Skin hinausging. 1992 brachten sie eine Linie von Nahrungsergänzungen mit dem Namen IDN auf den Markt. Sechs Jahre später kaufte IDN die Firma Pharmatex, Inc. auf, einen führenden Hersteller von natürlichen Nahrungsergänzungungen. Bereits im Jahr zuvor hatte Nu Skin ihre Hightech-Tochter *Big Planet* vorgestellt, welche Internetzugang, Webhosting, Festnetzanschluss, Consumerelektronik und andere Produkte anbietet, die in Zusammenhang mit dem Internet stehen. Egal, was die Skeptiker über Nu Skin sagen wollten, sie konnten zumindest nicht behaupten, "der Markt sei gesättigt". Das Unternehmen hat sich neu erfunden, und hat zwei neue Markennamen geschaffen, die zwei völlig neue MLM-Gelegenheiten darstellen.

UNENDLICHES MOMENTUM

Ron Wiggins kündigte seine Arbeitsstelle als erfolgreicher Schuhverkäufer, als er merkte, dass sein Gehalt nur um einen Bruchteil seiner Verkaufszahlen stieg. "Ich kam mir ausgenutzt vor," sagt er. "Ich habe jedes Jahr Rekorde gebrochen. Meine Firma hatte fünfhundert Läden in den USA, und ich habe unseren Laden zur Nummer Eins gemacht. Aber auf meiner Gehaltsüberweisung sah ich nichts davon."

1991 fingen Ron und seine Frau Cris bei Nu Skin an. Anfangs entwickelte es sich eher langsam. "Wir hatten die größte Wachstumsentwicklung bei Nu Skin verpasst," sagt er. Aber im Folgejahr wurde die IDN-Abteilung eröffnet. Ron und Cris stiegen sofort voll ein. "Es gab uns die Chance, bei der ersten Welle einer riesigen Wachstumskurve dabeizusein," sagt er. Ron gelang es, innerhalb eines Jahres das Nu Skin-Geschäft in Vollzeit zu betreiben. "Schon im ersten Jahr ersetzte ich mein 40.000 Dollar-Einkommen," berichtet er. Sechs Monate später war der gemeinsame Verdienst der Wiggins hoch genug, dass sie das Geschäft beide in Vollzeit betreiben konnten.

AUF DER WELLE REITEN

Während der nächsten sechs Jahre arbeiteten Ron und Cris erfolgreich im Nu Skin- und IDN-Geschäft. Aber 1997 ergab sich für sie eine derart große Chance, dass sie nichts anderes tun konnten, als sie zu verfolgen und ihre bisherige Arbeit abzubrechen. In diesem Jahr gab Nu Skin die Einführung von Big Planet, der Internetdivision, bekannt. "Wir sahen in Nu Skin ein schuldenfreies Unternehmen, mit einem Jahresumsatz von 2 Milliarden Dollar, das gerade dabei war, dem weltweit größten Wirtschaftstrend der Geschichte zu folgen," sagte Ron, "der Erschließung von Internet, E-Commerce und Telekommunikation."

Zusätzlich zu seinen anderen Dienstleistungen hat Big Planet einen Onlineshop, der von Kleidung, Büchern, Blumen bis hin zu Schmuck, Sportartikeln und Computerhardware fast alles anbietet. Darüber hinaus hat das Unternehmen Allianzen mit namhaften Hightech Unternehmen geschlossen. Es bietet beispielsweise Prepaid Telekommunikationsleistungen von Sky Telecommunications und das Online Trainingsprogramm für Internet und PC von IBM an, die *Learning University.* "Die nächste Herausforderung der Welt sind Hochgeschwindigkeitsverbindungen für Internet bzw. Datenübertragung und Big Planet ist in der Lage, diese Chance zu nutzen," sagte Big Planets Geschäftsführer Richard King bei der Firmeneröffnung. Außerdem sagte er voraus: "Die Chance, die mit Big Planet einhergeht, könnte mit Leichtigkeit die größte Network-Marketing Gelegenheit der Welt darstellen."

WENN ICH ES KANN, KANNST DU ES AUCH

Big Planet bietet ein sehr persönliches Vorgehen, um das Internet für den breiten Markt zugänglich zu machen. Abonnenten des Internetdienstes haben vierundzwanzig Stunden am Tag telefonische Unterstützung bei technischen Fragen. Der Big Planet-Vertriebspartner, der sie ins Geschäft gebracht hat, ist auch da, um sie über eventuelle Probleme hinweg zu geleiten.

Ron Wiggins war selbst ein Computerneuling, als er im April 1998 bei Big Planet einstieg. "Die Technik war mein größtes Hindernis," sagt er. "Ich hatte vorher noch nie vor einem PC gesessen, bis ich bei Big Planet einstieg und ich war ziemlich eingeschüchtert. Erst drei Wochen zuvor hatte ich mir einen PC gekauft und jemand musste mir erst einmal die Knöpfe an der Maus erklären. Es hat ein paar Tage gedauert, aber ich habe es geschafft. Jetzt könnte ich gar nicht mehr ohne Computer leben." Wenn Ron Technikmuffel für Big Planet begeistern will, sagt er ihnen, "Wenn ich es kann, könnt ihr das auch." Ron und Cris stiegen innerhalb von drei Monaten bis zur höchsten Provisionsstufe bei Big Planet auf. Jetzt widmen sie dem Geschäft ihre gesamte Zeit. "Es hat uns eine neue Art der Freiheit gegeben," sagt Ron. "Wir befinden uns an der Geburtstätte eines der weltweit größten Trends. Die Teilnehmerzahlen bei unseren wöchentlichen Treffen haben sich seit unseren Tagen bei Nu Skin verdreifacht."

EIN SICH SELBST BEWERBENDES GESCHÄFT

Ken und Kathy Klages haben ihr Geschäft ebenfalls verdreifacht, seitdem sie zu Big Planet übergetreten sind. "Wir konnten schnell in den Linien aufsteigen," sagt Ken, ein ehemaliger Ingenieur bei Chevron, "weil sich dieses Geschäft von selbst verkauft. Internet und E-commerce sind so heiß, dass sowieso schon jeder Interesse hat. Es bewirbt sich selbst." Eines von Ken's Lieblingsprodukten ist das i-Phone, ein 300 Dollar teures Gerät, das vom Silicon Valley Unternehmen InfoGear hergestellt wird. Es ist ein Telefon mit eingebautem Bildschirm , das einem ermöglicht, ins Internet zu gehen, E-mails zu verschicken und Geschäfte elektronisch abzuwickeln, ohne dass man einen PC nutzen muss.

"InfoGear hat versucht das i-Phone in Läden zu verkaufen," erzählt Ken, "aber sie setzten in neun Monaten lediglich 900 Einheiten ab. Die Einzelhändler wussten nicht, wo sie es hinstellen sollten. Sie brachten es in der Telefonabteilung unter, weil es aussieht wie ein Telefon. Aber wenn es nicht eingesteckt ist und die Leute nicht wissen, was sie vor sich haben, halten sie es einfach für ein überteuertes Telefon." Was gefehlt hat, war der persönliche Kontakt – jemand, der da war, um das Gerät zu erklären und vorzuführen. InfoGear hat das Problem erkannt und gab im Oktober 1998 bekannt, die i-Phones würden in Zukunft durch den MLM-Vertrieb von Big Planet verkauft. „Da es sich um ein neues Produkt handelt, ist es am besten, wenn der Kunde es anfassen und benützen kann, während man es ihm erklärt," sagt der Geschäftsführer von InfoGear, Ed Cluss. „Die unabhängigen Vertriebspartner von Big Planet haben die Fähigkeiten und die Ausbildung, genau dies geschehen zu lassen.

Grenzen sprengen

„Bereits am ersten Tag verkauften wir 1000 i-Phones," sagt Ken, „mehr als in herkömmlichen Läden in neun Monaten verkauft wurden." Ken schenkte seiner Mutter ein i-Phone zu Weihnachten. Da sie ein wirklicher Technikmuffel war, hatte sie nie zuvor versucht, sich an einen PC zu setzen. Aber innerhalb kürzester Zeit rief sie Ken an und prahlte damit, dass sie nun mit ihren Freundinnen E-mails austauschen würde. „Meine Mutter hätte sich jeden Tag die Yahoo!-Werbung im Fernsehen anschauen können und es hätte sie nie dazu bewegt, online zu gehen," sagt Ken. „Aber seitdem ich ihr dieses Gerät geschenkt und ihr erklärt habe, wie es funktioniert, ist sie fast jeden Tag im Internet."

Die Erfahrungen von Ken und Kathy Klages spiegeln ein weiteres Phänomen des Inter-Networking wieder – der Fusion von MLM und Cyberspace. Während ihr Geschäft wächst, wird die Welt gleichzeitig immer stärker vernetzt. Und potentielle Vertriebspartner, die herkömmliche Network-Marketing-Gelegenheiten ausgeschlagen hätten, beginnen nun, sich an der Bändigung der Cyberspace Herausforderung zu beteiligen. „Wir haben gemerkt, dass hunderte von Menschen, die ‚Nein' zu Nu Skin gesagt haben, nun ‚Ja' zu Big Planet sagen", bemerkt Ken.

KAPITEL 38

Der Schwarm im Internet

In Kapitel 11 haben wir den explodierenden Markt für Internet-Partnerprogramme besprochen. Diese Mini-Geschäfte ermöglichen Menschen, mehr Geld zu verdienen, indem sie Links, also Verbindungsglieder auf ihren Internetseiten installieren, die dann Kunden zu anderen Websites weiterleiten, wo sie Bestellungen aufgeben können, – beispielsweise zu Amazon.com. Die Partner, sogenannte Affiliates, erhalten Provisionen auf alle Verkäufe der Kunden, die die Website durch ihre Links gefunden haben.

Partnerprogramme sind schon jetzt eines der heißesten Themen in der Welt des E-Commerce geworden. Jeder Gründer eines elektronischen Einkaufsladens kann nun seine Links durch die einzelnen Bemühungen von Tausenden; ja sogar von Millionen von Affiliates virusartig über das gesamte Internet verstreuen. Der E-Commerce-Geschäftsmann braucht dem Affiliate, seinem Partner, keinen Pfennig zu bezahlen, bevor er keinen Verkauf verbucht hat. Verglichen mit den Standards normaler Einzelhändler, scheint das Affiliate-System schon jetzt einen enormen Hebeleffekt zu bieten. Aber stellen Sie sich vor, wie groß die Hebelwirkung werden würde, wenn man ein MLM-Provisionssystem hinzufügen würde, welches den Affiliates ermöglicht, nicht nur Provisionen für Kunden zu erhalten, die sie empfohlen haben, sondern auch für die Empfehlungen, die ihre ursprünglichen Kunden weitergegeben haben, und so fort. Rod Cook, Berater diverser MLM-Firmen, nennt dieses System „Multi-Affiliate Marketing.“ Er sagt voraus, dass dieses System den E-Commerce revolutionieren wird.

Vertriebspartnergewinnung per Mausklick

Bereits jetzt werden die ersten Multi-Affiliate Programme im Netz eingesetzt. Sobald Sie den Link auf Ihrer Website platziert haben, baut das Programm automatisch eine Downline für Sie auf – ohne, dass Sie viel dafür tun müssen.

Nehmen wir an, ein Kunde kommt auf ihre Website und klickt auf den Link zu dieser Website. Er wird dorthin weitergeleitet und es erscheint ein Spiegelbild der Unternehmenswebsite, die für Sie personalisiert ist, parallel zur herkömmlichen Unternehmenswebsite. Der Kunde fährt fort und kauft Bücher oder Kassetten. Sie erhalten jetzt automatisch eine Provision auf jedes Produkt, das er kauft. Und wenn er sich entscheiden sollte, ebenfalls zum Affiliate zu werden, wird er automatisch zu ihrer Downline hinzugefügt.

Die Macht der Cookies

Angenommen, Ihr Kunde möchte nochmals diese Website besuchen, ohne den Weg über Ihre Website und Ihren Link zu gehen. Dann erhalten Sie trotzdem eine Provision auf jeden Kauf, den er dort tätigt. Das kommt daher, weil der Server dieser Website beim ersten Besuch des Kunden auf Ihrer Homepage ein Cookie auf seiner Festplatte installiert hat (eine kleine Identifikationshilfe, welche ihn als Ihr Kunde ausweist).

Solange dieses Cookie auf seiner Festplatte installiert bleibt, wird Ihnen jeder Einkauf, den er dort tätigt, angerechnet, ob er nun über Ihre Website geht oder nicht. Zu dem Zeitpunkt, als dieses Buch herausgegeben wird, erlauben Ihnen die meisten existierenden Multiaffiliate Programme lediglich, Provisionen von nur einer Kundenebene zu beziehen. Aber Rod Cook und andere Multiaffiliate-Pioniere arbeiten an neuen Systemen, die auf mehreren Ebenen den Bezug von Provisionen ermöglichen, so wie es auch in den traditionellen Formen des MLM geschieht.

Über das Unternehmen hinaus

Welche Auswirkungen werden diese Entwicklungen auf den Ablauf von MLM haben? Wenn die Innovationen der 3. und 4. Welle die Menschen vom Zwang des ständigen Arbeitens befreit haben, könnte die Multiaffiliate-Revolution sie von der Bindung an ein Unternehmen befreien. „Es wird bewirken, dass Network-Marketing wachsen wird, aber nicht in der Form, wie wir es heute kennen," sagt Rod. „Es wird weniger Abhängigkeit gegenüber örtlichen Geschäftstreffen geben. Die

Vergütungspläne werden sehr einfach aufgebaut sein, und auch der Einstieg wird vermutlich kostenlos sein. Die Menschen werden sich viel stärker auf die Produkte konzentrieren."

Während die Barrieren für den Aus- und Einstieg in unterschiedliche Unternehmen langsam zu schwinden beginnen, wird es den Leuten zukünftig leichter fallen, für mehrere Unternehmen gleichzeitig zu arbeiten. Genauso wie sich Leute heutzutage auf Websites wie www.associate-it.com zwischen mehr als tausend verschiedener Affiliate-Gelegenheiten im Netz entscheiden können, so werden die Networker der Zukunft ihre eigenen E-Commerce Websites mit vielen verschiedenen Multi-Affiliate Links aufstellen.

Während die Barrieren für den Aus- und Einstieg in unterschiedliche Unternehmen langsam zu schwinden beginnen, wird es den Leuten zukünftig leichter fallen, für mehrere Unternehmen gleichzeitig zu arbeiten.

DIE GABE DES FLIEGENS

In Zukunft werden Networker mit der Freiheit wilder Vögel durch das Internet fliegen. Sie werden sich zusammenschließen, wenn es ihnen passt und sich trennen, wenn eine Gelegenheit sie in eine andere Richtung ruft. Sie werden sich nicht in Unternehmensformen verbünden, sondern in sogenannten Cyberswarms – Netzwerken von Unternehmern mit Beziehungen zu verschiedensten Firmen, die sich für einen begrenzten Zeitraum informell zusammenschließen und ihre Bemühungen per Telekommunikation koordinieren.

In der kommenden Umwelt der Multi-Affiliate-Systeme werden die Cyberswarms, die Schwärme im Internet, das Sagen haben. So ziemlich jeder wird Waren direkt durch seine Internetseite verkaufen können, indem er die modernsten Funktionen des E-Commerce anwendet. Jede Rasse, Religion, Interessensgruppe und Subkultur wird das Internet nach neuen Chancen absuchen. Schwärme, Unter-Schwärme und Mini-

Schwärme werden sich gegenseitig überlappen und eine unglaubliche Vielzahl an Produkten und Dienstleistungen anbieten.

Der Vorreiter im Netz

George C. Fraser leitet einen Cyberswarm. Durch sein virtuelles Kaufhaus, Frasernet.com, spricht George schwarze Amerikaner und alle Menschen afrikanischer Herkunft auf der ganzen Welt an. Er wirbt für Network-Marketing und verkauft seine eigenen Bücher und Kassetten, die die schwarze Machtergreifung behandeln, sowie Produkte und Dienstleistungen, die von anderen Afroamerikanern angeboten werden. Georges Online-Kaufhaus ist nicht auf eine Website begrenzt, wie es bei den meisten anderen der Fall ist. Es verkauft durch eine Vielzahl von verschiedenen MLM-Gelegenheiten, die auf dem Internet basieren, wie etwa Ahsum.com und Matah.com – Websites, die sich auf Güter und Dienstleistungen spezialisiert haben, die von Afroamerikanern angeboten werden.

Die Vision, die George hat, ist eine größere, als nur die eines bestimmten Unternehmens. „Ich bediene durch meine verschiedenen Downlines völlig verschiedene Kundengruppen," sagt George. „Matah.com ist für die hochgradig afrikanisch orientierten Menschen bestimmt, die es sich zum Ziel gesetzt haben, den von schwarzen Brüdern verdienten Dollar innerhalb der eigenen Gemeinschaften wiederzuverwerten. Ahsum.com ist mehr ein allgemeiner Markt. Aber in beiden baue ich meine Downlines aus." Genaugenommen sind die Seiten Matah.com und Ahsum.com Affiliates von Georges Website Frasernet.com, während George gleichzeitig als Vertriebspartner für beide Organisationen arbeitet. Die Unternehmen haben den Nutzen von George Fraser's Namen, der in der schwarzen Gemeinde als Autor, Networker und Motivationstrainer allgemein bekannt ist – während George den Nutzen ihrer E-Commerce Tätigkeiten und der MLM-Vergütungsstruktur hat.

Der globale Networker

Schon längst hat sich George einen Namen als Guru des schwarzen Network–Marketing gemacht. Sein beliebtes Buch *Success Runs in Our Race* ruft Afroamerikaner dazu auf, ein „Untergrund-Netzwerk von Profis im Network Marketing," basierend auf „Stammeseinigkeit" zusammenzustellen, das sich zum Ziel machen soll die schwarze Rasse zu unterstützen. Seine SuccessGuides (Erfolgsführer), die durch Georges

Firma SuccessSource zu erhalten sind, enthalten Namenslisten mit bekannten Afroamerikanern, die für Network-Marketing wie geschaffen sind. „Afroamerikaner erzielen jährlich Einkünfte von ca. 500 Milliarden Dollar," schreibt er. „Sie und ich repräsentieren die zehntgrößte Wirtschaftsmacht der industriellen Welt. Und darauf können wir aufbauen...Wir müssen uns zusammentun und gemeinsam arbeiten – weil wir keine andere Wahl haben! Wir können nicht von anderen erwarten, für uns zu tun, was wir nicht alleine schaffen."

Georges Meinung nach bieten die Angebote von Affiliate-Programmen die größte Hoffnung für die Verwirklichung seiner Vorstellung. „Network Marketing ist die Welle der Zukunft – für den kleinen Investor wie auch für den aufbauenden Unternehmer, und schwarze Menschen sollten ein Teil davon werden," sagt er. „Der Zusammenschluss von MLM und E-Commerce ermöglicht uns eine weltumspannende Reichweite. Innerhalb eines Jahres kamen 20% der E-Commerce-Umsätze auf Frasernet.com aus Afrika oder von Menschen, die aus Afrika, der Karibik oder Südamerika stammen. In der Vergangenheit hätte ich nicht einmal zu träumen gewagt, dass wenigstens 2% meiner Umsätze aus diesen Teilen der Erde kommen. Es hätte sich niemals gerechnet."

NACH HERKUNFT GEORDNETE DOWNLINES

Gruppierungen anhand der Stammesherkunft waren schon immer ein zentrales Thema in der Welt des MLM. Da Networker ihre Vertriebspartner meist aus dem persönlichen Bekanntenkreis gewinnen, sind diese meist von gleicher Herkunft und Persönlichkeitsstruktur. Einzelne Vertriebsgruppen und oftmals ganze Firmen konzentrieren ihre Mitarbeitergewinnung auf bestimmte ethnische, religiöse, politische oder anderweitig definierte Subkulturen. Daher findet man häufig MLM-Unternehmen, deren Downlines fast ausschließlich aus Mormonen, auferstandenen Christen, Vegetariern, oder Republikanern bestehen.

Nach lebenslangem Unterrichten an öffentlichen Schulen hatte Joe Shaw den Linkstrend seiner Lehrerkollegen satt. Sein Eintritt bei Amway hat ihm ein neues Gefühl der Zusammengehörigkeit gegeben, das größtenteils auf den Werten Heimat, Gott und Vaterland beruht. „Ich passte gut hinein," sagt Joe. „Es waren Leute meines Schlages. Lehrer sind eher Bill Clinton-Typen. Amway-Vertriebspartner sind eher von der Art Ronald Regans."

Selbst-Selektion

Das Zeitalter der Cyberschwärme eröffnet Angehörigen bestimmter Gruppen Möglichkeiten des Zusammenschlusses, die weit über die traditionellen Grenzen von Glauben, Rasse, und politischer Bekenntnisse hinaus gehen. Quixstar.com arbeitet z. B. – wie auch einige andere Firmen – mit einem neuen Medium zur Selbstselektion von potentiellen Vertriebspartnern, der „CD-ROM Visitenkarte". Diese soll Networkern dabei helfen zu erkennen, welche potentiellen Kunden zur wachsenden Gruppe der Computerliebhaber gehören. Die „Visitenkarte" ist in Wirklichkeit eine 8 cm breite Miniatur-CD, die auf dem Innenring eines CD-ROM Laufwerkes Platz hat und eine multimediale Präsentation über die Geschäftsgelegenheit oder über das Produkt beinhaltet. Quixtar-Mitarbeiter verteilen sie zur Vertriebspartnergewinunng.

> **Das Zeitalter des „Cyber-Schwarms" bietet Menschen gleicher Abstammung Möglichkeiten des Zusammenschlusses, die weit über traditionelle Kategorien wie Herkunft, Glauben und politische Ausrichtung hinausgehen.**

„Es ist ein Filtermechanismus," erklärt Stuart Johnson, dessen Firma Video Plus die CD-ROM in Texas für MLM-Firmen herstellt. „Da die Visitenkarte selbst schon eine auf dem Computer basierende Technologie ist, hat jeder, der die CD angenommen und benützt hat, bewiesen, dass er einen PC besitzt, dass er neuen Technologien aufgeschlossen ist und dass er wahrscheinlich ein potentieller Mitarbeiter für ein Onlineunternehmen wie Quixtar ist.

Die 5. Welle?

In Wave 3 schrieb ich, „In zehn oder fünfzehn Jahren. . .wird Network-Marketing in der Gesellschaft allgegenwärtig sein, es wird auch nicht mehr als getrennte Branche behandelt werden. Es wird ein Standardwerkzeug sein, das von jeder Branche genutzt wird." Die Revolution der Multi-Affiliate-Systeme verspricht diese Vorhersage schneller zu bewahrheiten, als ich vermutet hatte. Bewaffnet mit modularen, gegenseitig austauschbaren Affiliate-Links, werden die Cyberschwärme durch den digitalen Marktplatz strömen und sich auf Subkulturen und andere, bisher abgetrennte Märkte konzentrieren. Die MLM-Funktion wird so perfekt automatisiert sein, dass vielen Mitgliedern der Cyberschwärme gar nicht bewusst sein wird, dass sie überhaupt im Network-Marketing arbeiten.

Wenn der Tag gekommen ist, an dem man MLM nicht mehr als getrennte Branche erkennen kann, dann wird es über alle Grenzen und Kontroversen hinausgewachsen sein. Es wird nicht mehr in den Finanzblättern diskutiert, nicht mehr in den Köpfen skeptischer, potentieller Kunden abgewogen, oder in Beratungsbüchern wie diesem beschrieben werden. Es wird eine Erweiterung des menschlichen Bewusstseins an sich geworden sein, ein Instrument unserer Macht, ein unbewusstes Werkzeug unseres Instinktes nach Erfolg, Erforschung und des Zusammenschlusses mit gleichartig denkenden Menschen. Network- Marketing wird in die 5. Welle eingetreten sein.

TEIL ZWÖLF

WAVE 4

Auf dem Weg ins neue Jahrtausend

KAPITEL 39

Der Mann mit der eisernen Haltung

„Warum ignorieren die Medien die Revolution der 3. Welle?" fragte ich 1994 in meinem Buch Wave 3. Zu diesem Zeitpunkt kreiste diese Frage in den Köpfen aller Networker. "Ob mit Vorsatz oder nicht," schrieb ich, "die Medien haben positive Nachrichten über Network Marketing ignoriert. Erfolgreiche Unternehmen wie Amway und Mary Kay Cosmetics werden oftmals in wichtigen Wirtschaftsartikeln von Zeitschriften erwähnt, aber sie werden fast nie als MLM-Unternehmen dargestellt. Diese ‚verbotenen' Ausdrücke tauchen hauptsächlich in negativen Geschichten über Firmen auf, die gerade verklagt oder überprüft werden."

Während ich diese Zeilen schrieb, stellten sie die unbestrittene Wahrheit dar. Aber die sechs Jahre, die seitdem vergangen sind, haben diese Worte überflüssig gemacht. Der Ausdruck "Network Marketing" ist inzwischen in den Wortschatz der wichtigen Wirtschaftspublikationen, vom *Wall Street Journal* bis zur *Business Week*, aufgenommen worden, und gilt nicht mehr als Deckmantel für Pyramidensysteme. Noch wichtiger ist, dass die Branche ihr Schicksal durch das Herausgeben eigener Medien – wie zum Beispiel Network Marketing Lifestyles, einem Hochglanzmagazin, das einer Auflage von 200.000 Stück erscheint – in die eigenen Hände genommen hat.

Wenn die ursprüngliche Spannung zwischen MLM und den Massenmedien heute nur noch als Relikt der Vergangenheit gilt, dann ist ein Großteil dieses Erfolges nur einem Mann zuzuschreiben: John Milton Fogg, dem "Mann mit der eisernen Haltung."

DIE NEUEN MEDIEN

Unter Internetjournalisten braucht der Ausdruck "Mann mit der eisernen Haltung" keine weitere Erklärung. Aber einige Leser brauchen vielleicht eine kleine Erläuterung. Dieser Ausdruck wurde vom Magazin Newsweek in Januar 1999 erfunden, um die abtrünnigen Journalisten der neuen Medien zu beschreiben. Um nicht weiterhin portionierte Nachrichtenhäppchen von den großen Sendern übernehmen zu müssen, wendet sich die Bevölkerung in Massen an Websites, Kabelfernsehen und telefoniert live mit Radiomoderatoren, um unzensierte und objektive Nachrichten zu erhalten. Millionen von Menschen loggen sich täglich in Websites wie den *Drudge Report, NewsMax.com* und *WorldNetDaily.com* ein, um die neusten Nachrichten hinter den Nachrichten zu finden.

Die herkömmlichen Journalisten machen aus ihrer Wut kein Geheimnis, die dem Überfall auf ihr Terrain entstammt. "Alte Autoritäts- und Einflussstrukturen schwinden...," klagte Jonathan Alter in einer Ausgabe von *Newsweek*. "Die alte Nahrungskette der Medien... ist zerstört worden." Mit unzerstörbarer Nostalgie blickt Alter zu den Zeiten zurück, in denen noch "die Ordnung" in den Redaktionen galt –Zeiten, in denen Journalisten und deren Einflüsse die Torhüter waren, welche entschieden, was die Öffentlichkeit wissen durfte." Aber auch wenn es schmerzte, musste Alter akzeptieren, dass die "Männer mit der eisernen Haltung" da waren und da bleiben würden. "Tom Brokaw, Peter Jennnings, und Dan Rather haben immer noch Millionen von Zuschauern und ein hohes Ansehen," schrieb Alter, "aber sie müssen die Bühne mit einigen raueren Kerlen teilen..."

MLM-GURU

Als ich 1990 anfing, über MLM zu schreiben, hatten die "Torhüter" die völlige Kontrolle – insbesondere, wenn es um das Thema Network-Marketing ging. Schlechte Nachrichten der Industrie wurden überproportional aufgeblasen. Gute Nachrichten wurden gnadenlos zensiert. Es war eine einsame Zeit, wenn man über MLM schrieb.

Aber glücklicherweise hatte ich auf meiner Reise einen Führer. Kurz nachdem meine erste Kolumne über MLM in der Zeitschrift Success erschienen war, erhielt ich einen Anruf von John Milton Fogg. Zu diesem Zeitpunkt war er der Herausgeber eines Newsletters mit Namen *MLM Success* (welcher später in *Upline* umbenannt wurde). John wurde mein MLM-Guru. Ich rief ihn oft an, um Rat einzuholen. Seine Vorträge über die Geschichte, die wirtschaftlichen Hintergründe und die Persönlichkeiten des Network-Marketing haben mich stundenlang eingenommen. John war ein Visionär. Er sah Network-Marketing nicht als das was es war, sondern als das, was es zukünftig sein sollte. In diesen langen Unterhaltungen mit John kamen mir die Ideen, die zur Grundlage meiner Bücher Wave 3 und Wave 4 werden sollten.

Das versteckte Talent

John kam durch die Hintertür zum Network-Marketing. Mit einem Diplom des Philadelphia College of Art in Fotographie, sah John sich 1969 als Künstler. Nichts hätte weiter von seinen Lebensträumen entfernt sein können als eine MLM-Karriere. Aber das Schicksal wollte es anders. Nachdem John sich von der Bostoner und New Yorker Hippiekultur der Jahre 1969 und 1970 befreit hatte, schloss er sich einer makrobiotischen Kommune in Neu-England an, um sich physisch und geistig zu erholen. Seine Beziehungen in der Welt der Makrobiotik brachten ihn zu einer Tätigkeit bei einem neuen Hersteller von Nahrungsergänzungen namens Erewhon. John arbeitete sich vom Lagerarbeiter zum Marketingdirektor des Unternehmens hoch.

Zu diesem Zeitpunkt erkannte John, dass er ein verstecktes Talent besaß. "Ich studierte Bücher über Werbung und lernte, zu schreiben," sagt er, "weil wir es uns nicht leisten konnten, jemanden dafür zu bezahlen." Johns Texte waren elegant und energiegeladen. Aber am wichtigsten war, dass sie Produkte bewegten. In den Folgejahren zog John durch die Welt und schrieb Werbetexte für die ständig wachsende Nahrungsergänzungsindustrie. Er hätte es sich vielleicht in der Position als Schlüsselfigur in einer schnellwachsenden Branche bequem machen können. Aber eines Tages stellte ihm ein Freund ein Produkt aus getrockneten Algen vor, das von einer Firma namens Cell Tech aus Klamath Falls, Oregon, hergestellt wurde. Ohne es zu merken, war John in sein erstes Network-Marketing Geschäft eingestiegen.

NICHT DUPLIZIERBAR

"Ich erstellte eine Liste mit 165 Namen von Bekannten," sagt John, "und schrieb ihnen einen zündenden Rückantwortbrief." Die Reaktion war phänomenal – 132 Leute schrieben zurück. Aber John erkannte, dass er gar nicht wusste, was er mit seinen neuen Vertriebspartnern machen sollte, jetzt da er sie gewonnen hatte. "Was ich getan hatte, war unmöglich zu duplizieren – keiner von ihnen hätte es nachmachen können," sagt er. "Ich war ein professioneller Texter, ich wusste, wie man Werbebriefe schreibt. Aber die einzigen Leute, die das hätten duplizieren können, wären andere professionelle Texter gewesen." Trotz der umwerfenden Reaktion scheiterte Johns Geschäft.

Obwohl seine Downline scheiterte, waren seine Schreiben erfolgreich. In seiner ersten Woche im Geschäft produzierte er einen Newsletter. In der zweiten Wochen schrieb er zwei. Bevor sein erster Monat bei Cell Tech abgelaufen war, schrieb John pro Woche vier Newsletter, und seine Vertriebspartner verschlangen diese regelrecht. "Ich habe es geliebt," sagt er. "Ich merkte, dass es mir Spaß machte und dass ich der Branche mehr brächte, wenn ich schreibe, als wenn ich ein Held im Vertrieb geworden wäre."

EINE STIMME FÜR DIE BRANCHE

John war vom Konzept des MLM fasziniert. "Ich hatte als Marketingberater für verschiedene Unternehmen gearbeitet," sagt er, "aber ich hatte noch kein anderes Geschäft kennengelernt, das es unabhängigen Vertragspartnern ermöglicht, Tantiemen zu erhalten, die proportional zur geleisteten Arbeit stehen." Obwohl er noch einige Erfahrungen im Network-Marketing sammelte, erkannte John schnell, dass sein Talent darin lag, über die Branche zu schreiben und nicht an ihr zu partizipieren. "Auf gewisse Weise dachte ich, dass mir ein Unternehmen nicht reicht," erinnert er sich. "Ich wollte auf die gesamte Branche Einfluss nehmen."

Und das tat er. John gründete 1989 Upline (damals noch MLM Success). Upline wurde schnell zu einem einzigartigen und machtvollen Sprachrohr der Branche. Als ich in den frühen '90ern anfing, über MLM zu schreiben, wälzte ich jede Ausgabe von Johns Newsletter und wurde von Ideen überflutet. Auf seinen Seiten hörte ich zum ersten Mal vom Wirtschaftswissenschaftler Paul Zane Pilzer, der vorhersagte, dass die nächste Herausforderung der Weltwirtschaft in der Reduzierung von Vertriebskosten liegen würde; von Michael Gerber und seinen

Konzepten über den E-Mythos und über die Revolution schlüsselfertiger Systeme; von Faith Popcorn und ihrer Prophezeihung über das Ende des Einkaufens. Obwohl diese Konzepte einen wichtigen Teil der Ideen darstellen, die ich jetzt als die 4. Welle bezeichne, war John Fogg der erste, der sie in diesem Zusammenhang beschrieb.

STATUS EINES POPSTARS

Mein guter Freund Duncan Anderson schrieb einmal, dass John einen beinahe Popstar-ähnlichen Status in der Branche des Network-Marketing erreicht habe. Falls dies eine Übertreibung ist, handelt es sich nur um eine geringfügige. Als Ghostwriter und eher im Hintergrund bleibender Schriftsteller, hat John seine Spuren in vielen MLM-Bestsellern hinterlassen. Er schätzt, dass von seinen eigenen Büchern – d.h. diejenigen, die tatsächlich seinen Namen tragen – z.B. *Der Beste Networker der Welt* und dessen Fortsetzung, *Gespräche mit dem Besten Networker der Welt* – allein über eine Million Ausgaben verkauft worden sind. John hält auf der ganzen Welt Vorträge bei MLM-Seminaren und Messen. Networker bezahlen pro Person bis zu 2.000 Dollar, um durch sein Mentor-Programm in den den Genuss von Johns Beratung kommen. Nicht nur John, auch viele andere prominente Branchenprofis aus seinem Netzwerk dienen hier als Mentor. Dies alles wird von der MLM-University in Lauderdale-by-the-Sea, Florida organisiert. Johns Website www.greatestnetworker.com ist im Internet zu einer Anlaufstelle für Networker geworden. Das Magazin Network Marketing Lifestyles, das von John auf den Markt gebracht wurde, wurde zu einem Podium für die Größen in der Branche.

DER PERSÖNLICHE KONTAKT DER ZUKUNFT

Diejenigen von uns, die sich ihren Namen durch die Lobpreisung von MLM schufen, während die Branche von den Medien ignoriert wurde, schulden John Fogg ihren Dank. John, der ursprüngliche „Mann mit der eisernen Haltung", hat uns den Weg gezeigt. Aus diesem Grund hören wir genau zu, wenn er spricht. Und John spricht heutzutage mit unübertroffener Deutlichkeit, während die Revolution der 4. Welle ihren Lauf nimmt. Er spricht von einer Zukunft der Hochtechnologie, in der Network-Marketing jeden Menschen auf diesem Planeten berühren wird.

„Die Hochtechnologie wird uns von den ganzen, sich ständig wiederholenden Tätigkeiten befreien, mit denen sich Menschen tagtäglich beschäftigen müssen," sagt er voraus. „Aber zusätzlich zur Technologie werden wir auch viel Menschlichkeit brauchen. Menschen sehnen sich nach dem persönlichen Kontakt zueinander. Wir werden unsere Produkte und Informationen aus dem Internet beziehen, aber der Service wird von leibhaftigen Menschen kommen. Im einundzwanzigsten Jahrhundert wird es Network-Marketing sein, welches Hightech mit Menschlichkeit vereint."

John glaubt, dass diese Vereinigung jede Branche berühren wird, während jeder Mensch die passende Nische für die Befriedigung seiner Bedürfnisse und Interessen findet. „Stellen Sie sich eine Welt vor, in der jeder Mensch Geld verdient, indem er seinen Freunden und Verwandten einfach Produkte empfiehlt," sagt er. „Es könnten Autos, Tennisschläger, Weine, PCs, Mont Blanc Kugelschreiber, oder der neueste Kinohit sein. Es mag verrückt klingen, aber ich kann eine Zeit sehen, in der jeder Mensch – auf irgendeiner Art und Weise – ein Affilate sein könnte." Wenn man die Zuverlässigkeit dieser Quelle bedenkt, dann könnte es sein, dass diese Idee doch nicht so verrückt ist.

Er spricht von einer High-Tech-Zukunft, in der Network-Marketing jeden Menschen auf diesem Planeten berühren wird.

KAPITEL 40

Die Flutwelle

Blut lief in den Rinnstein. Ein wütender Pöbel warf Autos um, zerschlug Fenster, nahm Geiseln und stürmte staatliche Einrichtungen. Gewalt zog sich durch viele Städte Chinas. Am Ende waren zehn Menschen tot und es gab über hundert Verletzte. War dies eine Szene aus dem Boxeraufstand? Der Kulturrevolution Maos? Das Massaker vom Platz des Himmlischen Friedens? Nein, es war die Reaktion der Chinesen auf das gesetzliche Verbot von Network-Marketing und allen anderen Formen des Direktverkaufes im April 1998.

„Es ist wichtig die Anwendung von Pyramidensystemen zu stoppen," sagte Wang Zhongfu, Vorstand der chinesischen Industrie- und Handelskammer, „da diese begonnen haben, die soziale Stabilität und das Wirtschaftswachstum zu schädigen."

Ein neues Zeitalter

Die Krise stieß in der internationalen Presse auf geringes Interesse. Aber für Millionen von Chinesen wurden ihre Hoffnungen und Träume durch dieses Verbot bedroht. „Was gibt es sonst Neues?" mögen Zyniker vielleicht fragen. Seit über fünfzig Jahren befinden sich auf der ganzen Welt Network Marketer und staatliche Aufsichtsbehörden in einem ständigen Kampf miteinander. Irgendwo, irgendwann wurde schon fast jede erfolgreiche MLM-Firma als Pyramidensystem verschrien. Abgeklärte Veteranen der Branche könnten das chinesische Verbot ganz einfach als ein weiteres Beispiel – obgleich ein extremes Beispiel – der bekannten Network-Marketing-Kämpfe abtun.

Aber diesmal war es anders. Was der marxistischen, chinesischen Regierung nicht bewusst war, ist, dass ein neues Zeitalter des Network-Marketing angefangen hat – ein Zeitalter von unerwarteter Macht in dieser Branche. Die chinesischen Abgeordneten fanden schnell heraus, dass sie einen Streit angefangen hatten, dass sie niemals gewinnen würden. Sie waren direkt in den Weg einer ankommenden Flutwelle gestolpert.

KEIN ASCHENPUTTEL MEHR

Die Flutwelle war die Revolution der 4. Welle. Network-Marketing-Firmen wollten gegenüber ihren älteren und reicheren Stiefschwestern aus der Gruppe der Fortune 500 nicht länger die Rolle des Aschenputtel einnehmen. Ob in China oder den USA, MLM-Unternehmen forderten von der Regierung und den Medien jetzt die gleiche Anerkennung, wie sie die transnationalen Riesen, wie z. B. Exxon/Mobil, Ford Motors oder Procter & Gamble in der Regel erhielten. Und wenn sie nicht erhalten sollten, was sie wollten, hatten die MLM-Unternehmen nun die Möglichkeit, zurückzuschlagen.

Die treibende Kraft für die neue Macht des MLM, waren die unaufhaltbaren wirtschaftlichen Kräfte, die bereits in diesem Buch beschrieben wurden. Es ging um die Ausweitung des Internets, das Ende des Einkaufsbummels, das Aufsplittern der Massenmedien, die Aufteilung großer Unternehmen in kleine Divisionen und das Aussterben herkömmlicher Arbeitsplätze. Es gibt den wachsenden Hunger der Massen nach Freiheit, vereint mit der einzigartigen Fähigkeit von Network Marketing, diesen Luxus bieten zu können. Nicht zuletzt gibt es noch ein gesteigertes Bewusstsein, von Washington bis zur Wall Street, dass die Zukunft Amerikas, in einem hohen Maße von diesem mutigen neuen Experiment, das wir Network-Marketing nennen, abhängt.

EINE UNERWARTETE BESTÄTIGUNG

„Sie stärken unser Land und unsere Wirtschaft," sagte der Präsident der Vereinigten Staaten, „nicht nur, indem Sie nach ihrem eigenen Erfolg streben, sondern indem sie auch anderen Menschen diese Gelegenheit bieten..." Der Präsident sprach in einer aufgezeichneten Rede welche sich speziell an Vertriebspartner von Unternehmen wandte, die der Direct Selling Association (D.S.A.) angehörten. „Ich habe jetzt über Jahre hinweg das Wachstum Ihrer Branche verfolgt..." fuhr er fort. „Ihre Branche gibt Menschen eine Möglichkeit, das Beste aus ihrem Leben zu machen, und das ist für mich die Grundlage des Amerikanischen Traums."

In seiner Rede verwendete der Präsident nicht den Begriff „Network Marketing“ aber es war deutlich, wovon er sprach. Nicht nur, dass ein Großteil der Firmen, die der D.S.A. angehören, MLM-Vergütungspläne benutzen, der Präsident lobte deren Vertriebspartner insbesondere dafür, „anderen die Möglichkeit zu bieten” – ein deutlicher Hinweis auf die MLM-Praxis des Anwerbens und Sponserns. War es Ronald Regan, der eloquent die Vorzüge des freien Unternehmergeistes polierte? War es George Bush, der auf einem Amway-Treffen sprach? Weder noch. Es war William „Bill” Jefferson Clinton.

Mit den Wölfen heulen

Wenige Präsidenten zuvor waren in ihren öffentlichen Äußerungen so vorsichtig wie Bill Clinton. Wenige haben die Windrichtung so genau untersucht, bevor sie eine Meinung über ein Thema äußerten. Was Clinton wirklich von MLM hält, werden wir vielleicht nie erfahren. Aber die Tatsache, dass er der Branche sein persönliches Lob ausgesprochen hat, spricht Bände darüber, was er denkt, woher die politischen und unternehmerischen Winde wehen.

Um es kurz zu machen – der Wind scheint zu Gunsten von Network Marketing zu wehen. Die Branche hat sich dem Massenmarkt erschlossen. Führungskräfte aus Unternehmen der Fortune 500-Gruppe beneiden MLM schon lange nicht mehr aus der Ferne. Heute schlagen sie sich ungeniert um die attraktivsten Gelegenheiten auf dem MLM-Markt.

> Im neuen Jahrtausend wird MLM nicht mehr den unternehmerischen Draufgängern vorbehalten sein.

Durch Vertriebsaufträge, strategische Zusammenschlüsse, Fusionen und Aufkäufe werden nun MLM-Vertriebsstrukturen in die globalen Strategien der größten und mächtigsten Unternehmen integriert. Nicht schlecht für eine Branche, die noch vor zwanzig Jahren beinahe von der staatlichen Aufsichtsbehörde vernichtet worden wäre.

ZEICHEN DER ZEIT

Die Verfechter der Branche argumentieren schon seit Jahren damit, dass Network-Marketing eine Idee sei, deren Zeit gekommen ist. Aber im Zeitalter der 4. Welle bedarf MLM keiner Verteidigung mehr. Die unglaubliche Macht der angehörigen Großunternehmen wird Visitenkarte genug sein. Während der chinesischen Krise von 1998 haben wir einen Einblick in die Kräfte erhalten, die MLM in Zukunft innehaben wird: Kaum dass die Chinesen Network-Marketing verboten hatten, bekamen sie den Gegenangriff zu spüren.

„Es ist eine ernste Angelegenheit," sagte die US-Handelsabgeordnete Charlene Barshefsky bereits drei Tage nach dem Verbot auf einer Pressekonferenz in Peking, „wenn eine Regierung die Aktivitäten legitimer Unternehmen einfach verbietet." Zur Fürsprache amerikanischer Unternehmen wie Amway, Avon und Mary Kay Cosmetics führte Barshefsky fort: „Diese Unternehmen haben über 120 Millionen Dollar in China investiert und werden den Lebensunterhalt von mehr als zwei Millionen Chinesen sichern. Es ist offensichtlich, dass es das Ziel sein sollte, diese Firmen schnellstmöglich wieder aufzubauen."

UNTERNEHMERISCHE SOLIDARITÄT

In einer unglaublichen Solidaritätsbekundung haben sich wichtige Unternehmen verschiedenster Branchen gegen das Verbot ausgesprochen. „Wir haben nicht nur Unterstützung von Direktvertriebsunternehmen bekommen, sondern auch von der Versicherungsbranche, Herstellern von Konsumprodukten, Technologieunternehmen, sogar von Fluggesellschaften. „Dies war eine demonstrative Darstellung ihres Verständnisses dafür, dass der Direktvertrieb in einem komplizierten Markt wie China ein Hauptbestandteil der wirtschaftlichen Gleichgewichts ist." Diese Unternehmen haben erkannt, dass der Angriff auf den Direktvertrieb gleichermaßen ein Angriff auf alle legitimen Geschäfte in China war.

„Das Verbot könnte kurz vor dem Besuch von Clinton im Juni, einen amerikanisch-chinesischen Handelsdisput entfachen," warnte das Magazin *Business Week*. DSA-Vorstand Niel Offen besprach das Verbot in einem persönlichen Treffen mit dem Präsidenten, der die Angelegenheit auf die Liste der fünf Top-Prioritäten seines China-Besuchs setzte.

UNAUFHALTSAM

Als die US-Delegation eingetroffen war, hatten die Chinesen das Verbot bereits größtenteils aufgelöst. China stimmte daraufhin im April 1999 zu, die restlichen Restriktionen bis spätestens 2003 aufzuheben. Wegen der Empfindlichkeit internationaler Beziehungen, sprechen beide Parteien des Zusammentreffens nicht darüber, über welchen rechtlichen Status MLM in der Zwischenzeit verfügt. Chin-Ning Chu aus Antioch, Kalifornien, Präsident der Asian Marketing Consultants Inc, bestätigt, dass Network-Marketing sich weiterhin unterschwellig in China mit stillschweigender Zustimmung der Regierung entwickelt.

Erst vor zwanzig Jahren stellte unsere Regierung noch die Existenzberechtigung dieser Branche in Frage. Angetrieben durch die Technologie, stimuliert durch den unternehmerischen Drang nach neuen Märkten und aufgeladen durch den natürlichen Freiheitstrieb der Menschen ist dieser kleine Hauch, den wir Network-Marketing nennen, zu eine Sturmböe geworden, zu einer unwiderstehlichen Einheit von Freiheit und Unternehmertum, die ich als 4. Welle bezeichne. In den kommenden Jahren wird die Revolution der 4. Welle unsere Wirtschaft bis in die Grundmauern erschüttern. Sie wird die Welt in einen freieren und wohlhabenderen Ort verwandeln. Und sie wird Network-Marketing zu einem der stärksten Wirtschaftszweige des neuen Jahrtausends werden lassen.

GLOSSAR
DER NETWORK-MARKETING-BEGRIFFE

Affiliate-Programm: Manche Internet-Vertriebe, wie beispielsweise Amazon.de, bieten Partnern die Möglichkeit, durch einen Link (Verknüpfung auf die Verkaufsinformation des Vertriebes) auf ihrer Internetseite zu Vertriebspartnern zu werden. Entstehende Verkäufe werden diesem Partner zugerechnet, dafür erhält er eine Provision.

Ausreizung: Ein Vergütungsplan gilt als ausgereizt, wenn Sie genügend Menschen ins Geschäft gebracht haben, um regelmäßig ein solch hohes monatliches Umsatzvolumen zu erbringen, das Ihnen immer die höchste Provisionsstufe des Vergütungsplanes sichert.

Auszahlung: Der Prozentsatz, den eine Firma von ihren Gesamtumsätzen in Form von Provisionen und Boni an ihre Vertriebspartner ausschüttet.

Auszahlungsrahmen: Alle Ebenen Ihrer Downline, auf die Sie aufgrund Ihres Vergütungsplanes provisionsberechtigt sind.

Autoresponder: Ausstattungsmerkmal einer Internetpräsentation (Website). Wer den Autoresponder kontaktiert, erhält automatisch – ohne Zutun des Inhabers der Website – Informationen per E-mail zugestellt. Networker nützen den Autoresponder, um Werbe- und Trainingsinformationen automatisch versenden zu lassen.

Back End: Die späteren Ergebnisse einer Network-Marketing-Downline, nachdem sie über mehrere Ebenen tief gewachsen ist. Der Begriff wird meist verwendet, um zwischen verschiedenen Formen von Vergütungsplänen zu unterscheiden. Ein Plan, der mehr im „Back End"-Bereich auszahlt, ist ein Plan, der die tiefen Ebenen mit den höchsten Provisionen entlohnt.

Bekanntenliste: Eine Liste persönlicher Kontaktadressen, die von neuen Vertriebspartnern auf der Grundlage des „Warmen Marktes" erstellt wurde.

Belegtes Volumen: Umsätze, die nicht Ihrem Gruppenvolumen zugeordnet werden können und daher nicht zu Ihren monatlichen Pflichtumsätzen zur Erreichung einer bestimmten Stufe zählen. In vielen Plänen wird das Volumen einer Linie zu unbelegtem Volumen, wenn diese Linie „wegbricht" (s. Breakaway).

Binärer Vergütungsplan: Ein Vergütungsplan, der Ihre Erstlinie auf zwei Partner begrenzt und der auf eine oder auf beide dieser Linien Ihrer Organisation wöchentliche Provisionen auszahlt. (Siehe auch Kapitel 19 zur weiteren Erklärung.)

Bonus Pool: Eine zusätzliche finanzielle Rücklage aus den Gewinnen einer Network-Marketing-Firma die als besonderer Anreiz an qualifizierte Führungskräfte ausbezahlt wird.

Bonusvolumen: Siehe BV.

Breakage: Durch Sie oder Ihre Downline erbrachtes Verkaufsvolumen, für das Sie keine Vergütung erhalten. Anders dargestellt, ist Breakage die Differenz zwischen dem Prozentsatz, den Ihre Firma angibt, auszuzahlen und dessen, was sie wirklich auszahlt. MLM-Firmen konkurrieren darum, die höchste Auszahlung anzubieten (Berechnet wird der Prozentsatz der Gesamtumsätze, der als Provision an die Geschäftspartner ausbezahlt wird.) Jedoch mag die Auszahlung einer Firma, die angibt, 75% ihrer Umsätze als Provision auszuzahlen, in Wirklichkeit lediglich 50% betragen. Die 25prozentige Differenz wird Breakage genannt. Diese wird in Form von subtilen Bestimmungen in den Vergütungsplan eingebaut: Bestimmungen, die dazu führen, Ihre Provision zu verringern, Pflichtumsätze zu erhöhen, oder Anteile Ihres Verkaufsvolumens unter bestimmten Bedingungen von Provisionen auszuschließen.

Breakaway-Linie: Die Gruppe oder Downline eines Breakaway-Vertriebspartners.

Breakaway: Eine Abkürzung für „Stairstep/Breakaway," eine der vier Hauptarten von Vergütungsplänen. Dieser Begriff kann sich auch auf einen Vertriebspartner Ihrer Gruppe beziehen, der bestimmte monatliche Qualifikationen erbringt und daher von Ihrer Gruppe „weggebrochen" ist (engl. break away). Wenn ein Vertriebspartner von Ihrer Gruppe weggebrochen ist, wird sein Verkaufsvolumen nicht länger dem Ihren zugerechnet (um Ihre monatliche Qualifikation zu erbringen) jedoch sind Sie jetzt berechtigt, eine Provision (genannt Royalties oder Overrides) auf das Gesamtvolumen Ihres Vertriebspartners zu erhalten, nicht nur auf den kleineren Bereich, der lediglich aus den oberen Ebenen (den sogenannten „Paylines") besteht.

Breite: Die Anzahl der Personen in der Erstlinie eines Vertriebspartners; oder die nach den Vergütungsrichtlinien des Unternehmens maximal gestattete Anzahl der Erstlinienmitarbeiter eines Vertriebspartners.

Business Builder: Ein Vertriebspartner, der aktiv auf der Suche nach neuen Partnern zum Geschäftsaufbau ist – im Gegensatz zu einem eingeschriebenen Partner, der lediglich Produkte zum Großhandelspreis beziehen möchte.

BV (Bonusvolumen): Eine Alternativbezeichnung für Umsatzvolumen. Ein Wert, der von MLM-Firmen benützt wird, um Provisionen zu kalkulieren, meist basierend auf dem Großhandelspreis der Produkte, auf die Provisionen gewährt werden. Im Allgemeinen ist das BV niedriger als die Summe der Großhandelspreise der zugehörigen Waren. Wenn Sie beispielsweise Produkte zu Großhandelspreisen von 100 Euro und einer 5prozentigen Provision verkaufen, werden diese nicht von den 100 Euro (Produktpreis), sondern vom Bonusvolumen des Produktes im Höhe von 80 Euro berechnet. Der Sinn des Bonusvolumens ist es, Firmen zu ermöglichen, auch an weniger profitablen Produkten Geld zu verdienen. Wenn ein Unternehmen einen Treibstoffzusatz für 20 Euro verkauft, der in der Herstellung 10 Euro kostet, jedoch 50 Prozent Provision ausgeschüttet werden sollen, würde die Firma kein Geld verdienen. Viele Firmen ordnen dem Produkt lieber ein geringeres Bonusvolumen zu, um dadurch geringere Provisionen auszuzahlen, statt einfach den Preis ins Uferlose zu erhöhen.

Direktvertrieb: Eine Vertriebsform, bei der unabhängige, provisionsbezogene Vertreter Verkaufsgespräche ohne die Räumlichkeit eines Einzelhandelsgeschäftes führen. Auch Networker werden im Allgemeinen als Direktvertriebler betrachtet, obwohl Direktvertrieb eigentlich bedeutet, dass Provisionen nur auf den eigenen Produktverkauf, nicht auf den Umsatz von Partnern bezahlt werden. Beachten Sie, dass MLM-Vertriebspartner, die von einem Ladengeschäft aus arbeiten, nicht als Direktvertriebler bezeichnet würden, da sie sich einen etablierten Einzelhandelspunkt zunutze machen.

Downline: All die Menschen, die als Vertriebspartner für eine Network-Marketing-Firma gewonnen wurden, stellen die Downline dieser Firma dar. Ihre Downline besteht aus den Menschen, die Sie ins Geschäft bringen, den Menschen, die diese ins Geschäft bringen, und so weiter.

Dreierkonferenz: Eine Technik zur Mitarbeitergewinnung, die es Vertriebspartnern ermöglicht, eine Downline aufzubauen und gleichzeitig neue Partner zu trainieren. Wenn ein neuer Vertriebspartner einen Interessenten telefonisch über die Geschäftsmöglichkeit informieren möchte, schaltet sich sein Sponsor in das Gespräch ein. Der Sponsor stellt die Geschäftsgelegenheit vor, während der neue Vertriebspartner lediglich zuhört und lernt. Die Dreierkonferenz kann auch vor Ort, also persönlich, gehalten werden.

Drop-Shipping: Der Vorgang, Produkte direkt vom Warenlager der Firma zum Kunden zu senden, statt dies durch einen unabhängigen Vertriebspartner durchführen zu lassen. Im Allgemeinen bestellen Kunden durch eine kostenfreie 800er Telefonnummer oder über eine Internetseite.

Duplikation: Der Vorgang, weitere Geschäftspartner in Ihrer Downline durch Nachahmung der Tätigkeiten Ihrer bestehenden Geschäftspartner entstehen zu lassen.

Duplizität: Der Grad, der besagt, wie leicht eine MLM-Geschäftsgelegenheit durch neue Geschäftspartner nachvollzogen werden kann.

E-Mail-Blasting: Verbreitung nicht angeforderter Informationen per E-Mail, um Menschen über Ihre Geschäftsgelegenheit zu informieren. Siehe auch Spamming.

Ebene: Die vertikale Position eines Vertriebspartners in Ihrer Gruppe. Wenn Sie jemanden für das Geschäft gewinnen, wird er Ihrer ersten Ebene zugeordnet. Die von ihm direkt gewonnenen Partner stellen Ihre zweite Ebene dar, die Partner seiner Partner befinden sich wiederum auf Ihrer dritten Ebene.

Einflusskreis: Die Menschen, die Ihnen am nächsten stehen und Ihren warmen Markt darstellen. Auch die Personen, auf die Sie aufgrund Ihrer Position in einer Gruppe oder Berufssparte hohen Einfluss haben.

Einzelhandelsgewinn: Die Differenz zwischen dem von Ihnen bezahlten Großhandelspreis und dem Einzelhandelspreis, den Sie Ihrem Kunden in Rechnung stellen. Heutzutage haben immer weniger MLM-Vertriebspartner ein Warenlager, da die meisten Kunden direkt beim Unternehmen ordern. Jedoch vergüten die Firmencomputer einen Einzelhandelsgewinn für die Vertriebspartner, wenn Kunden mit deren PIN beim Unternehmen bestellen.

Erneuerungsgebühr: Eine jährliche Mitgliedsgebühr, die Sie an die MLM-Firma bezahlen, um Ihren Status als Vertriebspartner aufrechtzuerhalten. Diese Gebühren müssen niedrig sein, da es gesetzlich verboten ist, Vertriebspartnerschaften „mit Gewinn" zu verkaufen.

Erstlinie: Die Gruppe von Vertriebspartnern, die Sie direkt ins Geschäft bringen (sponsern) oder die in die erste Ebene Ihrer Gruppe platziert werden.

Faxabruf: Ein Service, der Menschen automatisch Informationen zufaxt, die eine zugehörige Telefonnummer anwählen. Networker nützen Faxabruf, um Werbung und Trainingsinformationen weiterzuleiten.

Filtern und Sortieren: Das Vorgehen, um schnellstens die vielversprechendsten Interessenten zu identifizieren und die Aufbauanstrengungen auf diese zu konzentrieren, während man die Übrigen ignoriert.

Front End: Die oberen Ebenen oder frühen Stadien eines Vergütungsplans.

Frontloading (Front-End-Loading): Das Vorgehen, Vertriebspartner dazu zu überreden, mehr Produkte zu kaufen, als diese erwartungsgemäß umsetzen können, um dadurch hohe Einstiegskriterien oder monatliche Pflichtumsätze zu erfüllen.

„Garagen füllen": (Siehe „Keller füllen")

Generation: Eine Linie Ihrer Gruppe, geführt von einem „weggebrochenen" Vertriebspartner oder aber (in binären oder Matrixplänen) einem Vertriebspartner, der eine bestimmte Führungsstufe erreicht hat.

Generationsbonus: Ein Ausstattungsmerkmal mancher Stairstep/Breakaway-Vergütungspläne, das Ihnen ermöglicht, auch an Partnern Geld zu verdienen, die sich weit unter Ihren üblichen Auszahlungsebenen befinden. In Breakaway-Plänen ist es ein gewisser Prozentsatz auf das Generationsvolumen eines Ihrer „weggebrochenen" Vertriebspartner. Wenn Sie mit einem Sechs-Ebenen-Plan arbeiten und sich einer Ihrer weggebrochenen Partner auf der sechsten Ebene befindet, könnten Sie in diesem Fall Provisionen auf die bis zu 12 Ebenen tiefen Umsätze erhalten.

Generationsvolumen: Die monatlichen Umsätze, die von einer bestimmten Generation oder Linie erbracht werden.

Geschäftsgelegenheit: Die Möglichkeit, als Partner bei einer Network-Marketing-Firma einzusteigen.

Großhandelskunde: Eine Person, die sich als Vertriebspartner einschreibt, um zum Großhandelspreis einzukaufen, jedoch kein ernsthaftes Geschäft aufbauen will.

Großhandelsspanne: Die Differenz zwischen dem Großhandelspreis, den Sie für Ihre Produkte bezahlen und dem höheren Großhandelspreis, zu dem Sie die Produkte an Ihre Vertriebspartner weitergeben. Ein veraltetes Konzept, da immer weniger MLM-Vertriebspartner Produkte zu Großhandelspreisen an ihre Downline verkaufen. Heutzutage erhalten Networker eine sofortige Provision, wenn Mitarbeiter ihrer Gruppe deren PIN verwenden, um direkt beim Unternehmen Produkte zu bestellen.

Ground Floor: Das frühe Stadium einer neu beginnenden MLM-Firma, während oder kurz nach dem offiziellen Starttermin.

Gruppe, eigene: Der Teil Ihrer Downline, auf den Sie berechtigt sind, Provisionen und Boni zu beziehen. Er enthält all die Vertriebspartner der Linien, die sich in Ihrem Auszahlungsrahmen befinden. In einem Stairstep/Breakaway-Plan würde Ihre Gruppe auch die „weggebrochenen" Linien beinhalten.

(GV) Gruppenvolumen: Das Gesamtvolumen der Großhandelseinkäufe Ihrer Gruppe.

GVV (Gruppenverkaufsvolumen): Die monatlichen Verkäufe Ihrer Gruppe.

Heavy Hitter: Eine Spitzenführungskraft in einer MLM-Firma, die ihren Geschäftsaufbau mit hoher Geschwindigkeit vorantreibt. Abgeleitet vom Baseballspiel (Hart zuschlagen)

Home-Meeting: Eine Geschäftspräsentation, die im Haus eines Vertriebspartners gehalten wird, oftmals unter Zuhilfenahme einer Satelliten- oder Telefonkonferenz.

Hotel-Meeting: Eine Geschäftspräsentation, die im Konferenzraum eines Hotels gehalten wird.

Interessent: Ein potentieller Kunde oder Geschäftspartner.

Kalter Markt: Interessenten außerhalb Ihres Kreises von Freunden, Familie und Kollegen.

„Keller füllen": Das Vorgehen, mehr Produkte zu kaufen und zu lagern, als Sie in absehbarer Zeit verkaufen können. Geschieht meist, um überhöhte monatliche Verkaufsvorgaben zu erfüllen, um sich dadurch für monatliche Provisionen zu qualifizieren.

Kompression: Wenn ein Vertriebspartner aussteigt oder ihm gekündigt wird, rutscht seine Gruppe eine Ebene nach oben. Dadurch wird die entstehende Lücke gefüllt, die Downline der Firma um eine Ebene „komprimiert".

Komprimierter Plan: Ein Vergütungsplan, der den Großteil seiner Provision auf das „Front End", die ersten drei Ebenen, ausbezahlt. Um als komprimierter Plan bezeichnet zu werden, sollten wenigstens 40

Prozent des Großhandelsumsatzes auf den ersten drei Ebenen als Provision ausbezahlt werden.

Lauwarmer Markt: Interessenten, die sich weder in Ihrem warmen, noch in Ihrem kalten Markt befinden, sondern irgendwo zwischen diesen beiden Gruppen liegen. Kann sich auf Menschen beziehen, mit denen Sie lediglich ein oder zwei Mal gesprochen haben oder die Ihnen von anderen Menschen innerhalb Ihres warmen Marktes empfohlen wurden.

Linie: Eine Downline innerhalb Ihrer Downline, gewöhnlich geführt durch einen Ihrer Erstlinien-Vertriebspartner.

Marketing-Plan: Alternativer Begriff für den Vergütungsplan.

Massive Aktion: Eine großangelegte Werbekampagne zur Gewinnung neuer Partner.

Matrixplan: Ein Vergütungsplan, der die Anzahl der Partner Ihrer ersten Ebene begrenzt – gewöhnlich auf zwei oder drei. Eine vollständige Erklärung finden Sie im Kapitel 19.

MLM-Führungskraft: Ein Spitzenleister in einer MLM-Downline.

MLM/Multi-Level Marketing: Ein alternativer Begriff für Network-Marketing.

Momentum: Die Phase im Wachstum einer Network-Marketing-Firma, wenn Verkäufe und die Gewinnung neuer Partner im exponentialen Maß zunimmt.

Monatliche Umsatzpflicht: Alternativer Begriff für Qualifikation.

Multi-Affiliate-Programm: Ein Affiliate-Programm, das es Teilnehmern ermöglicht, weitere Partner (Affiliates) zu werben und Verkaufsprovisionen auf die Verkäufe dieser Partner zu erhalten.

Network Marketing: Jede Form des Direktvertriebs, die unabhängigen Vertriebspartnern die Möglichkeit bietet, weitere unabhängige Vertriebspartner ins Geschäft zu bringen und Provisionen auf die Verkäufe dieser Partner zu erhalten.

Opportunity Meeting: Ein Treffen, das von MLM-Vertriebspartnern zur Gewinnung neuer Vertriebspartner gehalten wird. Hier wird Interessenten die Geschäftsgelegenheit vorgestellt.

OV (Organisationsvolumen): Das monatliche Umsatzvolumen, das durch Produkteinkäufe bei Ihrer Firma getätigt wurde.

Overrides: Die monatliche Provision, die Sie auf Ihre „weggebrochenen Linien erhalten.

Persönliche Gruppe: Alle Vertriebspartner innerhalb Ihres Auszahlungsrahmens, die Sie persönlich ins Geschäft gebracht haben, die aber noch nicht „weggebrochen" sind.

PIN: Eine besondere Code-Nummer, die jedem Vertriebspartner einer MLM-Firma zugeordnet wird. Wenn Kunden bei der Firma bestellen, geben sie die PIN des Vertriebspartners an, der ihnen die Produkte vorgestellt hat. Auf diese Weise erhalten die Vertriebspartner Provisionen aus den Einkäufen ihrer Kunden, selbst wenn sie nicht am eigentlichen Verkaufsvorgang teilhaben.

Pre-Launch: Der Zeitraum, kurz bevor eine MLM-Firma ihren offiziellen Start bekannt gibt.

Provision: Der Prozentsatz, den Sie vom Umsatzvolumen Ihrer Gruppe erhalten.

Provisionsberechtigtes Volumen: Eine Alternativbezeichnung für Bonusvolumen.

PV (Persönliches Volumen): Das Umsatzvolumen, das Sie zum Großhandelspreis beim Unternehmen in einem vorgegebenen Zeitraum (gewöhnlich pro Monat) erbringen.

PVV (Persönliches Verkaufsvolumen): Das Umsatzvolumen, welches Sie persönlich in einem Monat erzielen.

Pyramidensystem: Siehe Schneeballsystem

Qualifikationen: Monatliche Umsatzvorgaben, die Vertriebspartner erbringen müssen, um eine bestimmte Stufe zu erreichen und/oder berechtigt zu sein, die Provisionen auf ihren Gruppenumsatz zu erhalten. Diese Vorgaben sind gewöhnlich in Form von Gruppen- und persönlichen Umsätzen gehalten. Gelegentlich gibt es auch Rekrutierungsvorgaben, die besagen, dass Sie jeden Monat eine bestimmte Anzahl an persönlichen neuen Vertriebspartnern ins Geschäft bringen müssen.

Recruit: Neuer Vertriebspartner.

Roll-Up: Ein Merkmal mancher Vergütungspläne. Sofern Sie nicht die nötige monatliche Qualifikation (vorgegebenes Umsatzvolumen) erbringen, um Ihre Provision zu erhalten, bestimmt der Roll-Up, dass Sie in diesem Monat als inaktiv gelten und daher keine Provisionen aus den Verkäufen Ihrer Downline erhalten. Diese Provisionen rücken nach oben (engl.: roll up), werden also dem nächsthöheren aktiven Vertriebspartner in der Hierarchie ausbezahlt.

Royalties: Die amerikanische Bezeichnung für Provisionen oder Tantiemen.

Rücknahme-Regelung: Die Geld-zurück-Garantie, die von allen seriösen MLM-Firmen gegenüber den Vertriebspartnern gewährt wird. Im Allgemeinen zahlen Firmen 70 bis 100 Prozent des Großhandelspreises auf jedes Produkt zurück, das ein Vertriebspartner – egal aus welchem Grund – zurückgibt.

Satellitenkonferenz: Eine im Fernsehen übertragene Trainingseinheit oder eine Geschäftspräsentation, welche die Vertriebspartner per Satellitennetzwerk erreicht. Die Vertriebspartner können die Übertragung zuhause ansehen, Interessenten dazu einladen und oftmals per Telefon aktiv an der Sendung teilnehmen.

Sättigung: Der theoretische Zeitpunkt, an dem eine Network-Marketing-Firma aufhört zu wachsen, weil ihr die Kunden und Vertriebspartner ausgehen. Wurde bisher in keiner Firma erreicht.

Schneeballsystem: Ein illegales Vorgehen, bei dem dadurch Geld verdient wird, dass den Neueinsteigern hohe Einstiegsgebühren oder teure Warenerstausstattungen abverlangt werden. Als Daumenregel gilt: Wenn der letzte, der einsteigt, kein Geld verdienen kann, handelt es sich um ein Schneeballsystem. Diejenigen, die früh eingestiegen sind, erhalten ihre Provision aus den Einstiegsgebühren der nachfolgenden Personen oder aus deren überzogenen Warenerstausstattungen. Jedoch kann die letzte Person kein Geld mehr verdienen, da es keine neuen Interessenten mehr gibt. In einer rechtlich einwandfreien MLM-Gelegenheit kann der letzte Einsteiger immer noch Geld durch den Groß- und Einzelhandel der Produkte verdienen. Eine legitime MLM-Firma hat einen echten Kundenstamm, der regelmäßig Produkte für den eigenen Bedarf bezieht. In einem Schneeballsystem sind die Produkte oft nur ein Vorwand, oder eine „Begründung" für hohe Einstiegs- oder Ausbildungsgebühren.

Spamming: Das Vorgehen, unaufgefordert per E-mail im Internet für Ihre MLM-Gelegenheit zu werben.

Sponsor: Ein Vertriebspartner einer MLM-Firma, der andere Vertriebspartner gewinnt und ausbildet. Das Verb sponsern bedeutet, andere Vertriebspartner zu gewinnen und auszubilden.

Stairstep/Breakaway: Eine Form des Vergütungsplans, der voraussetzt, dass der Vertriebspartner monatliche Verkaufsvorgaben erfüllt, um sich dadurch in aufsteigende Stufen des Einkommens zu qualifizieren. Wenn ein Vertriebspartner eine bestimmte Stufe (Stairstep) erreicht, spricht man vom „Wegbrechen" aus der Gruppe seines Sponsors. (Siehe Kapitel 19 zur vollständigen Erklärung.)

Stufe: Ein Rang oder Titel, abhängig von einer oder mehrerer der folgenden Bedingungen: In einem bestimmten Zeitraum umgesetzte Produkte oder gewonnene Vertriebspartner, die wiederum eine vorgegebene Qualifikation erreicht haben. Wenn Sie in aufeinanderfolgende Stufen aufsteigen, erhalten Sie höhere Provisionen (oder sind berechtigt, Provisionen aus tieferen Ebenen Ihrer Gruppe zu erhalten).

Telefonkonferenz: Eine Geschäftspräsentation, die gleichzeitig mehrere Zuhörer per Telefon erreicht. Interessenten werden gebeten, sich zu einer vorgegebenen Zeit in das Gespräch einzuwählen, um dem Ereignis beizuwohnen. Auch können Vertriebspartner Interessenten zu sich nach Hause einladen, um sie per Lautsprechertelefon mithören zu lassen.

Tiefe: Die Anzahl von Ebenen in Ihrer MLM-Gruppe.

Überprüfungsphase: Die Wachstumsphase einer erfolgreichen Firma, – gewöhnlich nachdem sie die Momentum-Phase erreicht hat – in der sie mit großer Wahrscheinlichkeit der Prüfung von Journalisten und Staatsanwälten unterzogen wird. Nur die starken Firmen überleben diese Phase.

Unbelegtes Volumen: Das gesamte Umsatzvolumen, das Ihrer Gruppe zugeordnet wird und genutzt werden kann, um die nächste Stufe in Ihrem Vergütungsplan zu erreichen. (Siehe auch „Belegtes Volumen.“)

Unendliche Tiefe: Ausstattungsmerkmal mancher Vergütungspläne, die es Vertriebspartnern ermöglicht, für die Umsätze tieferer Ebenen, unterhalb ihrer Auszahlungslinien, entlohnt zu werden. Die Tiefe ist nicht wirklich unendlich, da mit zunehmender Tiefe ein immer geringerer Prozentsatz ausbezahlt wird wodurch in verschiedenen Vergütungsplänen die Tiefe doch wieder begrenzt wird. Einige Pläne gehen aber tatsächlich 2030 Ebenen tief.

Unendlicher Tiefenbonus: Ausstattungsmerkmal eines Vergütungsplans, welches theoretisch für eine Auszahlung bis in die unendliche Tiefe sorgt.

Unilevel: Eine Form des Vergütungsplanes, in dem Sie sich ebenfalls für verschiedene Stufen qualifizieren müssen, in dem die Partner Ihrer Gruppe jedoch nicht „wegbrechen” können (engl. break away).

Upline: All die Vertriebspartner, die in der Hierarchie einer Network-Marketing-Organisation über Ihnen stehen. Dazu gehört auch Ihr Sponsor.

Verbrauchsprodukte: Produkte, wie beispielweise Hautcremes und Nahrungsergänzungen, die regelmäßig komsumiert (verbraucht) werden und immer wieder nachgekauft werden müssen. Dadurch wird den Networkern, die diese Produkte verkaufen, ein regelmäßiger Folgeumsatz gesichert.

Vertriebspartner: Eine Person, die sich als freier Mitarbeiter entscheidet, Produkte oder Dienstleistungen einer MLM-Firma anzubieten.

Wandlungskäufe: Das Vorgehen, von einer Produktmarke zur anderen zu wechseln. Networker ziehen es gewöhnlich vor, Produkte zu verkaufen, die sich für Wandlungskäufe eignen, die also Produkte ersetzen, die der potentielle Kunde bereits regelmäßig benutzt. Die Theorie dahinter besagt, dass es leichter ist, einen Kunden dazu zu bewegen, die Marke eines ihm bekannten Produktes zu wechseln, als ihn von der Benutzung eines völlig neuen Produktes zu überzeugen.

Warmer Markt: Alle potentiellen Geschäftsinteressenten, die Sie persönlich kennen: Familienmitglieder, Freunde oder Geschäftspartner.

Welle 1: Die „Untergrund"-Phase der Network-Marketing-Entwicklung (ca. 1945 bis 1979), als der rechtliche Status der Branche noch finster und unklar war. Die erste Welle ging mit der Entscheidung der amerikanischen Federal Trade Commission zu Ende, die entschied, dass Amway und damit Network-Marketing im Allgemeinen, eine legale Geschäftsgelegenheit und kein Schneeball- oder Pyramidensystem darstellt.

Welle 2: Die Expansionsphase des Network Marketing, (ca. 1980 bis 1989). Während dieser Phase explodierte die Anzahl neuer MLM-Firmen, in erster Linie aufgrund der aufkommenden Computer-Technologie.

Welle 3: Die „Massenmarkt"-Phase des Network-Marketing (ca. 1990 bis 1999). In der dritten Welle konnte die Einführung von technischen und managementseitigen Neuerungen wie Voice-Mail, E-mail, Drop-Shipping, Telefonkonferenzen, Dreierkonferenzen, Satellitenübertragungen und Faxabruf beobachtet werden, was es Einsteigern leichter machte, als Vertriebspartner erfolgreich zu werden.

Welle 4: Die „allgemeine" Phase des Network Marketing, mit Beginn im Jahr 2000. In dieser Phase haben technische Neuerungen wie Internet-Technologie, einfachere Vergütungspläne und andere Verbesserungen der dritten Welle dafür gesorgt, Früchte zu tragen, was in einer allgemeinen Akzeptanz von MLM als wichtigem Teil des Wirtschaftslebens resultiert.

Zwei-Ebenen-Plan: Andere Bezeichnung für den komprimierten Plan. Abgeleitet von der Tatsache, dass komprimierte Pläne oftmals den größten Teil an Provisionen (wenn auch nicht die Gesamtprovision) auf den zwei ersten Ebenen auszahlen.

Kennen Sie schon den Nachfolgetitel?

Wenn wir die zwei grundlegendsten Eigenschaften bezeichnen wollen, die einen erstklassigen Networker ausmachen, dann sind es mit Sicherheit die beiden folgenden:

Erfolgreiche Mitarbeitergewinnung und effektive Führungsqualität

Damit Sie zu den erfolgreichen Networkern gehören können, hat Richard Poe den 2. Teil zu seinem Bestseller verfasst, nämlich:

„Die Wave-4 Methode zum Aufbau Ihrer Downline"

In diesem, mit wertvollen Informationen gespickten 200-Seiten Werk lernen Sie:

- Wie man ECHTE Führungskräfte für sein Geschäft gewinnt und aufbaut - statt der „Möchtegern-Führungskräfte", die nur heiße Luft produzieren
- 49 wirksame Methoden, um neue Geschäftspartner zu finden
- 10 effektive Methoden, um neue Kunden zu gewinnen
- Worauf es wirklich ankommt, wenn man heutzutage ein passives Einkommen durch Network Marketing aufbauen will

und viele weitere Hilfen für Ihren erfolgreichen Geschäftsaufbau!
Erhältlich unter der Verlagsadresse auf Seite 2 .

„Dieses Buch wird die Bibel des Network Marketing"

Das ist die einstimmige Aussage weltweiter Spitzennetworker über Rene und Mark Yarnells „Ihr erstes Jahr im Network Marketing"

In diesem umfassenden (336 Seiten!) Grundlagenwerk für Networker erfahren Sie so gut wie alles, was Sie für den Aufbau einer schlagkräftigen und profitablen Vertriebsgruppe wissen müssen, z.B.:

- Welche Geschäftsvorstellungen am effektivsten sind (und welche man sich besser spart)
- Wie Sie SCHNELL eine massive Gruppe aufbauen (die Yarnell-Organisation erreichte mehr als 150.000 Partner!)
- Wie Sie das Problem „Zurückweisung" lösen
- Wie man eigenständige Partner aufbaut - statt unproduktive Nörgler aufzuziehen
- Wie man die persönliche Begeisterung und den Enthusiasmus der Gruppe aufrecht erhält
- Wie man durch Ehrlichkeit gewinnt - statt sein Geschäft durch Übertreibung zu ruinieren
- Wie Sie dem Problem der Abwerbung vorsorgen - innerhalb und außerhalb der eigenen Firma
- Wie Sie mit „Profis" (Selbstständigen, Ärzten, Vorstandsmitgliedern, etc.) umgeht, um diese effektiv in Ihr Geschäft einzubinden
- Wie man für konzentriertes Arbeiten sorgt - im Gegensatz zu den „Streuverlusten" der meisten Networker

Top-Networker sind sich einig:

Wenn Sie heutzutage im MLM/Network Marketing Erfolg haben wollen (ohne die teuren und zeitaufwendigen Fehler der meisten MLMler zu begehen), dann müssen Sie - ich wiederhole MÜSSEN Sie - dieses Buch haben!

Erhältlich unter der Verlagsadresse auf Seite 2